梅原猛、日本仏教をゆく

朝日新聞社

梅原猛、日本仏教をゆく　目次

Ⅰ　仏教の伝来

Ⅱ　神と仏の融合

Ⅲ　仏教の革命

Ⅳ　仏教と芸術

Ⅴ　禅の展開

Ⅵ　近代の仏教者

◉注作成＝佐藤もな（東京大学大学院）　図版作成＝フジ企画

装幀　三村　淳

梅原猛、日本仏教をゆく

Ⅰ　仏教の伝来

聖徳太子
役小角
行基
鑑真

聖徳太子

日本を仏教国家にした功績者

仏教は、欽明《きんめい》天皇の十三年（五五二）に百済《くだら》の聖明王《せいめいおう》によって日本に伝来した。歴史家のなかにはその年を疑う人もいるが、仏教伝来がこの年であったことは長らく伝承されてきたことであった。この年から二百年後、七五二年（天平勝宝《てんぴょうしょうほう》四）、東大寺《とうだいじ》という巨大な国家大寺《だいじ》が造られ、その主尊のビルシャナ仏の開眼供養《かいげんくよう》が行われた。このときのことを『続日本紀《しょくにほんぎ》』は、仏教伝来以来かほどの盛儀はなかったと感動をもって記している。たしかにこの二百年で日本は仏教国家になった。このように仏教を日本国家の根底においた最大の功績者は誰かと問われれば、誰もがそれは聖徳太子《しょうとくたいし》であると答えるであろう。

しかし聖徳太子の功績は、日本を仏教国家にした点にあるのみではない。彼は日本という国のかたちをつくった人といえるかもしれない。当時の日本は、中国文化を朝鮮三国、百済・高句麗《こうくり》・新羅《しらぎ》を通じて受け入れていたものの、なお古い伝統的な氏姓《しせい》制[*1]という身分制度が支配する国家にすぎなかった。太子はそのような日本を中国並みの成文法をもつ律《りつ》令《りょう》[*2]制の国にしようとして遣隋使《けんずいし》を派遣し、仏教をはじめとする先進国中国の文化を積極的に移入した。

聖徳太子は「憲法十七条」を発布《はっぷ》し、「冠位十二階《かんいじゅうにかい》」を制定し、律令制の基礎をつくったばかりか、律令制に欠くことのできない都城の建造や歴史書の編纂《へんさん》をも行った。それが小墾田《おはりだ》の都であり、『天皇記及国記臣連伴造国造百八十部幷公民等本記《てんのうきおよびこくきおみむらじとものみやつこくにのみやつこももあまりやそとものをあわせておおみたからどものほんき》』という歴史書であった。

このような太子の仕事が後の政治家に受け継がれ、律令は近江令《おうみりょう》、飛鳥浄御原令《あすかきよみはらりょう》を経て大宝律令《たいほうりつりょう》、養老律令《ようろうりつりょう》によって、都城は大津宮《おおつのみや》、飛鳥浄御原京、藤原京《ふじわらきょう》などを経て、平城京《へいじょうきょう》によって完成された。また歴史書の編纂も『日本書紀《にほんしょき》』に受け継がれた。

私は、律令制の基礎をつくったのは聖徳太子であるが、その完成者は藤原不比等《ふじわらのふひと》であると考えている。しかし不比等は律令制を完成させたが、その理想を聖徳太子より一段も二段も低くした。

聖徳太子は五七四年（敏達《びだつ》天皇三）、用明《ようめい》天皇と、用明天皇の異母妹、穴穂部間人皇女《あなほべのはしひとのひめみこ》の間に生まれた。その名を厩戸皇子《うまやとのみこ》あるいは豊聡耳命《とよとみみのみこと》という。用明天皇の父は欽明天皇で、母は蘇我稲目《そがのいなめ》の子の堅塩媛《きたしひめ》であった。そして間人皇女の父も欽明天皇であり、母は堅塩媛の妹の小姉君《おあねぎみ》であった。つまり太子は欽明天皇と蘇我稲目の血を二重に受けている。

蘇我稲目は欽明天皇以上に熱烈な仏教の崇拝者であった。太子の中には深く崇仏《すうぶつ》の血が入っている。太子は幼いころから父や母によって仏教崇拝の心を深く植えつけられたのであろう。仏教に対して懐疑的であった敏達天皇が亡くなり、用明天皇が即位した。しかし用明天皇が亡くなるや、崇仏の蘇我氏、排仏の物部《もののべ》氏の間に戦争が起こった。

このとき、太子はまだ十四歳であったが、ぬるでの木で四天王《してんのう》の像を造り、戦勝を祈った。戦争は蘇我側すなわち崇仏軍の勝利に終わり、崇峻《すしゅん》天皇が皇位に就く。このとき、法興《ほうこう》という年号が制定されたが、それは日本が仏教国家になったことを宣言するものであった。やがて崇峻天皇は蘇我馬子《そがのうまこ》と対立して、馬子に殺され、次に即位したのは敏達天皇の皇后の推古《すいこ》天皇であった。推古天皇は用明天皇の同母妹であり、太子の叔母にあたる。推古天皇が即位するや、太子は摂政《せっしょう》となり、馬子とともに政治を司った。

「憲法十七条」の第二条には「篤《あつ》く三宝《さんぼう》を敬え。三宝とは仏法僧《ほとけのりほうし》なり。すなわち四生《ししょう》の終《しゅう》帰《き》、万国の極宗《きょくそう》なり。……それ三宝に帰せずんば、何をもって枉《まが》れるを直《ただ》さむ」とある。

これははっきりした仏教国家の宣言である。

「憲法十七条」は、仏教を中心として、それに儒教《じゅきょう》＊3や道教《どうきょう》＊4を加えた三教一致の精神によってつくられているが、いたるところに仏教精神が表れている。たとえば第一条の「和《わ》を以《もっ》て貴《とうと》しとなす」、第十条の「忿《ふん》を絶ち瞋《しん》を棄《す》て人の違《たが》うを怒らざれ」、第十四条の「群臣《ぐんしん》百寮《ひゃくりょう》嫉妬《うらみねたみ》有るなかれ」は、それぞれ仏教の和の奨励、怒りの抑制、嫉妬の否定の思想によろう。

「冠位十二階」も、身分の上下を問わず、広く才あり徳ある者を用いるという精神によってつくられているが、聖徳太子は、機能的な律令制をつくるためには仏教の四姓《ししょう》平等の精神が重要であると考えた。太子が小野妹子《おののいもこ》や秦河勝《はたのかわかつ》など、必ずしも身分が高いとはいえない人たちを重く用い、高い官位に就かせているのも、彼の平等精神の表れであろう。

太子の仏教興隆に対する功績として、四天王寺《してんのうじ》や法隆寺《ほうりゅうじ》などの仏寺の建立《こんりゅう》もあろうが、彼が「勝鬘経《しょうまんぎょう》」＊5と「法華経《ほけきょう》」＊6の二経の講経《こうきょう》をし、その二経に「維摩経《ゆいまぎょう》」＊7を加えた三経の注釈書『三経義疏《さんぎょうぎしょ》』を書いたことは見逃せない。「勝鬘経」と「維摩経」を重視したのにはいささか個人的事情があろう。「勝鬘経」は、釈迦《しやか》が勝鬘夫人《ぶにん》に対して仏説を教えるという内容の経典である。勝鬘夫人は明らかに推古天皇に比せられている。また「維摩経」は、僧ではない維摩が菩薩《ぼさつ》僧の文殊《もんじゆ》と問答し、文殊以上に仏教をよく理解していたという経典であり、維摩が太子自身に比せられていることも明らかであろう。

太子が政治的に活躍したのは主に推古天皇九年から二十年ごろまでである。私は、太子の理想があまりに高かったために太子は孤立し、蘇我馬子が太子に代わって政治の実権を握ったのではないかと思う。太子が二経の講経を行ったのは推古天皇十四年、『三経義疏』を書いたのは推古天皇十七年から二十三年までの間であると伝えられる。太子は推古天皇三十年に死ぬが、彼は晩年、法隆寺の夢殿《ゆめどの》にこもり、『三経義疏』の著述に没頭したのであろう。

『三経義疏』について、太子親撰説と偽撰説があるが、私は親撰説をとる。当時の中国では、梁《りよう》の武帝《ぶてい》をはじめ、天子自らが仏教の注釈書を書く例が多く、太子が尊敬したと思われる隋《ずい》の煬帝《ようだい》にも仏典注釈書の著述がある。私は、『三経義疏』には仏教理解に関する初歩的と思われるような誤りがありながら、しかも大胆で卓越した説が多い点などから、太子の著作ではないかと思う。

太子の当時、中国仏教は「涅槃経《ねはんぎょう》」*8中心の仏教から「法華経」中心の仏教に変わろうとしていた。「法華経」中心の仏教を完成させたのは天台智顗《てんだいちぎ》であるが、太子は中国仏教のこの情勢をいち早く感知し、「法華経」をわが国の仏教の中心経典にしようとしたのであろう。

「法華経」には、あらゆる仏教を統一しようとするとともに、すべての人を平等に救おうとする精神が強い。この統一と平等こそ太子の日本国家建設のもっとも重要な理想であった。太子が「法華経」を日本仏教の中心においたことは、後の日本の仏教に大きな影響を与える。最澄《さいちょう》が「法華経」を中心経典とする日本天台宗《てんだいしゅう》を立てたのも、太子の思想を継ごうとしたものであろう。また鎌倉時代の僧、日蓮《にちれん》は日本天台宗が密教《みっきょう》*9や浄土教《じょうどきょう》*10に強く影響され「法華経」崇拝が衰えたのを嘆き、「法華経」信仰を復興しようとした。現代の仏教系の新興宗教の多くは日蓮の思想の流れを汲《く》み、「法華経」を根本《こんぽん》経典とする。

このように生前の太子は仏教興隆に大いに功績があったが、死後も生前以上に日本仏教の発展に貢献した。

私は一九七二年（昭和四十七）、『隠された十字架——法隆寺論』という書物を書き、太子が造った寺とされてきた法隆寺は明らかに再建であり、聖徳太子の怨霊《おんりょう》の鎮魂《ちんこん》の寺であると論じた。この説は、従来の法隆寺を聖なる太子の寺とみる学者にとっては驚天動地の説であり、多くの罵声を浴びたが、私は間違いないと思う。

柳田国男《やなぎたくにお》は、個人にして神になる条件を、（一）地位や徳が高く、（二）流罪《るざい》あるいは死罪となり、余執《よしゅう》の残る形で死んだ人であるとする。太子は地位も徳も高く、十分（一）の条件を満たす。また太子は晩年、政治的に孤立し、孤独のうちに死んだ。そして太子の跡を継いだ山背大兄王《やましろのおおえのみこ》をはじめとする太子一族はますます孤立を深め、太子の死の二十一年後、六四三年（皇極《こうぎょく》天皇二）に時の政府の軍に襲われ、一族二十五人が法隆寺で自殺した。この子孫断絶の悲劇が太子の霊を余執の残る霊としたのは当然である。太子は十分（二）の条件も満たす。

そして天災が起こったり、疫病《えきびょう》がはやったりすると、それは太子の怨霊のせいであると噂されたのであろう。太子一族の惨殺《ざんさつ》に責任があると思われる皇極《こうぎょく》帝の子孫と、藤原鎌足《ふじわらのかまたり》の子孫である時の権力者たちは、この太子の怨霊の復讐を恐れて法隆寺を再建したのであると、私は何度も法隆寺を訪れ、太子に関するあらゆる文献を読んで論証した。

『日本書紀』においても、聖徳太子は他のあらゆる人と違ってすでに神として扱われ、不思議な話がたくさん記されている。法隆寺再建と『日本書紀』の編纂はほぼ同時代であり、

『日本書紀』にも太子の怨霊に対する恐怖が表れているのであろう。

怨霊の鎮魂は従来、神道《しんとう》*11が行ってきたことであるが、ここにおいて仏教が怨霊の鎮魂をも引き受けることになり、仏教はいっそう深く日本に定着した。こうして仏教が神道に代わって怨霊の鎮魂という重要な宗教的行事を引き受けることによって、平安時代における真言《しんごん》並びに密教の隆盛の原因をつくったといえよう。怨霊の鎮魂において、密教ほど有効な仏教はないからである。

また叡山《えいざん》仏教の腐敗に腹を立て、どう生きるべきかに悩んだ親鸞《しんらん》は、六角堂《ろっかくどう》にこもった末、二度までも六角堂の本尊、救世《くせ》観音《かんのん》のお告げを聞いた。一度目は、法然《ほうねん》のところへ行けというお告げであり、二度目は、妻帯に踏みきれというお告げであった。この六角堂の本尊の救世観音は、長い間秘仏であった法隆寺の夢殿の救世観音と同じく、聖徳太子そのものであるとされる十一面《じゅういちめん》観音である。

とすれば、親鸞は聖徳太子のお告げで彼の仏教の道に進んだといえる。これは日本の仏教においても革命的な事件であった。親鸞は太子を師法然以上に尊敬している。それは、太子が妻帯して子どもをもうけながら仏教者であったゆえでもあろう。親鸞は太子を「倭《わ》国《こく》の教主《きょうしゅ》」とあがめているが、その意味は、あるいは親鸞が考えているよりもっと深いのかもしれない。

＊1　氏姓制　4世紀頃から日本を支配した、大和朝廷における政治的な身分制度。氏（うじ）という血縁を中心につくられた集団が、姓（かばね）という家柄や職業に応じた称号を持っていた。

＊2　律令制　中国で隋・唐代に確立した、律（刑法）と、令（民法・行政法など）の法律に基づく国家制度。

＊3　儒教　中国、春秋時代の思想家、孔子を祖とする教え。『論語』や『易経』などの四書五経とよばれる書物を中心とし、礼儀や道徳の実践や「仁」による政治などを説く。

＊4　道教　老子（太上老君）を祖とする中国古来の思想。不老長生をめざす神仙思想で知られる。陰陽道、仏教などの思想を取り入れながら発展し、現在も民間宗教として信仰を集める。

＊5　勝鬘経　大乗経典のひとつで、5～8世紀にかけて漢訳された。仏が波斯匿王（はしのくおう）の娘、勝鬘夫人（しょうまんぶにん）を相手に、如来蔵思想（にょらいぞうしそう・人にはもともと仏の性質が備わっているという考え）を説く。

＊6　法華経　梵語でサッダルマ・プンダリーカ・スートラ（真実の白蓮華の経）と題され、紀元前1～2世紀に成立したとされる初期大乗経典。現存する漢訳は3種あるが、鳩摩羅什（くまらじゅう）訳の「妙法蓮華経」が最もよく知られている。

＊7　維摩経　在家の仏弟子である維摩という人物を主人公とした大乗経典。出家の僧侶たちと議論して、空（くう）の思想などを説く。菩薩たちの問いに対して沈黙を答えとした「維摩の一黙」の逸話でも知られる。

＊8　涅槃経　「涅槃」は梵語ニルヴァーナの音写で悟りの境地のこと。「涅槃経」は釈迦が涅槃に入る（入滅）時の様子を描いた経典類の総称。中国では4～5世紀頃に「大般涅槃経（だいはつねはんぎょう）」などが漢

訳され、仏は亡くなったのではなく常に存在するという思想や、勝鬘経にもある「如来蔵思想」が説かれている。

＊9 密教　古代インドで生まれた思想に、大乗仏教の思想が融合して出来あがった教え。インドからチベット、ネパール、中国などに伝わり、各地で様々な展開をみせる。日本には9世紀初めに最澄、空海らが伝えた。手に印を結び（身密）、口に真言（しんごん）を唱え（口密）、心を集中させる（意密）「三密行」を重んじ、自ら仏になること（即身成仏）をめざす。

＊10 浄土教　紀元前1世紀以降に成立した大乗経典「無量寿経（むりょうじゅきょう）」「観無量寿経」「阿弥陀経」に説かれる思想を中心とした教え。阿弥陀仏を信仰して、西方にあるといわれる阿弥陀仏の浄土（極楽浄土）に往生することを願う。

＊11 神道　日本の民族的な信仰。海・山などの自然や、天照皇大神（あまてらすおおみかみ）などの人格的な神々を祀る。

役小角

山に入り、神と合体した仏教

もしも聖徳太子《しょうとくたいし》の後に続く飛鳥《あすか》・奈良《なら》時代の重要な僧を挙げよと問われたなら、役小角《えんのおづぬ》（役行者《えんのぎょうじゃ》）と答えざるを得ないであろう。太子以後、日本に三論《さんろん》＊1、法相《ほっそう》＊2、浄土《じょうど》などさまざまな仏教をもたらした高僧があったが、彼らはいまひとつ有名ではなく、後の日本人にあまり尊敬されていない。聖徳太子に匹敵できる僧といえば行基《ぎょうき》を挙げなければならないが、行基は役小角より約半世紀後の人であり、行基の中にはすでに役小角の影がさしているのである。

ところがこの役小角について知る資料をわれわれはほとんどもたない。ただ一つ信用できる資料として、『続日本紀《しょくにほんぎ》』の文武《もんむ》天皇三年（六九九）五月二十四日に「役君小角《えのきみおづの》、伊《い》豆嶋《ずのしま》に流さる。初め小角、葛木山《かずらきのやま》に住みて、呪術《じゅじゅつ》を以《もち》て称《ほ》めらる。外従五位下《げじゅごいのげ》韓国連広《からくにのむらじひろ》足《たり》が師なりき。後にその能《のう》を害《そこな》ひて、讒《しこ》づるに妖惑《ようわく》を以てせり。故《かれ》、遠き処《ところ》に配《なが》さる。世《よ》相伝《あいつた》へて云《い》はく、『小角能《よ》く鬼神《きじん》を役使《やくし》して、水を汲《く》み薪《たきぎ》を採らしむ。若《も》し命《めい》を用ゐずは、即《すなわ》ち呪《じゅ》を以て縛《しば》る』といふ」という記事があるのみである。

役小角は大和《やまと》（奈良県）の葛城山《かつらぎさん》に住み、呪術で有名であった。韓国連広足は役小角に呪術を習ったが、何かのトラブルがあり、広足は、人々を妖惑すると師匠を訴えたのであろう。国はその訴えを入れ、役小角を伊豆に流した。

韓国連広足は宮廷の典薬寮《てんやくりょう》の呪禁師《じゅごんし》＊3であった。呪禁師は、呪文《じゅもん》を唱えて邪気を払い、病気を治す人々である。呪禁には仏教と道教《どうきょう》の二種類があるが、広足はいずれかを役小角に学ぼうとしたのであろう。『続日本紀』は『日本書紀《にほんしょき》』と同じように怪力乱神《かいりきらんしん》のことをほとんど語らないが、ここでは人々の噂として、役小角が鬼神を使って水を汲み、薪を採らしめ、彼の命令に従わないと鬼神を呪縛《じゅばく》すると語る。『続日本紀』が役小角を多分に怪異の人間としてみていることは間違いない。

八二二年（弘仁《こうにん》十三）頃、薬師寺《やくしじ》の僧景戒《けいかい》が書いた、仏教の霊験《れいげん》を説くために仏教に関するさまざまな霊異の話を集めた『日本霊異記《にほんりょういき》』にも役小角の話があるが、もちろん小角の実人生の伝記としては信用するに足りない。

役小角は高賀茂朝臣《たかかものあそみ》といい、大和国葛木上郡茅原村《かずらきのかみのこおりちはら》の人である。生まれながらにして賢く、厚く三宝《さんぼう》（仏法僧《ぶっぽうそう》）を敬うとともに、道教に心をかけ、空を飛ぶことのできる仙人になることを志す。四十余歳のときに孔雀明王《くじゃくみょうおう》の呪法《じゅほう》*4を習い、鬼神を使って大和の金峯山《きんぶせん》と葛城山とに橋を架けようとする。神々は憂えたが、葛城山の一言主神《ひとことぬしのかみ》が天皇に、役小角に反逆の心があると訴えた。天皇は使いを遣わして役小角を捕らえようとするが、小角は呪力が強く、なかなか捕らえられないので、その母を捕らえたところ、小角が母を助けようと山から出てきて、捕らえられた。天皇は役小角を伊豆国へ流したが、小角は海の上を陸のように走り、飛ぶことも鳥の如きであったという。そして昼は天皇の命令に従って島にいて、夜は富士山《ふじさん》に行って修行をしたという。

流罪三年目の七〇一年（大宝元《たいほう》）、役小角は赦《ゆる》されて帰ったが、彼はついに仙人になって天に飛んだという。道照《どうしょう》（道昭）法師《ほうし》という日本の僧が勅《ちょく》を奉じて唐《とう》に行ったところ、道照を五百頭の虎が迎えにきたので、新羅《しらぎ》に行き、山中で五百頭の虎に「法華経《ほけきょう》」の講義をした。その虎のなかに日本語で道照に質問するものがあった。道照が「誰だ」と問うと、その虎は「役優婆塞《えんのうばそく》（在俗の男子仏教信者）である」と答えた。道照は、これは役小角にちがいないと思って、高座《こうざ》から下りて探したが、小角は姿を消していた。また小角を訴えた一言主神は小角に呪縛され、今にいたるまで呪縛が解けない。

ここでは『続日本紀』の怪異の話が何層倍かになっている。役小角は真言密教《しんごんみつきょう》*5の孔雀明王の呪法でもって鬼神を使って金峯山と葛城山の間に橋を架けようとする。また小角を訴えたのは韓国連広足ではなく、葛城山の一言主神である。そして小角の呪力もいっそうすばらしくなり、彼はキリストのように水の上を歩くことも、空を飛ぶこともできた。

さらに怪奇な呪力をもっているのは役小角ばかりではなく、行基の師にあたる道照でもある。彼も小角のように空を飛ぶことができ、五百頭の虎に「法華経」の講義をした。その虎のなかに、ひそかに役小角が虎に変身して交じっていたのである。これはもう怪談以上の怪談といわねばなるまい。『日本霊異記』の役小角の話は理性ある人間にはとても信じることができないが、後の役小角伝はすべてこの二つの資料によっている。しかも後の伝ほど小角の伝記が詳細になり、精密になっていくのである。

この『続日本紀』と『日本霊異記』の記事の内容の違いに関していえば、『続日本紀』の場合は呪術の内容が明らかになっていないが、『日本霊異記』においては、はっきり孔雀明王の呪法という密教の秘法になっている。孔雀明王の呪法というのは密教における四大法の一つであり、祈雨《きう》や病気の快癒などを祈る法である。これは、『日本霊異記』が書かれた弘仁年間という密教興隆の時代思想の反映であり、役小角が密教を理解していたとは考えにくい。また母の話は、母孝行の噂の高い行基の伝記の反映であろうか。

もう一つの違いは、『日本霊異記』では役小角を訴えたのは韓国連広足ではなく、葛城一言主神であることである。『古事記《こじき》』には葛城一言主神について次のような話がある。雄略《ゆうりやく》天皇が百官を率いて葛城山に登ったとき、向こうから天皇の行列と同じ格好をした貴人の行列が来たので、天皇が「名を名乗れ」といったところ、先方も同じようにいった。そして天皇が怒って矢を放とうとしたとき、「吾《あ》は悪事《まがこと》と雖《いえど》も一言《ひとこと》、善事《よごと》と雖も一言、言離の神、葛城一言主之大神なり」と答えたという。これは、葛城一言主神が天皇の言葉に逆らう力のある神であることを物語っている。

また『日本書紀』によれば、葛城地方には、土蜘蛛《つちぐも》という体は短くして手足の長い神がいて、神武《じんむ》天皇の軍に反抗したので、天皇の軍は葛網を結って襲い殺した。それでこのあたりを葛城と名づけたという。いずれにしても葛城一言主神は多分に反逆性をもっているが、ここでは反逆の罪に問われた役小角によって呪縛されている。ここでは反逆者、役小角が反・反逆者になっているのである。

役小角は、このようにまさにその実像の甚《はなは》だ不明瞭な人間であるが、彼は修験道《しゆげんどう》*6の祖として後々まで厚く尊敬されているのである。仏教が山に入るとき、そこには必ず神がいて、何らかの意味で神と仏が合体し、役小角の如き信仰が生まれるにちがいない。後の白山《はくさん》信仰の創設者・泰澄《たいちょう》、木彫仏を多く作ったという行基、山岳修行者でありながら東大寺建立《とうだいじこんりゅう》に貢献した良弁《ろうべん》、神仏習合《しんぶつしゅうごう》を完成させた空海《くうかい》、及び真言密教と修験道を結びつけた聖宝《しょうぼう》、天台《てんだい》密教と修験道を結びつけた円珍《えんちん》、さらに菅原道真《すがわらのみちざね》の怨霊《おんりょう》の鎮魂《ちんこん》に力を振るった浄蔵《じょうぞう》、怪異の木彫仏を日本各地に多く残した円空《えんくう》など、どこかで深く役小角と関わっている。修験道は明治の神仏分離令によって大きな打撃を受けたが、今もなお脈々と続いていて、役小角の崇拝は衰えない。

この二つの伝記から、役小角という人間をどのように考えればよいか。私は、役小角は三つの点において甚だ重要な人間であると思う。一つは、彼は山人《やまびと》であるということである。彼は葛城山を本拠地として、金峯山と葛城山に橋を架けようとしたという話によっても、山人であったことが分かる。第二は、彼は強い呪力をもっていたことである。彼は呪禁師の韓国連広足や葛城一言主神を使役し、海を走り、空を飛ぶ呪力をもっていた。第三は、彼は反逆の罪で流罪《るざい》になったような反逆者であることである。この山人、呪術、反逆が役小角という人間を解く鍵であろう。

そして日本の仏教を語るとき、聖徳太子の次になぜ役小角がくるのか。私の考えを語ろう。私は日本の基層文化を縄文《じょうもん》文化とし、日本という国家は、渡来した弥生《やよい》族が土着の縄文人を征服してつくった国家であると考える。この弥生人である最終的な日本の征服者が、いわば皇室の祖先にあたる天孫族《てんそんぞく》である。記紀《きき》によれば、天孫族はもともと南九州に渡来したが、初代ニニギノミコトの曾孫《そうそん》、カミヤマトイワレヒコすなわち神武天皇がはるばる大和に出征し、ナガスネヒコを殺害し、日本国の最初の王となる。

弥生人が平地を占領して国をつくったとしたならば、土着の縄文人はどこへ逃げるか。それは当然山である。若き柳田国男《やなぎたくにお》が『遠野物語《とおのものがたり》』で描いた、里人を驚嘆せしめる山人の文化はこのような山に逃げた縄文人の文化とみてよい。葛城山は『古事記』にあるように、大和へ侵入した神武天皇の軍隊に対する粘り強い抵抗者の住む山であった。それが土蜘蛛とよばれ、胴体に対して手足が長い人間を指すといわれるが、自然人類学者の埴原和郎《はにはらかずろう》氏によると、縄文人は弥生人と比べて胴体が短く、手足が長かった古モンゴロイドに属する人間であるという。

縄文文化は甚だ呪術的な文化であった。役小角のように、山人は縄文時代から脈々と伝わる呪術に長じ、また新しい呪術である道教や仏教をとり入れ、里人がとうていもつことのできない呪力をもっていたのであろう。

そしてこの山人の心の奥には、かつて日本を支配していた自らが今は山に追われて苦しい生活をしているという怨念がたまっている。韓国連広足や葛城一言主神が役小角を訴えたのは必ずしも無実の罪とはいえない。日本の政府に対する深い憎悪の心がいつ何どき反逆の行為に結びつくか分からない。大和朝廷もそういう危険を感じて、小角を伊豆に流罪にしたのであろう。

蘇我《そが》・物部《もののべ》の戦いという仏教と反仏教の天下分け目の戦いによって仏教側は勝利し、日本は仏教国になり、そこから聖徳太子の如き熱く仏教を信じ、仏教を国教にしようとする聖者が出現した。しかし神はどうなったであろうか。山や森は縄文時代以来、神のいるところであった。仏教を信じる大和朝廷に追われ、神は山に隠れてひそかに反逆を図ったが、その神もまた朝廷によって捕らわれの身となったのである。これは本来反逆性をもった修験を仏教の中にとり入れ、反逆性を弱めたことを物語るものであろうか。修験道にはそのように反逆性と反・反逆性が危なかしく結びついているところがあると私は思う。

＊1　三論　三論宗のこと。2～3世紀頃のインドの思想家、ナーガールジュナ（龍樹）の著作『中論』『十二門論』と、弟子のアーリヤデーヴァ（聖提婆）による『百論』の教義にもとづき中国で成立した学派。日本には625年（推古33）に、高句麗の慧灌（えかん）という僧侶が伝えた。南都六宗のひとつ。

＊2　法相　法相宗のこと。中国、隋代の学僧である三蔵法師玄奘がインドから持ち帰って訳した経論のうち、特に『成唯識論（じょうゆいしきろん）』に基づいて弟子の慈恩大師基（き）が築いた学派。心の構造を詳しく分析することで、物事のありさま（法相）を解き明かすことを目指す。南都六宗のひとつ。

＊3　呪禁師　律令政治において医薬関係を担当する典薬寮に属し、病を治す呪文を唱えることを仕事とする者。

＊4　孔雀明王の呪法　密教における尊格のひとつ、孔雀明王（くじゃくみょうおう）を本尊として行う修法。雨乞いや鎮護国家、息災延命などを目的とする。孔雀は毒蛇を食べるといわれる鳥であることからインドで神格化され、孔雀明王となった。

＊5　真言密教　空海を開祖とする、真言宗で説かれている密教の教え。

＊6　修験道　日本古来の山岳信仰に、密教や道教の思想が融合して発展した宗教。山林で修行し、さまざまな加持祈禱を行って呪術的な力を身につけることを目指す。修行者は山伏（やまぶし）とよばれる。

行基

衆生を救済した民衆のカリスマ

聖徳太子《しょうとくたいし》は中国の高僧、南嶽慧思《なんがくえし》の生まれ変わりであるという説が、日本ばかりか中国でも語られていたが、もしも太子が生まれ変わりを経験したとすれば、太子は誰に生まれ変わったのであろうか。『聖徳太子伝暦《でんりやく》』によれば、太子は死の前に、「私はこの国の皇子《おうじ》として生まれて仏教を広めたが、次には貧しい家に生まれて衆生《しゅじょう》を救済したい」といったというが、この太子の生まれ変わりが行基《ぎょうき》であるという伝承が強くある。この伝承は、日本における仏教の普及を考えるときに大変興味深い。なぜなら、仏教は聖徳太子によって日本国の国教となったが、その仏教を民衆の底辺にまで及ぼしたのは他ならぬ行基であるからである。

行基は、父を高志才智《こしのさいち》、母を蜂田古爾比売《はちたのこにひめ》といい、河内国大鳥郡蜂田里《かわちのくにおおとりごおりはちたのさと》の地に生まれた。父も母も渡来系の民である。『行基大菩薩行状記《だいぼさつぎょうじょうき》』によれば、高志才智も決して身分は高くなかったが、彼がひどく貧しい女に通って生まれたのが行基であるという。これはユダヤの貧しき女・マリアの私生児として生まれたイエス＝キリストを思い出させる。行基は、自らを旃陀羅《せんだら》の子といった日蓮《にちれん》より、もっと身分の低い貧しい女の私生児として生まれたといってよい。このような生まれゆえに、彼は民衆の生活の苦しさをつぶさに知ることができ、多くの衆生を救済することができたのであろう。

母はひどく貧乏で、賃金をもらって田植えの下請けの仕事をしたが、子どもの行基は母の代わりに一日で十畝以上の田植えをしたという。彼はまた木をとって堂を建て、泥にて仏を作り、石を拾って塔廟を建て、砂の上に仏像を描いて遊んだという。これは後年の行基の仕事を思わせる。三つ子の魂百までであろうか。

行基は六八二年（天武《てんむ》天皇十一）、出家して、六九一年（持統《じとう》天皇五）、徳光《とくこう》を師として受戒《じゅかい》*1したが、その後、薬師寺《やくしじ》の道昭《どうしょう》についたという。道昭は宇治橋《うじばし》を架けたことなどによって知られるように、仏教と社会事業を結びつけて精力的に活躍した僧である。行基は法《ほっ》相《そう》教学を学んだが、やがて山野にこもり、山岳修行者となる。

行基の活躍が目立つのは七一〇年（和《わ》銅《どう》三）、平《へい》城《じょう》に遷《せん》都《と》したころからである。律《りつ》令《りょう》制の完成に伴い、国家の統制が厳しくなるや、税の徴収を逃れるために僧になるものが多かったが、国は国家財政を安定させるためにも私《し》度《ど》僧《そう》*2を禁じて、僧を厳しく取り締まった。行基は、そのような僧の統制を乱す僧として正史『続《しょく》日《に》本《ほん》紀《ぎ》』に登場する。七一七年（霊《れい》亀《き》三）、行基及び弟子たちが妄《みだり》に町で罪《ざい》福《ふく》を説き、百《ひゃく》姓《せい》を妖《よう》惑《わく》して物をせびり、進みては釈《しゃく》教《きょう》に違《たが》い、退きては法令を犯すものとして、国家から名指しで非難されているのである。

このような非難にもかかわらず、行基は民衆に対する布教をやめなかったらしい。行基が死んだとき、『続日本紀』は前と百八十度異なる態度で行基をほめたたえ、その伝記を載せている。

「都《と》鄙《ひ》を周遊して衆生を教化《きょうけ》す。道俗《どうぞく》化《おもぶけ》を慕ひて追従《ついじゅ》する者《ひと》、動《やや》もすれば千を以《もち》て数《かぞ》ふ。所《ゆ》行く処《ところ》和尚《わじょう》来《きた》るを聞けば、巷《ちまた》に居《お》る人無《な》く、争ひ来りて礼拝《らいはい》す。器《うつわ》に随《したが》ひて誘導し、咸《みな》善《ぜん》に趣《おもぶ》かしむ。また親《みずか》ら弟子等《ども》を率ゐて、諸《もろもろ》の要《ぬ》害《み》の処に橋を造り陂《つつみ》を築《つ》く。聞見ることの及ぶ所、咸《みな》来りて功《くう》を加へ、不《ふ》日《にち》にして成る。百姓今に至るまでその利を蒙《かがう》れり」

行基の評判は高く、行基が行けばそこに大勢の人が群れ集《つど》って彼の説法《せっぽう》を聞いた。行基は比類なく雄弁に、聞く人の心にずしりずしりと響いてくるような仏教の教えの言葉を語ったにちがいない。

仏教のもっとも重要な戒律《かいりつ》*3が殺生戒《せっしょうかい》である。殺生戒は、人間ばかりかすべての生きとし生けるものを殺すことを厳しくいさめる。『日本霊異記《にほんりょういき》』には次のような話がある。

行基が説法をしたとき、その聴衆のなかに猪《いのしし》の脂を髪に塗った女がいた。行基はその猪の脂の臭いから血を厳しくかぎつけ、その女を追い出した。その話を読んで、私は行基の殺生戒を戒める甚《はなは》だ厳しい態度に驚いたが、行基は、仏教の何たるかを知らぬ当時の民衆に、仏教の教義をいささか乱暴な手段を使って叩き込んだのであろう。また先に挙げた行基の伝記には、漁夫が行基を軽んじて魚を奉ると、行基は素直にこれを食べたが、吐き出したら魚は生きた魚となって水に浮かんだという話がある。

こうして行基は単に仏教の教えを説くばかりではなかった。彼は、師道昭にならって道を造り、橋を架け、池を掘り、布施屋《ふせや》という旅人が泊まることのできる家を建てたという。かつて山岳修行者であった行基はこのようなことのできる工人集団の人たちをたくさん抱え、彼らを同行していたにちがいない。そして行基集団が過ぎるところ、そこに道ができ、橋ができ、池が掘られ、布施屋という無料宿泊所ができて、その土地の人及び旅人が大変な恩恵を受けたのである。

このように行基はさまざまな社会事業を行ったが、彼の本職は僧である。そして僧のいるところが寺である。行基がとどまったところ、そこに道場ができた。公には寺と認められないので、道場といったのであろう。行基は畿内に四十九院を建てたというが、行基の死後二十五年目の七七三年（宝亀四）に、行基が建てた四十九院のうちの五院に田三町、一院に田二町を与える勅《ちょく》が出ている。おそらく私立の道場であった四十九院は荒れ果てていたので、その一部を官によって保護しようとしたのであろう。

しかし寺や道場には仏像がなければならない。その仏像は何で造られていたのであろうか。仏像は短期日で造り上げねばならないので、金銅仏《こんどうぶつ》＊4や乾漆仏《かんしつぶつ》＊5ではあるまい。そうかといって塑像《そぞう》（粘土で造った像）でもあるまい。塑像仏は壊れやすく、日本にはほとんどない。日本にたくさんあった巨木を切って仏像を造るのがいちばん手近であろう。布施屋や道場を造った行基集団に属する工人のなかには、仏像を彫ることに巧みな人がいたにちがいない。

行基及び行基集団によって造られた道場には、やはり彼らによって彫られた木彫仏が多数坐《ざ》し賜《たも》うたにちがいない。それが行基の伝記からも当然推察される説であるが、日本美術史界には、奈良時代に日本で造られた木彫仏はほとんどないという通説が支配していた。この通説は各寺にある資財帳《しざいちょう》や『日本霊異記』の記事などの誤読から生じたものであるが、仏教美術史家の井上正《いのうえただし》氏はこの通説を否定し、それまで平安初期の作とされてきた、主として近畿《きんき》地方に残る行基仏という伝承の仏像のなかには、行基あるいは行基集団によって造られたものが多くあるとする。

その仏像の特徴は、ほとんどすべて素木《しらき》でできていて、その風貌は薬師寺本尊《ほんぞん》の薬師如来《にょらい》のように端正ではなく、鼻が異常に巨大であったり、耳が異常に長かったりする異相である。そしてその仏像には必ずといってよいほど神像が伴っている。日本においては、古くから神は蔵王権現《ざおうごんげん》のような恐ろしい相をしているものであった。その異相の形相《ぎょうそう》が新しい神というべき仏にも移ったのではないか。

木は昔から日本人にとって神の宿るものであった。その神の宿る木から新しい神である仏が出現したのである。行基仏と称される仏像のなかには、背後が荒木のままのものや、眼がつむったままのものすらある。それは、仏がまだ完全な仏になって現れる前の聖なる姿を表しているとみるべきではあるまいか。

行基あるいは行基集団がこのように多数の素木の仏像を畿内のあちこちの寺に残したことは疑い得ないと私は思うが、行基が仏像彫刻を誰に習ったかが問題であろう。それは泰《たい》澄《ちょう》からではないかと私は思う。泰澄は白山《はくさん》信仰を広め、神仏習合《しんぶつしゅうごう》[*6]思想の先駆けとなったが、近江《おうみ》の岩間寺《いわまでら》を中継地にして都に通い、元正《げんしょう》天皇の病を癒やした。また彼はその寺の近くに群生している桂《かつら》の木から仏像を彫ったという。泰澄を木彫仏製作及び神仏習合思想の先駆者、行基をその発展者、空海をその完成者とみるとき、空海の思想的位置がよく理解される。

　行基はこのような民衆のカリスマであり、ひととき国によって厳しく非難されたが、後には国が彼を認め、ついには大僧正《だいそうじょう》という最高の僧位を授与されている。それを行基の転向ととらえる歴史家もあるが、私は、行基そのものは少しも変わっていないと思う。変わったのは国のほうである。どうして国は行基に対する態度を変えたのであろうか。

　聖武《しょうむ》天皇は東大寺《とうだいじ》という巨大な寺を建て、そしてその本尊のビルシャナ仏[*7]という金銅の大仏《だいぶつ》を建造しようとした。そのためにはやはり民衆の協力が必要であり、カリスマ、行基が利用されたのであろう。しかしその前に、聖武天皇や光明皇后《こうみょうこうごう》及び阿倍内親王《あべないしんのう》（後の孝《こう》謙《けん》・称徳《しょうとく》天皇）などの行基に対する厚い崇拝があったからであると思う。行基は泰澄のように天皇などの病気を治したことがあったのかもしれない。

そして東大寺建造に行基が関わったのは行基と良弁《ろうべん》の出会いゆえであったと私は思う。良弁もまたその生まれは卑《いや》しく、山岳修行者として厳しい修行の時を送った。そのような修行の時において良弁は行基を知り、行基を深く尊敬するようになったにちがいない。そして良弁は華厳《けごん》の思想[*8]に共鳴して、東大寺にビルシャナ仏を造ろうとした。行基は法相《ほっそう》の僧であり、華厳仏教をどれほど理解したかは分からないが、日本の民衆の底辺にまで仏教を浸透させた行基は、どんなに小さな生命の中にも巨大なビルシャナ仏が宿っているという華厳仏教のもつ平等の思想に共鳴したにちがいない。

七四九年（天平《てんぴょう》二十一年）、大僧正行基は八十二歳にして死んだ。大仏開眼《かいげん》という、仏教移入以来最大の盛儀が行われる三年前であった。

＊1　受戒　仏教の集団で守るべき規則（戒律）を、儀式にしたがって受けること。受けるべき戒律の数は部派や性別、出家か在家かなどで異なるが、行基が受けたものは「具足戒」とよばれる戒律。
＊2　私度僧　奈良時代、正式な僧や尼になるには政府の許可が必要だったが、その許可を得ず、私的に僧尼になった者のこと。
＊3　戒律　仏教者が守るべき規則のこと。「戒」は自らが守るべき規範で、「律」は教団の中での規則。

＊4　金銅仏　銅で鋳造した後、金でメッキをした金属の仏像。日本では飛鳥時代・奈良時代に多く製作された。

＊5　乾漆仏　乾漆法とよばれる方法で造った仏像。木や縄を芯として土で形を作り、その上から何度か麻布を巻いて漆を塗りながら表面を仕上げ、金箔や彩色を施す。漆が乾いたら土を取り出し、中を空洞にする。

＊6　神仏習合思想　日本古来の神を信仰する思想と、仏教の思想が融合して生じた現象。神は仏教を守護しているという考え方（護法善神説）や、神は仏や菩薩の仮の姿であるという考え方（本地垂迹説）などがある。

＊7　ビルシャナ仏　毘盧遮（舎）那仏。「ビルシャナ」はサンスクリット語のヴァイローチャナの音写で、「輝きわたるもの」という意味。大乗経典の「華厳経」の教主。

＊8　華厳の思想　大乗経典「華厳経」（正式名は「大方広仏華厳経」）に書かれている思想。すべての存在は互いに関連し合って成り立っているという「重重無尽」の思想や、ビルシャナ仏は世界のあらゆるところに等しく存在しているという世界観などを説く。

鑑真

苦難を超え大乗戒の思想を伝える

「なんというきびしい顔であろう。静かな瞑想と、はげしい気迫、矛盾した二つの情感が、この老僧を包んでいる。

はげしい気迫が、彼を海の彼方からこの国へつれてきた。大乗《だいじょう》仏教[*1]は生命肯定の思想だ。原始仏教[*2]の禁欲主義をすてて、大乗仏教はありのままの生命を肯定した。このとき仏教は少数の人のものでなく、大衆のものとなったが、大衆的となった仏教には、同時に堕落の影がさす。それは戒律《かいりつ》の無視であり、僧尼の俗化である。

きびしい戒律が深い生命の瞑想と結びつく必要がある。修行すること五十年、彼の顔には、瞑想の深さと戒律のきびしさがきざみこまれているが、同時にながい苦難の過去が彼の体にしみついている。大乗戒《だいじょうかい》の思想をこの国に伝えんとして、五度渡航を計画、五度失敗。密告、逮捕、投獄、漂流、難破、そして失明。あらゆる苦難が彼の運命となったが、彼の人類救済の意思は微動だにしなかった。ついに渡航の計画をたててより十二年目、六十六歳のときに奈良の都につき、東大寺に戒壇《かいだん》*3をつくる」

これは約四十年前、私がご開帳に出された唐招提寺《とうしょうだいじ》の秘仏、鑑真《がんじん》像を見て、感激して書いたエッセーの一文である。

戦後、鑑真が有名になったのは、井上靖《いのうえやすし》氏の小説『天平《てんぴょう》の甍《いらか》』の影響にもよろう。この小説は演劇にもなり、各地で上演され、鑑真の名をあまねく日本人に知らしめた。

そればかりではなく鑑真は戦後、日中友好に大いに貢献した。仏教の布教のために、五回も渡航に失敗し、盲目になってもなお志を変えず、ついに日本に来朝した鑑真ほど、日中友好関係の樹立のためのよき模範はないからである。

いったいこの鑑真という僧はどのような僧であったか。鑑真は著書をほとんど残さず、淡海三船《おうみのみふね》の書いた『唐大和上東征伝《とうだいわじょうとうせいでん》』以外に彼のことを知る資料はない。淡海三船は大友《おおともの》皇子《みこ》の曾孫《そうそん》であり、唐僧道璿《どうせん》の弟子になり出家したが、還俗《げんぞく》し、淡海三船と名乗った。実は、鑑真とともに来朝した鑑真の弟子、思託《したく》が『大唐伝戒師《だいとうでんかいし》僧名記《そうみょうき》大和上鑑真伝』と『延《えん》暦僧録《りゃくそうろく》』という本を書いたが、思託は学問のある天台僧であるものの、文章はあまり上手ではない。この二冊の本は今残っておらず、残っているのは、これらの本に拠って三船が書いた『東征伝』のみである。

『東征伝』によれば、鑑真は揚州江陽県《ようしゅうこうようけん》の人で、出家前の姓は淳于《じゅんう》といい、斉《せい》の時代の弁舌家、淳于髠《こん》の後裔《こうえい》である。十四歳のころ、父とともに寺に行き、そこの仏像を見て感激し、出家を志したという。そして唐の中宗《ちゅうそう》の七〇五年（神竜元《しんりゅう》）に道岸禅師《どうがんぜんじ》より菩薩戒《ぼさつかい》[*4]を受け、三年後の七〇八年（景竜二《けいりゅう》）に長安《ちょうあん》の実際寺《じっさいじ》で戒壇に上り、弘景律師《こうけいりっし》を授戒《じゅかい》の和上として具足戒《ぐそくかい》[*5]を受けた。鑑真は戒律の学問に深く通じ、戒律の師として広く尊敬され、弟子も甚だ多かった。

『東征伝』によれば、よき戒師を連れて帰れという舎人親王《とねりしんのう》の命を受けた日本の留学僧《るがくそう》、栄叡《ようえい》、普照《ふしょう》らは鑑真に目をつけ、日本に来朝する戒師を推薦してほしいと頼んだが、誰も行くと申し出る弟子がないので、鑑真は、「これは仏教のためだ。身命《しんみょう》など惜しんでいられようか。誰も行かないならわしが行く」といったという。

これはまさに鑑真の衆生《しゅじょう》救済への強い意思を示しているが、『東征伝』を読んでつくづく感心させられるのは、鑑真は来朝への意思をもち続けて、困難にもめげず初志を貫徹したこともさることながら、旅先のいたるところで生き仏として尊敬され、多くの人から得た浄財を渡航の費用にあてたことである。

栄叡、普照は、七三三年（天平《てんぴょう》五）に派遣された多治比広成《たじひのひろなり》を大使、中臣名代《なかとみのなしろ》を副使とする遣唐使《けんとうし》に従って渡唐したが、多治比広成が七三五年（天平七）、唐王朝に仕えていた吉備真備《きびのまきび》、僧玄昉《げんぼう》などを連れて帰り、中臣名代がその翌年、バラモン僧菩提僊那《ぼだいせんな》や道璿らを伴って帰った後も、二人は唐に残った。

鑑真は、七五二年（天平勝宝《てんぴょうしょうほう》四）に派遣された、藤原清河《ふじわらのきよかわ》を大使、大伴古麻呂《おおとものこまろ》を副使とする遣唐使が翌年に日本へ帰るのに従って来朝しようとしたが、清河の船は南方に流されたものの、古麻呂の船に乗った鑑真は、無事日本に着いた。最初、鑑真は大使の藤原清河の船に乗る予定であったが、清河は異国の高僧をひそかに日本に連れていくことがばれるのを恐れて鑑真らを下船させたので、古麻呂が鑑真らを副使の船に乗せた。このことが幸いし、大使の船は南の海に流され、清河は、唐の朝廷に仕えていた安倍仲麻呂《あべのなかまろ》とともについに日本の地を踏むことができなかったのに、鑑真はどうにか日本に到達することができた。

都に着いた鑑真は、聖武上皇《しょうむじょうこう》、光明皇太后《こうみょうこうたいごう》、孝謙《こうけん》天皇、太政大臣《だじょうだいじん》藤原仲麻呂《なかまろ》らの熱い歓迎を受け、伝燈大法師《でんとうだいほうし》を賜《たまわ》り、大仏殿《だいぶつでん》の前に設けられた戒壇で、上皇、天皇以下に戒を授けた。そして七五五年（天平勝宝七）、東大寺《とうだいじ》に戒壇院が設けられ、翌年、鑑真は大僧都《だいそうず》に、鑑真の弟子法進《はっしん》は律師《りっし》に任じられる。

仏教教団が確立されると、三師七証《さんししちしょう》という出家、授戒の制度ができた。三師七証というのは、受業師《じゅごうし》（戒を受ける弟子の師）、羯磨師《こんまし》（授戒を執行する師）、教授師《きょうじゅし》（教戒《きょうかい》を与える師）の三師と、そこに立ち会い、授戒を証明する七人の僧を意味する。

鑑真は、このような三師七証の戒を上皇、天皇などに施したのである。上皇、天皇がこのような戒を受けたのに続いて、ほとんどの僧は東大寺で新たに戒を受けた。戒を授けるのは、最初は東大寺のみであったが、後に下野《しもつけ》の薬師寺《やくしじ》にも、筑紫《つくし》の観世音寺《かんぜおんじ》にも東大寺と同じような戒壇が設けられる。

こうして一応戒の制度は整ったが、なぜ日本がこのようにすぐれた戒師を唐から呼び、戒の制度を確立する必要があったのか。一つは国家の財政的要求である。当時、僧になって課税を逃れようとする人民が多く、国家財政を安定させるためにも授戒の制度を確立する必要があった。もう一つは、僧の腐敗、堕落を正そうとする要求である。鑑真の来朝と東大寺戒壇院の設立はこの二つの要求を満たそうというものであったが、それは果たしてどのような効果を上げたであろうか。

それは財政的要求を満たしたが、また東大寺の地位をも著しく高めた。東大寺は、藤原家の寺である興福寺《こうふくじ》に対して、天皇家の寺として聖武天皇によって建てられたが、戒壇院の設立によって、東大寺の全仏教界への支配的地位が確立されたといってよい。

鑑真が大僧都に、法進が律師となった七五六年（天平勝宝八）のわずか二年後、律師の法進のみを残して、鑑真が大僧都の職を辞するということが起こった。これは組織の当然の要求かもしれない。東大寺にしてみれば、東大寺に戒壇院をつくれば、もう鑑真という僧は必要ない。鑑真は、新田部親王《にいたべしんのう》の邸宅跡であるという土地を与えられ、翌七五九年（天平宝字《てんぴょうほうじ》三）、そこに彼自らが唐招提寺という寺を建てる。「招提」というのは唐では私立の寺を意味するが、その名には、遠い唐の国からはるばる日本に来て戒を伝えた鑑真がここに私立の寺を建てたという誇りと怒りが込められていると私は思う。

しかし鑑真の渡来によって、日本の僧侶《そうりょ》の腐敗が改められたであろうか。この点について私は、鑑真来朝以前と以後に起こった二つの高僧のスキャンダルに注目したい。

鑑真来朝以前に玄昉をめぐるスキャンダルが起こった。玄昉は、唐の玄宗《げんそう》に紫衣《しえ》を与えられたという高僧で、日本に帰るや、聖武天皇、光明皇后は厚く玄昉を敬い、僧正《そうじょう》に任じて紫衣を賜った。ところがこの玄昉が、あるいは光明皇后、あるいは宮子《みやこ》皇太后と通じているという噂が広まり、ついに七四〇年（天平十二）、藤原広嗣《ひろつぐ》は君側《くんそく》の奸《かん》を退けんとして筑紫に兵を挙げた。この知らせが届くや、聖武天皇は行方定めぬ旅に出て、都は恭仁《くに》、紫香楽《しがらき》、難波《なにわ》を転々とした。そしてやっとビルシャナ仏という堂々たる大仏を本尊《ほんぞん》とする東大寺が建てられ、都は元の平城《へいじょう》に戻る。

鑑真来朝以後にもこのようなスキャンダルが起こる。鑑真が亡くなった七六三年（天平宝字七）、道鏡《どうきょう》が少僧都《しょうそうず》に任じられた。道鏡は密教《みっきょう》を学んだ僧であったが、孝謙《こうけん》上皇が保良宮《ほらのみや》で病気になるや、上皇の看護にあたったことから、上皇に寵愛《ちょうあい》された。

そしてそのことを非難した上皇の前の恋人であったと思われる藤原仲麻呂や、仲麻呂に擁立された淳仁《じゅんにん》天皇が上皇に嫌われ、ついに仲麻呂は殺され、淳仁天皇も廃されて、孝謙上皇が再び即位し、称徳《しょうとく》天皇となった。道鏡はとんとん拍子に太政大臣禅師、法王《ほうおう》と出世し、果ては称徳天皇が天皇位を道鏡に譲ろうとした。この企てが硬骨漢和気清麻呂《わけのきよまろ》によって阻止されるや、まもなく称徳天皇は死に、道鏡は下野の薬師寺に流される。

この事件は後の政治に大きな影響を与える。称徳天皇の次の次の天皇、桓武《かんむ》天皇は、高僧とやんごとない女性との情事によって汚れた奈良の都を捨てて京都に遷都《せんと》し、都近くの比叡山《ひえいざん》延暦寺《えんりゃくじ》に天台宗《てんだいしゅう》を立てた最澄《さいちょう》を厚く信任する。そして最澄の弟子が正式な僧の免許を取るために東大寺へ行かなければならず、弟子たちを奪われるのを恐れた最澄は、比叡山に一向大乗戒《いっこうだいじょうかい》という戒壇を設けることを願い出て、彼の死後、許される。

　最澄が、インドにも中国にもない一向大乗戒の戒壇を設立しようとしたのは、一つには、日本で三師七証という厳しく戒律を守る十人の僧を探すのは困難であると思ったからである。最澄は、末世《まっせ》に戒律を厳しく保つ僧を探すことは、町で虎を探すように困難だといっているが、それは道鏡事件に鑑《かんが》みてとうてい難しいと思ったのであろう。彼は、一人の師によって授けられる外的に生活を律する戒より、深く内面を律する戒を真の大乗仏教にふさわしい戒であるとした。一向大乗戒の戒壇の設立によって、東大寺の戒壇の意味すら小さくなる。

　鑑真は天台僧[*6]でもあり、『摩訶止観《まかしかん》』などの天台の経典を多く持参し、それが後の日本天台宗の創立に大きく貢献したことは疑えないが、戒という点で日本天台は中国天台とまったく異なってしまった。そして以後、この戒の軽視あるいは無視が日本仏教の滔々《とうとう》たる流れになってしまったのである。

＊1　大乗仏教　釈迦の滅後、紀元前後から興った仏教思想。すべての人々は仏になることができるとして、自分だけが悟りの境地（彼岸）に到ることだけを目指すのではなく、大きな乗り物（大乗）のように多くの人々を悟りに導くことを重要視する。

＊2　原始仏教　釈迦の在世当時から滅後百年後頃までの、各部派に分裂していなかった時代の仏教のこと。初期仏教ともいう。この世は無常であり、苦であると考え、出家して修行を積み、煩悩を捨てて自ら悟りの境地に至ることを目指す。

＊3　戒壇　僧侶が戒律を受ける儀式のために造られた壇。中国では3世紀頃から存在したといわれるが、唐代以後、各地の寺にも造られるようになった。

＊4　菩薩戒　大乗仏教の修行者（菩薩）が受ける戒。

＊5　具足戒　出家者が守るべき戒。部派によって戒の数は異なるが、一般に比丘（僧侶）は二五〇条、比丘尼（尼）は三四八条とされる。

＊6　天台　天台宗・教学のこと。中国の天台山で学んだ天台大師智顗（ちぎ、538〜597）の『摩訶止観』『法華玄義』などの著作を中心とし、隋・唐代にかけて発展した。

Ⅱ 神と仏の融合

空海

最澄

円仁・円珍

空也・源信

覚鑁

空海

神仏一体化した日本人の精神の故郷

空海《くうかい》は幼名を佐伯真魚《さえきのまお》といい、讃岐国多度郡弘田郷屏風ヶ浦《さぬきのくにたどのごおりひろたごうびょうぶがうら》に生まれた。父は田公《たぎみ》といい、佐伯氏は祖先がヤマトタケルの東征に従ったことを誇りとしている地方の豪族であった。幼にして学才を現した空海は、十五歳のときに母方の伯父である漢学者の阿刀大足《あとのおおたり》を頼って上京し、十八歳のときに大学に入ったが、大学を中退し、山岳修行者の仲間に入った。

そして二十四歳のときに『三教指帰《さんごうしいき》』を書いて、儒教《じゅきょう》、道教《どうきょう》、仏教の三教の比較をし、仏教の優越を論証したが、この処女作というべき論文にはその後の彼の活躍を予告する多くの特徴が表れている。

彼は、この書をプラトンの『対話篇』の如く劇的構成にしている。放蕩《ほうとう》息子である蛭芽《しつが》公子《こうし》に儒教の亀毛《きぼう》先生や道教の虚亡隠士《きょぼういんし》が説得するが、効果が上がらない。最後に乞食坊主の仮《か》名乞児《めいこつじ》が仏教の説を説き、蛭芽公子は納得するというわけである。『三教指帰』は四《し》六駢儷体《ろくべんれいたい》という絢爛《けんらん》たる文章で書かれていて、早熟な彼の文才を余すところなく示している。ここで空海は儒教や道教を全面的に否定しているのではなく、それらは仏教に含まれるものであると考えている。

こういう思弁方法は後年、空海が書いた著書『十住心論《じゅうじゅうしんろん》』や『秘《ひ》蔵宝鑰《ぞうほうやく》』にも表れている。空海は人間の思想を、世俗、儒教、道教、声聞《しょうもん》、縁覚《えんがく》、法相《ほっそう》、三論《さんろん》、天台《てんだい》、華《け》厳《ごん》、密《みっ》教《きょう》と十段階に分かち、それぞれの段階に対応する心があり、心は必然的に下の段階から上の段階に推移し、上の段階の心は下の段階の心をそれ自身の中に含んでいると考える。これは思惟方法としてヘーゲルの弁証法に類似しているが、ヘーゲルにおいては最高の絶対精神の段階も認識可能であるが、空海の場合は、最終段階の「秘密荘厳心《ひみつしょうごんしん》」は修行によってしか体得することができず、したがってこれらの著書にはほとんど説明されていない。

空海はこのように乞食坊主の如き山岳修行者になったが、その後の経歴はよく分からない。修行の中で、彼は真言《しんごん》密教がもっともすぐれた仏教であることを発見したが、それが十分日本に伝わっていないのを嘆いていたのであろう。幸運にも彼は八〇四年（延暦《えんりゃく》二十三）、留学生《るがくしょう》に選ばれ、二十年の留学を命じられる。そのとき彼は初めて戒《かい》を受けて正式な僧になったのではないかと思われる。

こうして空海は入唐《にっとう》し、長安《ちょうあん》の都で、玄宗《げんそう》皇帝に厚く親愛された、インドからやって来た密教僧である不空《ふくう》の高弟の、恵果《けいか》に出会った。恵果は空海の異常な才を認め、彼が不空から授けられた真言密教の秘法を空海一人に授けたという。しかしすでに真言密教の全盛時代は終わり、中国の朝廷には廃仏の動きすらあった。おそらくそのような情勢を敏感に感じたのであろう。空海は密教を中心とする多くの仏教経典や法具《ほうぐ》を集め、それを持って日本に帰る。

空海は二十年の留学期間を命じられたはずである。それを二年で帰国してしまうことは闕期《けつき》の罪に値する。この罪を免れるために空海は『御請来目録《ごしょうらいもくろく》』を提出した。それは彼が中国から携えてきた経典や法具の目録に堂々たる文章の弁明書をつけたものである。このような最高の仏教を携えてきた以上、闕期の罪を許されるべきだというわけである。

このような空海をどう扱ってよいか、朝廷は迷ったらしく、しばらく彼は大宰府《だざいふ》にとどめられていたが、嵯峨《さが》天皇の御代になって彼は上京を許され、天皇の寵愛《ちょうあい》を受けて、一躍時の人となるのである。嵯峨天皇が空海を信任したのは二つの理由による。

嵯峨天皇の同母兄、前代の天皇である平城《へいぜい》天皇が復位を志して、薬子《くすこ》の変を起こした。薬子は殺され、平城天皇は幽閉されるが、この平城一家の怨霊《おんりょう》の鎮魂が大きな政治的課題となる。空海は真言密教の得意とする呪術によって、みごとに平城天皇にまつわる怨霊どもを鎮魂したのである。

さらに空海が嵯峨天皇の心をつかんだのは、天皇の文学趣味ゆえであった。嵯峨天皇は漢文学を大変愛し、三筆といわれた書の名人であった。この点では空海は誰にもひけをとらない。彼は当時の宮臣の誰よりも深く中国の文学に通じ、新しく顔真卿《がんしんけい》の書を中国で学んだ書の名人であった。

このように趣味において天皇の友であり、師であった空海を天皇はいたく寵愛し、ついに彼の仏教の根拠地、高野山《こうやさん》と、都での活動の中心地、東寺《とうじ》を与え、さらに宮中に真言院を建てることすら許したのである。こうして空海は一代にして真言密教を深く日本の地に下ろし、事終えて高野山に帰って死んだ。

彼の世間に処する態度も『三教指帰』や『十住心論』などの思想展開の方法とよく似て

いる。たとえば東寺は嵯峨天皇から彼に託されたものであるが、桓武《かんむ》天皇のときに東寺はすでに顕教《けんぎょう》*1寺院として、東大寺にならった伽藍《がらん》配置が決定されていた。東大寺の伽藍配置は、中門をはさんで左右に東西の塔があり、その奥に仏像の並ぶ金堂《こんどう》があり、さらにその奥に僧たちが講義を聴く講堂《こうどう》があるという形式である。頭の堅い密教僧ならば、このような顕教寺院を密教寺院にすることはとうてい無理だと思うであろう。しかし空海は嵯峨天皇が東寺を下賜されたのを拝受し、その顕教寺院にしつらえてある建物をみごとに密教寺院に変えてしまった。

東寺には塔が東塔一基しかない。東塔と対になるべき西塔は初めから存在しないのである。密教においてもっとも重要な建物は、僧や俗人が師から灌頂《かんじょう》*2を受け、大日如来《だいにちにょらい》*3と一体になる儀式を行う灌頂院である。密教寺院には灌頂院を欠くことができない。それで空海は西塔の位置に灌頂院を建てたのである。そして金堂には顕教の寺のように薬師《やくし》如来《にょらい》が本尊《ほんぞん》として祀《まつ》られているが、講堂のほうに大日如来を中心とする如来五体、菩薩《ぼさつ》五体、明王《みょうおう》五体、天部《てんぶ》六体の木彫の仏像を並べた。これは立体の曼陀羅《まんだら》*4というべきものであり、まさに東寺の講堂は密教の金堂となった。東寺には顕教と密教の二つの金堂があるといえよう。

真言密教は大乗仏教の発展の最終段階で生まれた仏教であるが、華厳仏教の影響を強く受けている。それは、華厳の中心仏は毘盧遮那仏《びるしゃなぶつ》であるが、密教の中心仏である大日如来は摩訶《まか》毘盧遮那すなわち大ビルシャナとよばれることによって明らかである。華厳は、一木一草の中に毘盧遮那仏が宿るという思想であるが、密教もまた、大日如来は一木一草の中に宿り、私自身の中にも存在すると考える。

真言密教は自らの思想を曼陀羅で表す。曼陀羅の中央には大日如来がいて、大日如来がいかに千差万別の姿をもつ個々の仏に具現するかを示す。この点、周辺の仏が中央の毘盧遮那仏と同じ姿で表される華厳とは異なる。いってみれば、多の一といっても、華厳では一が強調されるのに対し、密教では多が強調される。多を強調することは個体性の重視であり、密教は欲望や感覚を強く肯定する。「大日経《だいにちきょう》＊5」と並んで密教の中心経典である「理《り》趣経《しゅきょう》＊6」には性の交わりの讃美の言葉すら見出される。そしてこの宇宙的生命を大肯定し、呵《か》々大笑《かたいしょう》することが悟りの究極とされる。

また密教では、大日如来と一体となる加持《かじ》＊7の行を重視する。加というのは行者《ぎょうじゃ》に大日如来の力が加わり、持というのはその大日如来の力をもちこたえるという意味である。そういう大日如来と一体となる加持の行によって行者は超能力というべき力を発揮する。

私は、真言密教の日本の思想に対するもっとも大きな影響は、真言密教によって神と仏が一体となったことであると思う。六世紀半ばに移入された仏教は従来の日本の神道とトラブルを起こし、その結果、蘇我《そが》・物部《もののべ》の戦いという宗教戦争が起こり、戦争は蘇我側、仏教側の完全な勝利に終わったが、神と仏との関係はその後も多少ぎくしゃくしていた。しかし東大寺建造にあたって、応神《おうじん》天皇を主神として祀る宇佐八幡《うさはちまん》が宇佐から上京し、天神地祇《てんじんちぎ》を代表して東大寺建造を祝福して以来、神と仏の新しい蜜月関係が生まれたのである。

この蜜月関係は空海の真言密教によって決定的となる。東寺の境内にある鎮守八幡宮《ちんじゅはちまんぐう》は平城一派の人々の怨霊の鎮魂のために空海が建てたものとされるが、そこに空海が造ったという僧形八幡神像《そうぎょうはちまんしんぞう》がある。僧形八幡神像というのは宇佐八幡の主神、応神天皇が僧形になったものであり、これほど神と仏の合体を明らかに示すものはない。

この神と仏の共存には、仏像が金銅《こんどう》や乾漆《かんしつ》ではなく木で造られたことが一役買っている。日本の木彫仏は、東大寺建造に関わった行基《ぎょうき》あるいは行基集団が、頭が異様に長いとか耳が異常に大きいなど、異相をした素木《しらき》の仏を数多く造ったことに始まるが、それが空海に受け継がれる。密教寺院には金銅仏などはなく、ほとんどすべて木彫仏である。日本人にとって木はもともと神を宿すものであり、仏像が木で造られることによって神と仏はまさに一体化したといってよい。そして日本人にとって神は異形の姿をしていると考えられ、異形の行基仏や密教の仏などは神に近いものと考えられたのであろう。

神と仏はこのように空海以来、多少の曲折があるものの、仲よく共存していたが、明治維新政府は神仏分離、廃仏毀釈《はいぶつきしやく》の政策をとることによって神と仏を分離し、仏を廃棄してしまった。この政策の影響は今なお根強く残っていて、現在でも仏教は公教育から締め出され、一木一草の中に神仏をみるという、千年の間、日本人の心性を培った信仰は失われてしまった。

現在、日本人の精神の空白がしきりにささやかれるが、空白を回復するには神仏分離、廃仏毀釈の政策を深く反省し、神と仏の融合を図った空海の思想を復活させねばならないであろう。

果てしなく広い空と海という、大日如来のような名を自らにつけたと思われるこの空海という巨大な思想家は、日本人の精神の帰るべきところを強く示唆しているのである。

＊1　顕教　象徴や真言で教えを説く密教に対し、言葉であきらかに説き示された仏教のこと。華厳宗、法相宗な

ど。天台宗は顕教・密教の両方の思想を含む。

＊2　灌頂　仏の智慧を象徴する水を儀式を受ける者の頭にそそぐ、密教における重要な儀式のひとつ。仏と縁を結ぶための結縁灌頂（けちえんかんじょう）、師僧が弟子に教えを授ける伝法灌頂（でんぽうかんじょう）などの種類がある。

＊3　大日如来　密教経典「大日経」の教主（教えを説く存在）で、密教では太陽のようにあらゆる仏・菩薩の中心となる存在とされる。梵語ではマハーヴァイローチャナ（偉大な輝くもの）。

＊4　曼陀羅　梵語マンダラの音写。密教の考え方を、図画や象徴として表したもの。曼荼羅とも書く。

＊5　大日経　正式名は「大毘盧遮那成仏神変加持経」、七巻。中国の善無畏（637～735）・一行（683～727）訳。代表的な密教経典のひとつで、大日如来が菩薩や眷属（従者）たちに様々な密教の教理を説く。

＊6　理趣経　正式名は「大楽金剛不空真実三摩耶経般若波羅蜜多理趣品」。一巻。中国の不空（705～774）訳。性欲などの人間の欲望は仏教では煩悩として否定されるが、この経典では、そうした欲望も本来は清浄な菩薩の境地に通ずるものであると説いている。

＊7　加持　密教で、仏が現実世界に働きかけることを「加」、行者がそれを受けとることを「持」という。転じて、密教の僧侶がおこなう様々な呪法・祈禱などを指す。

最澄

旧仏教と果敢に戦った「澄んだ人」

私は、最澄《さいちょう》という日本天台宗《てんだいしゅう》の祖師《そし》を、日本では珍しい果敢《かかん》に戦う僧であると思う。近《おう》江国滋賀郡《みのくにしがのこおり》を根拠とする渡来人系の三津首百枝《みつのおびとももえ》の子として生まれた最澄は、近江国分寺《こくぶんじ》に入り、十四歳で得度《とくど》したが、十九歳のときにひとり叡山《えいざん》に上った。彼の生家は叡山の近江側の登り口にあり、当時も隠遁《いんとん》の僧が叡山に上って、庵を建てて隠棲するということがあったらしい。最澄もこのような隠遁の僧にならったのであろうか、人のほとんど住まない狐狸《こり》の棲み家でもあるここに庵を建てて住むのには、彼の父、三津首百枝の経済的援助があったからであろうが、十九歳といえば現在でいえばまだ高校を卒業したばかり、この若年にして山棲みを決心したのは並たいていのことではない。そのとき彼の書いた願文《がんもん》というものが残っているが、そこには、悟りを開くまでは決して山を下りないというただならぬ決意が述べられている。おそらく彼は、スキャンダルの絶えなかった奈良仏教[*1]に強い嫌悪を感じて、この人里離れた山中で新しい仏教を模索しようとしたのであろう。

そして彼はやがて、日本に興隆すべき新しい仏教は天台仏教であるという強い信念をもつにいたった。当時、奈良の都で全盛を誇っていたのは華厳《けごん》仏教であるが、天台仏教は、唐で栄えていた仏教である華厳仏教より一時代前の隋《ずい》の時代に栄えた仏教であった。

最澄が、このように歴史の流れと逆行するような旧仏教の興隆が日本に必要であると考えたのは、彼が聖徳太子《しょうとくたいし》の仏教の伝統を継ごうとしたからでもあろう。日本仏教の開祖ともいうべき聖徳太子はとりわけ「法華経《ほけきょう》」を重んじた。それで最澄は、「法華経」を根本経典として巨大な思弁《しべん》体系を構築した天台智顗《ちぎ》の教えを信奉する教団を日本につくることが必要であると考えたのであろう。彼がここに日本天台宗の本拠地をつくろうと思ったいまひとつの理由は、日本に戒律《かいりつ》の教えを伝えた鑑真《がんじん》が天台宗の僧であり、鑑真および鑑真の弟子たちの厳しい戒律を守る精神に共鳴した最澄が天台宗を最も優れた仏教と考えたからではないかと思う。

孤独な隠遁者《いんとんしゃ》最澄は思いがけない好運に恵まれた。それは僧と高貴な女性との結びつきによって腐敗した奈良の都を捨てて、新しく京都の地に都を定めた桓武《かんむ》天皇との出会いである。私は桓武天皇に最澄の存在を知らしめたのは和気清麻呂《わけのきよまろ》ではないかと思う。和気清麻呂は孝謙《こうけん》（称徳《しょうとく》）天皇の御代に道鏡《どうきょう》を天皇にせよとする宇佐八幡宮《うさはちまんぐう》の神託の真偽を確かめに宇佐八幡宮に遣わされたが、硬骨の彼は八幡宮の神官が語った神託ではなく、彼自身がひそかに八幡神から聞いたという「天つ日嗣《ひつぎ》は必ず皇緒を続《つ》げよ」という神託を天皇に奏上し、天皇と道鏡の怒りを買って、清麻呂という名を穢麻呂《きたなまろ》という名に改めさせられて流罪になった。

孝謙（称徳）天皇が亡くなり、道鏡が流罪《るざい》になると、清麻呂は許され高官についたが、桓武天皇が位に就くと特に彼を重用した。彼は京都遷都の主唱者であった。堕落した奈良仏教の命運を止めることに大きな功績があった和気清麻呂が、仏教の改革者としての最澄を尊敬したのは当然であろう。桓武天皇も厚く最澄を崇拝し、彼を入唐還学生《にっとうげんがくしょう》に選んだ。このとき、在唐二十年の義務をもつ留学生《るがくしょう》に選ばれたのが、彼より七歳下の空海《くうかい》であった。

当時、最澄と空海の身分は甚《はなは》だ隔たっていた。最澄はすでに桓武天皇の寵僧《ちょうそう》であり、唐への旅には、通訳の仕事も兼ねて彼の弟子の義真《ぎしん》を伴うことが許された。しかるに空海は、山野を浮浪する乞食《こつじき》僧の如き生活を長い間送り、入唐の前に急いで戒《かい》を受けて正式の僧となった無名の僧であった。最澄は在唐わずか九か月で、天台ばかりか禅、*2 戒律、密教《みっきょう》などを学んで帰ってきた。

最澄は留学から帰ったものの、唐で十分真言《しんごん》密教を学んでこなかったことに不満を抱いていた。天台仏教が奈良仏教に代わって新しい時代の仏教となるには、国家鎮護《ちんご》と玉体安穏《ぎょくたいあんのん》を祈る呪力《じゅりょく》をもつ仏教が必要であるが、そのような仏教といえば真言密教である。天台仏教は、その巨大で思弁的な理論体系と止観《しかん》というすぐれた修行の方法をもっているが、呪力という点ではもの足りない。

最澄が空海に興味をもったのは、空海が天皇に提出した『御請来目録《ごしょうらいもくろく》』を見てからであろう。ここに最澄がまだ見たことのない密教経典が多く記載されている。最澄はたびたび空海から密教に関する経典を借りて、密教に強い興味をもち、ついに和気氏の氏寺《うじでら》であった高雄山寺《たかおさんじ》（神護寺《じんごじ》）に赴《おもむ》き、空海から灌頂《かんじょう》を受ける。これは少なくとも密教においては最澄が空海の弟子となったことを意味し、一躍《いちやく》空海の令名《れいめい》を高からしめたにちがいない。そして最澄は愛弟子の泰範《たいはん》を、密教を学ばせるために空海の下に遣《つか》わす。

しかし両雄並び立たずという諺《ことわざ》のように、平安仏教の両巨匠はついに相別れる。最澄は先々代の桓武帝の寵僧であったが、今は嵯峨《さが》天皇の御代《みよ》で、嵯峨天皇の寵僧は空海である。空海はいつまでも最澄の下手に立っていられないと思ったのであろう。彼は、「大日経《だいにちきよう》」とともに真言密教の根本経典である「理趣経《りしゆきよう》」の注釈書『理趣釈経《しやくきよう》』を貸してほしいという最澄の要求を拒絶する。

そして空海は、真言密教は文書だけによって理解されるものではなく、行《ぎよう》を行って初めて理解できるものであり、もし真言密教の秘儀を知りたいと思うなら、自分のところへ来て修行をしなさいという。

これによって最澄と空海の間には大きな亀裂《きれつ》が生じるが、さらにこの亀裂を拡大する事件があった。密教を学ばせるために空海の下に最澄が遣わしたはずの泰範がなかなか山に帰ろうとしなかった。最澄は泰範をことのほかかわいがり、彼の後には泰範を据えようとしたほどであった。この最澄の泰範に対する異常なかわいがりようが、かえって泰範を最澄の弟子の間で孤立させ、叡山は泰範にとって居づらい場所になっていたのであろう。最澄は帰らない泰範に再三手紙を書き、帰山を勧める。

この最澄の帰山の要求に対して、空海は泰範に代わって最澄に手紙を書く。泰範が帰山を断る理由を空海は述べ、さらに天台と真言密教の優劣にまで論は及んでいる。最澄は天台も真言も同じものだというが、それはまったく違う、真言のほうが天台よりはるかにすぐれた仏教であると空海は強引に最澄に論戦を挑んでいるが、なぜかあれほど論戦の得意な最澄は相応じず、ただ哀願するばかりであった。

私は空海の大崇拝者であるが、この往復書簡を読むかぎり、最澄に同情を禁じ得ない。純粋で一本気の最澄が、世間を知り尽くした空海に手玉にとられている感じである。

最澄の晩年は、二つの論争に終始したように思われる。一つは奈良仏教を代表する徳一《とくいつ》との間の仏性《ぶっしょう》に関する論争である。最澄は「法華経」にもとづいて、すべての人間は仏性をもっていて、必ずいつかは仏になれると主張したのに対し、徳一は法相宗《ほっそうしゅう》の教義にもとづいて、人間には仏性をまったくもたない人や仏性をもっているかどうか分からない人があり、すべての人が仏になることはできないと主張した。残念ながらこの論戦に関しては最澄側の論文しか残されていないが、最澄の反論の立て方は、経典の上に立ち実証的でかつ論理的である。これはわが国の論争史において最高の学問的水準を示す論戦であろう。

この、すべての人間に仏性があり、必ずやどんな人でも何度か生まれ変わるうちに仏になれる、という主張は鎌倉仏教にも受け継がれ、日本仏教の大きな特徴となるのである。

最澄のもう一つの論争は、延暦寺《えんりゃくじ》に大乗戒壇《だいじょうかいだん》を設立すべきかどうかという論争である。

僧になるにはやはり戒を受ける必要があるが、その戒を受けるには東大寺《とうだいじ》の戒壇院などの奈良仏教の管下に立つ寺において受けなければならない。とすれば、せっかく最澄が養った弟子たちも、正式に僧になるには東大寺などで戒を受けなければならない。それには奈良仏教の僧たちと親しくならねばならず、戒を受けて延暦寺に帰らない弟子も多かった。

それゆえ延暦寺に戒壇を設けることは、新しい仏教である天台宗の死活に関わることであった。最澄は嵯峨天皇に再三要請したが、奈良仏教の反対にあい、なかなか実現できなかった。そこで新しい戒壇の設立を最澄の主著とされる『顕戒論《けんかいろん》』で主張する。奈良仏教の戒は真に大乗仏教の戒とはいえず、小乗《しょうじょう》[*3]仏教の戒も交じった不純な戒であり、一向《いっこう》大乗戒、すなわち純粋な大乗仏教の戒を与える戒壇はまだ日本になく、それを叡山に作るべきだと最澄は主張する。最澄は、この一向大乗戒の戒壇はインドにも中国にもあると考えているが、実は最澄のいう一向大乗戒の戒壇なるものはどこにもなかったのである。そしてこの戒は奈良仏教のような煩雑《はんざつ》でしかも外面的な戒ではなく、簡単でしかも内面的な戒でなければならぬと彼は強く主張する。

この一向大乗戒の戒壇の設立は最澄の生きているうちには許可されず、死後七日目に、残された門弟の奔走と藤原冬嗣《ふじわらのふゆつぐ》らの援助によって実現されたのである。

哲学者の上山春平《うえやましゅんぺい》氏は、儒教が日本に輸入されたが礼《れい》の思想[*4]は輸入されなかったように、仏教が日本に輸入されても戒の思想は輸入されなかったという。確かに上山氏の言うように、最澄による一向大乗戒は、煩雑な戒律を簡単化し内面化したことは否定できない。最澄はいたずらに煩雑で形式的な戒律を捨てて、戒を簡単化し内面化したが、その代わりに、彼は懺悔《さんげ》の必要を強調する。この最澄の戒律の簡単化、内面化が親鸞によって一層徹底される。親鸞は仏教の戒律のなかで大切な戒である邪淫《じゃいん》戒を否定し、肉食妻帯を主張したように思われる。そこには最澄以上の熱い懺悔の心がある。しかしこの最澄―親鸞の思想が日本仏教における戒律の軽視、あるいは戒律の無視の精神を生んだことは否定できない。そしてこの戒律の軽視、戒律無視の精神が明治以後、特に戦後の日本仏教にひどくなり、日本仏教は東南アジアなどの仏教と大変異なったものとなった。

最澄という名はおそらく彼自らがつけた僧名であろうが、「最も澄んだ人」というのは、一生果敢な論争に明け暮れたこの人に最もふさわしい名であるように思われる。

＊1　奈良仏教　東大寺、興福寺などの奈良にある寺院を拠点とする、奈良時代の仏教。

＊2　禅　梵語ドゥヤーナの音写で、瞑想し真理を観察すること。大乗仏教では修行者が実践すべきこと（波羅

蜜）のひとつとされる。

＊3 小乗仏教　大乗仏教徒が、他の仏教に対して批判的につけた名称。大乗仏教は他者を救済しながらともに悟りの境地（彼岸）を目指す「大きな乗り物」だが、それ以外の仏教は自らが悟りの境地に行くことだけを目指す「小さな乗り物」であるという意味。

＊4 礼の思想　中国で、人の行うべき規範とされた事柄。儒教では、『周礼』『儀礼』『礼記』などの書物に詳しく書かれている。

円仁・円珍

天台と密教を融合した台密の祖

名は体を表すというが、私は円仁《えんにん》、円珍《えんちん》という名が気にかかるのである。円仁、円珍の円は、一乗円頓戒《いちじょうえんどんかい》＊1という言葉が示すように天台《てんだい》の思想を表す言葉であるが、その後についた仁、あるいは珍という言葉が彼らの個性を示しているように思われる。円仁は、風貌をみても慈悲《じひ》あふれる聖者の相であり、彼の足かけ十年にわたる唐《とう》における求法《ぐほう》の旅日記『入唐求法巡礼行記《にっとうぐほうじゅんれいこうき》』を読んでも、円仁が周囲の外国人に甚《はなは》だよく気を遣い、外国人もまた円仁を心から愛したことがよく分かる。

それに対して円珍は甚だ珍奇な風貌をしているように思われる。彼の頭は丸くとがっていて、いわゆるすりこぎ状である。そして彼の知性はまことに鋭く、その言葉は一言で人を威圧する力をもっていた。彼も約五年の間、唐に滞在したが、その間の手記には、円仁とともに渡唐し、すでに長い間唐に滞在していた円載《えんさい》などに対する疑惑や非難がしきりに語られている。円珍は周囲のすべての人とうまくやるような人格の円満さを欠いていたように思われる。円珍も円仁と同じように天台座主《てんだいざす》*2になったが、彼は座主になっても「鬼《き》語《ご》」といわれる毒舌を慎まなかった。

伝教大師最澄《でんぎょうだいしさいちょう》によって開かれた比叡山延暦寺《ひえいざんえんりゃくじ》はやがて座主制をとり、その第一世座主に義真《ぎしん》が就任した。義真は、最澄が入唐《にっとう》にあたって通訳を兼ねて伴った僧であり、最澄の直接の弟子とはいえなかった。それゆえ義真の座主就任についても最澄の直接の弟子たちにはいささか異議があったらしいが、義真が死んで、第二世の座主を選ぶときにトラブルが起こった。義真が後任に指名したのは彼の弟子の円修《えんしゅう》であったが、最澄の弟子が反対し、結局第二世座主に就任したのは最澄の愛弟子の円澄《えんちょう》であった。それで円修は叡山を去り、室生寺《むろうじ》に逃れた。

円仁は最澄門下のエースとして、唐で天台仏教とともに密教《みっきょう》を学び、帰国後すぐに天台座主に就任した。円仁の次は安慧《あんね》で、その次の天台座主には義真門下のエースであり、円仁と同じく入唐僧である円珍が、時の権力者、藤原良房《ふじわらのよしふさ》の援助を受け就任した。円珍以降、しばらく義真―円珍系の僧が座主になったが、これは最澄―円仁の弟子にとっては屈辱であった。

こうして円仁系と円珍系の対立は日々に激しくなり、ついに円珍系の僧は山を下り、三《み》井寺《いでら》（園城寺《おんじょうじ》）を根拠地として、山門《さんもん》仏教[*3]に対して寺門《じもん》仏教[*4]を立てた。このように円仁と円珍は派閥が異なるが、思想的には円珍は間違いなく円仁の後継者であり、円仁、円珍によって日本の天台宗は大きく変貌したのである。それは天台学と密教の融合であり、それを東密《とうみつ》すなわち東寺《とうじ》の密教（真言宗《しんごんしゅう》の密教）に対して台密《たいみつ》（天台宗の密教）という。

この円仁によって始められ、円珍によって発展させられた台密は、元三大師良源《がんざんだいしりょうげん》によって大成されたといってよい。良源こそ台密の完成者であり、今の延暦寺は、伝教大師最澄の寺であるというより、元三大師良源の寺であるようにみえる。

叡山に学んだ日蓮《にちれん》は、中国天台宗の創設者、天台智顗《ちぎ》の所説によって、「法華経《はけきょう》」のみが釈迦《しゃか》の正法《しょうぼう》であり、日本はこの「法華経」を根本《こんぽん》経典とする比叡山延暦寺によって守られている国で、「法華経」信仰が衰えたら日本の国は滅亡すると考えた。日蓮は、この正法を邪教である密教に変えた円仁や円珍、及び浄土教《じょうどきょう》に変えた源信《げんしん》や法然《ほうねん》を獅《し》子身中《ししんちゅう》の虫として激しく非難した。

この邪教を捨てて、正法の仏教に帰り、国の破滅を避けよと、日蓮は蒙古襲来《もうこ》という国難の危機に際して激しく警告した。日蓮の批判は一応もっともであるが、この天台の密教化は最澄そのものにも多少責任があるといえる。最澄は八〇六年（大同元《だいどう》）、年分度者《ねんぶんどしゃ》という国家から給与を与えられる僧を置くことを許されたが、その僧の一人は止観業《しかんごう》すなわち純粋に天台仏教を修める僧であったものの、他の一人は遮那業《しゃなごう》すなわち密教を修める僧であった。

最澄そのものは「法華経」の強い信者であったが、仏教が国家鎮護《こっかちんご》の役割を引き受けるときに、やはり加持祈禱《かじきとう》によって呪力《じゅりょく》を発揮する真言密教がどうしても必要であった。しかし密教の理解において最澄は空海《くうかい》に劣り、空海に教えを請わねばならなかった。それゆえ最澄の弟子たちは密教を本場の唐で学び、密教においても天台宗を真言宗の上に置こうとする強い願望をもった。

円仁、円珍は共に、弘法大師《こうぼうだいし》空海よりはるかに長く唐にとどまり、密教をよく学んだ。特に円仁が「蘇悉地経《そしつじきょう》」*5を持って帰り、この経典を空海の重視した「大日経《だいにちきょう》」と「金剛頂経《こんごうちょうきょう》」*6と並んで密教の根本経典としたのは、理論的に空海の密教を超えようとするものであった。「蘇悉地」とは妙成、すなわち修行のすばらしい完成を意味し、この経典により「大日経」の胎蔵界曼陀羅《たいぞうかいまんだら》、「金剛頂経」の金剛界曼陀羅《こんごうかいまんだら》による修行の完成を図ろうとする。円仁のほうが大胆であるように思われる。

円仁及び円珍の密教についての著書を読むと、密教の解釈において、円仁は、顕教《けんぎょう》とは法相宗《ほっそうしゅう》などの三乗教《さんじょうきょう》*7を指し、密教が顕教に勝るという空海の見解に対して、円仁は、顕教とはすなわち修行の方法を説くものと説かないものがあり、密教とは最澄の主張する一乗教《いちじょうきょう》*8を指すとする。密教には事相《じそう》理のみで、事相を説かないが、「大日経」や「金剛頂経」などは事相を説くものであると解釈する。そして「法華経」の釈迦と密教の中心仏、大日如来《だいにちにょらい》は一体のものとする。

これはもちろん天台智顗《てんだいちぎ》や最澄の「五時八教《ごじはっきょう》*9」の説と矛盾するが、密教をとり入れなくては天台宗の発展は望まれずという空気が叡山にあり、天台座主、円仁のこのような最澄の説からの逸脱にも誰も異議を唱えなかったのであろう。

円珍は、密教を「法華経」の上に置く空海の思想や、密教を「法華経」の下に置く中国天台の学僧たちの説を厳しく批判しているが、法華仏教と密教の関係については円仁の説をほぼそのまま踏襲している。

円仁は七九四年（延暦十二）に下野国《しもつけのくに》（栃木県）都賀《つが》に生まれた。鑑真《がんじん》門下の道忠《どうちゅう》の弟子の広智《こうち》が住職を務める、生家の近くの大慈寺《だいじじ》で僧となり、十五歳のときに広智に伴われて比叡山に上り、最澄の弟子となった。学業はきわめて優秀、性格も穏和であるので、円仁は最澄にかわいがられ、弟子のなかでも頭角を現した。また最澄の東国布教にも円仁は同道した。最澄没後、最初の大乗菩薩戒《だいじょうぼさつかい》の授戒《じゅかい》には、義真の伝戒師《でんかいし》*10のもとで教授阿闍梨《きょうじゅあじゃり》*11を務めたが、四十歳のころ病を患い、横川《よかわ》に隠棲《いんせい》した。

ところが八三五年（承和《じょうわ》二）に遣唐使《けんとうし》派遣の話が起こり、その三年後、彼は請益僧《しょうやくそう》として入唐した。彼は最澄のように天台宗の発祥地、天台山《てんだいさん》に行こうとしたが、果たせず、遣唐使とともに帰らねばならぬことになった。しかしここで彼は唐にとどまることを決意する。そして再び天台山に行こうとしたが行けず、その代わりに五台山《ごだいさん》に行き、次いで長《ちょう》安《あん》の都に上り、当時の中国仏教界の碩学《せきがく》から天台仏教ばかりか真言密教や華厳《けごん》なども学ぶ。唐に滞在すること足かけ十年、唐の皇帝武宗《ぶそう》による「会昌《かいしょう》の廃仏《はいぶつ》」にあい、命からがら新羅《しらぎ》船に乗って帰国する。時に八四七年（承和十四）、円仁五十四歳。翌年、京都へ帰ると、さっそく伝燈大法師《でんとうだいほうし》、内供奉十禅師《ないぐぶじゅうぜんじ》に任じられ、ついに八五四年（仁寿《にんじゅ》四）、天台座主となり、上下の厚い尊崇《そんすう》を受け、八六四年（貞観《じょうがん》六）、七十一歳で死ぬ。

円仁について特に注目されるのは、彼が『入唐求法巡礼行記』を書き残したことである。

この日記は、円仁が言語も風習も異なる異国でいかに仏教を学んだかという貴重な記録である。元駐日アメリカ大使のライシャワー氏はこの『入唐求法巡礼行記』を高く評価し、世界的にみても文化交流の貴重な記録だという。

また円仁の旅行に多大な援助をしたのは新羅人であった。円仁は自分を助けた新羅の神に対する感謝の心をもって日本に帰り、彼の遺言によって、京都の東北に赤山禅院《せきさんぜんいん》が建てられた。また彼は五台山で念仏《ねんぶつ》*12を学び、帰国後、最澄自身が計画したが建てられなかった常行三昧堂《じょうぎょうざんまいどう》を建てた。常行三昧堂は、口で「ナムアミダブツ」を唱え、心に阿弥陀仏《あみだぶつ》を念じ、本尊《ほんぞん》である阿弥陀仏のまわりを九十日間、不眠不休でまわる常行三昧を行う堂であり、この行が後の浄土教興隆の原因の一つになる。

円仁は関東の出身ということもあり、とりわけ東国の民衆への布教に熱心であった。かの松尾芭蕉《まつおばしょう》の「閑《しずか》さや岩にしみ入蟬《いるせみ》の声」の句で有名な山形の立石寺《りっしゃくじ》も円仁によって開かれた寺であると伝えられる。この寺の入定窟《にゅうじょうくつ》には円仁の骨を納めると伝えられる棺《ひつぎ》があり、戦後の調査で開けてみると、首から下の人骨とともに首から上の円仁の木像が出てきた。奇怪な話であるが、それは仏教の恩恵を被らない東国の民衆に対する円仁の強い布教の思いと、東国の民衆の円仁に対する熱い敬慕の心を語るものであろう。

円珍は八一四年（弘仁《こうにん》五）、讃岐国《さぬきのくに》（香川県）那珂郡《なかのこおり》金倉郷《かなくらごう》に生まれ、円仁より二十歳年下である。父は因支首宅成《いなきのおびとやかなり》、母は佐伯《さえき》氏の娘で、空海の姪《めい》であるという。幼くして異常な学才を現し、八二八年（天長《てんちょう》五）、叔父の僧仁徳《にんとく》に伴われて叡山に上り、義真の弟子となる。二十歳のときに得度《とくど》受戒《じゅかい》し、以後十二年の籠山行《ろうざんぎょう》を行い、三十三歳にして真言学頭《がくとう》となる。彼は藤原良房及びその弟の良相《よしみ》と深く結びつき、摂関家《せっかんけ》の興隆を精神的にバックアップする。そして彼らの援助で入唐し、密教をはじめとする仏教を精力的に学ぶ。滞在は足かけ六年に及び、八五八年（天安《てんあん》二）に帰国すると、良房、良相らに親しく迎えられ、とんとん拍子に出世し、ついに八六八年（貞観十）、天台座主になる。時に円珍五十五歳、この年齢で座主になるのは異例のことであった。座主になっても彼は次々と著作を書き、八九一年（寛平《かんぴょう》三）、七十八歳で死んだ。

円仁と円珍の二人の性格も派閥も異なる僧によって、日本天台宗はまったく密教化したのである。

＊1　一乗円頓戒　天台宗で用いられる戒律のこと。日本に天台宗を伝えた最澄は「梵網経」に基づいた新たな戒律を主張したが、後世にそれが「円頓戒」とよばれるようになった。

＊2　座主　元々はすぐれた人という意味だが、日本では天台宗などで最高位や管長を表す名称として用いられる。
＊3　山門仏教　比叡山の延暦寺や東塔、西塔、横川などの寺院を中心とした天台宗の勢力。
＊4　寺門仏教　三井の園城寺を中心とした天台宗の勢力。山門に対抗して作られた。
＊5　蘇悉地経　正式名は「蘇悉地羯羅経」、三巻。善無畏訳。「蘇悉地」は梵語スシッディの音写で、「妙成就」と訳される。息災（災難をしずめること）・降伏（悪人や悪霊を制すること）などの修法が説かれている。
＊6　金剛頂経　正式名は「一切如来真実摂経」。漢訳は不空（705～774）訳の「金剛頂一切如来真実摂大乗現証大教王経」三巻など、数種類ある。大日如来が悟りの内容を釈迦に説くという内容で、それを具体的に表したのが金剛界曼陀羅。
＊7　三乗教　三乗とは、声聞乗（仏の教えを聞いて修行する者）・縁覚乗（一人で悟りを目指す者）・菩薩乗（大乗仏教の修行者）のこと。それぞれの修行者に応じて三種類の教えを説いた教えを三乗教という。
＊8　一乗教　最澄は、三乗教には差別があり方便（悟りのための手段）の教えにすぎず、真の教えは「法華経」に説かれるただひとつの教え（一乗）であると主張した。これを一乗教という。
＊9　五時八教　釈迦が一生のうちに説いたとされる様々な経論の順序や分類などの解釈方法（教判）のうち、天台宗で用いられているもの。釈迦が説法した時期を五つに分け（五時）、教えの形式から頓・漸・秘密・不定の四種類（化儀四教）、内容から三蔵・通・別・円の四種類（化法四教）に分類する。
＊10　伝戒師　授戒の儀式のときに、僧侶に直接戒律を授ける師僧。
＊11　教授阿闍梨　授戒の儀式のときに必要な、五種阿闍梨とよばれる役目のひとつ。戒を授かる僧侶に威儀・作法などを教える。
＊12　念仏　仏を念じたり、口で仏の名をとなえる修行法。

空也・源信

浄土教を広めた二人の聖

一つの思想が発展するときには、必ずその思想の権化《ごんげ》のような行《ぎょう》の人とともに、その思想を理論的に明らかにする知《ち》の人が出現するものである。法然《ほうねん》、親鸞《しんらん》による鎌倉浄土教《じょうどきょう》以前に、すでに浄土教は平安時代に発展し、日本人の多くが浄土教の信者になっていたが、その浄土教の発展は、行の人・空也《くうや》と知の人・源信《げんしん》という二人の聖《ひじり》によるところが大きい。空也と源信には約四十年の年齢差があるが、当時の人は空也によって浄土教信仰に心ひかれ、源信によって浄土教のすばらしさを理論的に知ったといわねばならない。

空也は、醍醐《だいご》天皇の皇子とも、仁明《にんみょう》天皇の皇子である常康《つねやす》親王の子ともいわれる。私は、空也の残した偈《げ》すなわち宗教詩が、学識に裏づけられた比類なく高い調べをもちながら、どこかに深い疎外感、孤独感を宿していることからも、彼は高貴な生まれの人ではないかと思う。

空也の業績を知るには、源《みなもとの》為憲《ためのり》によって書かれた空也の哀悼の辞である「空也誄《るい》」によらねばなるまい。空也は九〇三年（延喜《えんぎ》三）に生まれ、尾張国《おわりのくに》（愛知県）国分寺《こくぶんじ》で出家したとされる。彼は若き日、行基《ぎょうき》の如《ごと》く日本の各地を遊行《ゆぎょう》*1し、道を造ったり、井戸を掘ったりした。しかし彼が行基と違うのは、生きとし生けるものに異常な愛情を示したことであろう。空也が蛇に飲み込まれようとする蛙を哀れみ、錫杖《しゃくじょう》を振ったところ、蛇はやがて蛙を放ったという。また神泉苑《しんせんえん》の水門の外に一人の病んだ老女がいたので、空也が哀れに思って食物を分けてやると、病気が治ったが、女は空也と寝たいという。空也には女の願いを叶えてやろうという様子があった。しかし女は、実は自分は老狐であるが、空也上人は真の聖人であるといって消えた。また空也には虱《しらみ》がつかず、ある人が数十匹の虱を空也の懐に入れたが、その虱はすぐにいなくなったという。

彼は死人にもやさしかった。京都の東、六波羅《ろくはら》のあたりは、昔は死骸の捨て場であり、骸骨が散乱していたが、空也はその骸骨を一か所に集め、阿弥陀仏《あみだぶつ》*2の名を唱えながら油を注いで焼き、そこに西光寺《さいこうじ》という寺を建てた。

その西光寺が後に六波羅蜜寺《ろくはらみつじ》になったが、そこに現在も空也の彫像がある。空也が杖をつき歩きながら念仏を唱えている姿であるが、空也の口から六体の小さな阿弥陀仏が飛び出している。この空也像は後の鎌倉時代の作であるが、日本の木造彫像の最大傑作の一つであろう。空也の表情には如実に宗教的恍惚が表れている。このような宗教的恍惚をみごとに表現した僧の像は他にはない。

空也が京都の都に現れたのは三十六歳のころであったが、人々は彼を市聖《いちのひじり》とよんだ。四十六歳のとき、天台座主《てんだいざす》の延昌《えんしょう》に師事し、戒壇院《かいだんいん》で大乗戒《だいじょうかい》を受け、正式の僧になったが、沙弥《しゃみ》＊3の名の空也を改めなかったという。

空也の作品として、『一遍上人語録《いっぺんしょうにんごろく》』の中に、二つの詩片が引用されている。一つの詩片は、この世にいればいろいろ煩《わずら》わしいことが多いので、孤独になり、称名《しょうみょう》＊4してすべてをなげうってしまうのがもっともよい、隠れて静かに住み、ぼろ衣をまとって何も求めなければ盗賊の恐れもないという詩である。

もう一つの詩片はもっとすばらしい。多少煩わしいが、原文を挙げることにしよう。

心《ニ》無《レバ》二所縁一、随《テ》二日《ノ》暮《ル、ニ》一止《リ》、
身《ニ》無《レバ》二所住一、随《テ》二夜《ノ》明《ルニ》一去《ル》、
忍辱《ノ》衣厚《ケレバ》、不レ痛二杖木瓦石《ヲ》一、
慈悲《ノ》室深《ケレバ》、不レ聞二罵詈誹謗《ヲ》一、
信《ル》レ口《ニ》三昧《ナレバ》、市中《モ》是《レ》道場、
随《フ》レ声見仏《ナレバ》、息精即念珠《ナリ》、
夜々待《チ》二仏《ノ》来迎《ヲ》一、朝々喜《ブ》二最後《ノ》近《ヅクヲ》一、
任《セ》二三業《ヲ》於天運《ニ》一、譲《ル》二四儀《ヲ》於菩提《ニ》一

これは、四四四四、四六四六、四五四五、六六六六の対句《ついく》からなる形式の整った漢詩であり、珠玉《しゅぎょく》の如き言葉が並び、彼の心境の比類なき高さを示す。このような詩に私の拙《つたな》い言葉で説明を加えることは避けるべきであろう。よくよく味わってほしい。

源信《げんしん》は九四二年（天慶《てんぎょう》五）に大和国葛下郡《やまとのくにかつげのこおり》当麻郷《たいまごう》（奈良県香芝《かしば》市と北葛城《きたかつらぎ》郡当麻《たいま》町一帯）で、卜部正親《うらべまさちか》の子として生まれる。九歳にして叡山《えいざん》に上り、天台宗《てんだいしゅう》の中興の祖といわれた良源《りょうげん》の弟子となる。天性聡明《そうめい》、特に論理の才に恵まれ、三十七歳のときに『因明論疏《いんみょうろんしょ》四相違略註釈《しそういりやくちゅうしゃく》』という論理学の難問を解く書物を書く。彼の学僧としての名声は高くなり、多くの貴顕《きけん》が彼を招いたが、彼は名利《みょうり》を捨てて横川《よかわ》に隠棲《いんせい》する。その動機は、布施によって得た贈り物を母に送ったところ、母が「自分はおまえを世間にもてはやされる学僧にするために出家させたのではない。多武峰《とうのみね》の聖のように清らかな僧になってほしい」という返書を送ったことであるともいわれる。

源信は九八四年（永観《えいかん》二）十一月、『往生要集《おうじょうようしゅう》』三巻の執筆を始め、翌年四月、わずか六か月で完成した。源信四十四歳のときである。たちまちにこの書の写本《しゃほん》が作られ、人々は争ってそれを読んだ。藤原道長《ふじわらのみちなが》も、紫式部《むらさきしきぶ》も、後の鴨長明《かものちょうめい》も、西行《さいぎょう》も、この書物を愛読し、多くの影響を受けた。またこの書は宋《そう》にも送られ、宋でも高い評価を得たという。

後に源信は「横川首楞厳院《しゅりょうごんいん》二十五三昧式《ざんまいしき》」を作り、仲間を集めて毎月十五日に念仏《ねんぶつ》三昧の会を行った。この会も念仏を盛大にする大きな原因となった。しかし彼は最後まで忠実なる天台僧であり、晩年、『一乗要決《いちじょうようけつ》』を著し、最澄《さいちょう》の一乗仏教の思想をより発展させた。

源信は、ふつうは共存することが困難である二つの才に恵まれていた。学者としての才と詩人としての才である。『往生要集』は、引用典籍《てんせき》百六十数部、引文は九百か所に及ぶが、そのような多くの文献を引用しながら論旨は整然として、一点の論理の乱れもない。しかも引用文及び彼自身の文章も美しい文章が多く、単に理性のみではなく、情感にも訴える。源信は詩文に巧みであったばかりか、絵や彫刻もよくした。その点、彼は資質において法然よりも詩人であり、画家でもあった唐《とう》の浄土僧、善導《ぜんどう》に近いといえよう。

源信は『往生要集』の序文で、往生極楽《ごくらく》の教行《きょうぎょう》は、にごった末の世の人々の眼であり、足であり、貴い者、賤《いや》しい者、誰がこの教えに帰せないものがあろうかという。そして顕《けん》密《みつ》（顕教《けんぎょう》と密教《みっきょう》）の行は多いが、賢い人でもなすことができないのに、自分のような「頑《がん》魯《ろ》の者」がどうしてそのような行をすることができようかと語る。源信が「頑魯の者」であるとはとても思えないが、彼は末代の「頑魯の者」という自覚をもち、自分のようなものは浄土念仏の教えによって救われるより仕方がないという。

『往生要集』は、一、厭離穢土《えんりえど》、二、欣求浄土《ごんぐじょうど》、三、極楽の証拠、四、正修念仏《しょうじゅねんぶつ》、五、助《じょ》念《ねん》の方法、六、別時《べつじ》念仏、七、念仏の利益《りやく》、八、念仏の証拠、九、往生の諸業《しょごう》、十、問答《もんどう》料簡《りょうけん》の十門からなる。この論の中心は第四の正修念仏であるが、影響からいえば、一の厭離穢土、二の欣求浄土がそれに劣らず重要である。

厭離穢土において、われわれが住む六道《ろくどう》すなわち地獄《じごく》、餓鬼《がき》、畜生《ちくしょう》、修羅《しゅら》、人間《にんげん》、天《てん》の六つの世界が徹底的に苦《く》の世界、不浄の世界、無常の世界であることが述べられる。特に地獄の世界の描写はすごい。源信はあたかもサディストの如く、これでもかこれでもかと、悪いことをした人間が死後に往くべき地獄の世界の凄まじさを示すが、そこには人間の悪と苦への深い洞察がある。

たとえば邪恋の罪を犯した人間の落ちる刀葉林《とうようりん》。亡者が樹の上をみると、彼をさんざん悩ませたあの美女がいるではないか。それをみて亡者が木に登ろうとすると、木の葉がすべて刀となって身の肉を割く。亡者がやっと登り終えると、今度は美女が下にいて、「あなたのおかげでここに来たのよ。私を抱いてくださいよ」というので、亡者は木を下りようとするが、また木の葉が刀となってその身を割く。かくの如きことを繰り返すこと無量百千億年。このような文を読むと、源信もまた邪恋に悩んだことがあるのではないかとさえ思われる。

『往生要集』をもとに多くの地獄絵や餓鬼絵が描かれた。最近まで、日本の多くの寺には地獄絵があり、幼い白隠《はくいん》や太宰治《だざいおさむ》は、その絵をみて異常な恐怖に襲われ、それが彼らの後の人生に大きな影響を与えた。

源信はこのような六道の世界を離れて、浄《きよ》く美しい極楽を欣《ねが》い求めよといい、その極楽の比類なき浄さ美しさを多くの経典を引用して語る。彼自身もすばらしい極楽の絵を描いたが、多くの画家が彼にならって多種多様の極楽の絵や阿弥陀来迎《あみだらいごう》の絵を描いた。今も残る宇治《うじ》の平等院《びょうどういん》は極楽のみごとな造形化であるといえる。

この極楽へ往生する方法が念仏である。念仏には五つの門がある。一、礼拝《らいはい》、二、讃歎《さんだん》、三、作願《さがん》、四、観察《かんざつ》、五、廻向《えこう》であるが、この五つの門の中心が四の観察である。観察には、別相観《べっそうかん》と惣相観《そうそうかん》と雑略観《ぞうりゃくかん》の三つがある。別相観とは阿弥陀仏の個々の相好《そうごう》を順次に観《かん》想《そう》する[*5]こと、惣相観とは阿弥陀仏を総体的に観想すること、雑略観とは阿弥陀仏の一定の部分にかぎって観想することである。

中国の浄土教においてもっとも重視された浄土経典は「観無量寿経《かんむりょうじゅきょう》」[*6]であろう。「観無量寿経」は、阿弥陀仏と極楽浄土が目を開けても閉じても常にありありとみえる観想の行をすれば、臨終《りんじゅう》にあたって阿弥陀仏が迎えにきて、必ず極楽往生することができると教える。源信が勧めているのはこのような観想の念仏であることは間違いない。しかしこのような観想の行ができない人はどうするか。源信は次のようにいう。

「もし相好を観念するに堪《た》えざるものあらば、或《あるい》は帰命《きみょう》の想により、或は引摂《いんじょう》の想により、或は往生の想により一心に称念《しょうねん》すべし」

法然はこの一文を、源信が観想の念仏のできない人に口称《くしょう》の念仏を勧めていると解釈する。しかしここでいう「称念すべし」とは、もっぱら阿弥陀仏を思えという意味であり、必ずしも口称の念仏の勧めとはいえない。

源信の念仏はあくまで美的想像力を行使する観想の念仏とみるべきである。法然によって浄土教は易行《いぎょう》となり、より倫理的なものになったが、残念ながらすぐれた造形芸術を生むことはできなかった。それに対して観想の念仏を説く平安浄土教は多くのすばらしい造形芸術を生んだ。物には一長一短があるといわねばならない。

＊1　遊行　僧侶が、修行のために各地を巡り歩くこと。

＊2　阿弥陀仏　「阿弥陀」は梵語のアミターバ（無量光）、アミターユス（無量寿）を音写して略したもの。「阿弥陀経」などで、西方の極楽浄土にいるとされる仏。

＊3　沙弥　「沙弥」は梵語のシュラーマネーナの音写。男性出家者のうち、正式な僧侶（比丘）のための戒律をまだ授けられていない者。または、僧侶の姿はしているが戒律を受けておらず、在家の生活をしている者。

＊4　称名　仏の名前をとなえること。特に阿弥陀仏の名号「南無阿弥陀仏」をとなえること。

＊5　観想　坐って心を落ち着け、集中して仏の姿などに思いをめぐらせる修行法。

＊6　観無量寿経　正式名は「仏説観無量寿経」、一巻。中国、宋の畺良耶舎（きょうりょうやしゃ）訳。釈尊が韋提希（いだいけ）夫人の求めに応じて阿弥陀仏とその浄土を観想する方法を教え、極楽往生を説く。

覚鑁

密教と浄土教を総合した〝闘争の人〟

和歌山県那賀《なが》郡に根来寺《ねごろじ》という新義真言宗《しんぎしんごんしゅう》*1の総本山《そうほんざん》がある。この根来寺の主要な建物は大塔《だいとう》（多宝塔《たほうとう》）と大伝法堂《だいでんぽうどう》である。大塔は真言宗共通の信仰を示すものであるが、大伝法堂は覚鑁《かくばん》独自の信仰を表すものといってよかろう。大伝法堂の前身である高野山《こうやさん》の大伝法院は、空海《くうかい》の仏教を研究し、布教するための殿堂であり、覚鑁によって新しく建てられたものである。

しかしこの大伝法院の建立《こんりゅう》及びその発展が、空海仏教の昔からの本拠地であった金剛峯寺《こんごうぶじ》との間に衝突を起こし、それが、覚鑁が高野山を追われ、根来を根拠地とする原因となる。その後も高野山の大伝法院は覚鑁の弟子たちの活動の拠点であったが、ついに彼の死の百四十年後、すぐれた学僧頼瑜《らいゆ》が学頭《がくとう》を務めていた時代に高野山を引き揚げた。そしてその約百年後、南北朝の末に大伝法堂が根来に再建された。この時代が根来寺の全盛時代であった。

しかし根来寺は、いち早く種子島《たねがしま》から鉄砲をとり入れた強力な僧兵、根来衆《ねごろしゅう》の根城になり、豊臣秀吉《とよとみひでよし》によって滅ぼされ、大伝法堂も破壊されたが、幕末、紀州徳川家《きしゅうとくがわけ》の援助によって再建された。

それは、高野山の大伝法院及び創建当時の根来寺の大伝法堂を、ほぼそのまま受け継ぐものであるという。

この大伝法堂の本尊《ほんぞん》は金剛界《こんごうかい》の大日如来《だいにちにょらい》であるが、その左方に金剛薩埵《こんごうさった》、右方に尊勝仏頂《そんしょうぶっちょう》を配している。大日如来はほとんどの密教《みっきょう》寺院の本尊であるが、金剛薩埵を脇侍《きょうじ》に配した寺は少ない。まして尊勝仏頂が脇侍として配されているのはまことに異例である。

この本尊の大日如来は、覚鑁が「空海は大日如来そのものである」と語っているので、空海その人であろう。左方の脇侍にあたる金剛薩埵は、大日如来がまず教えを伝えた弟子であるので、大日如来を空海とすれば、空海仏教を研究し、その真髄を伝えようとする覚鑁その人であるとみて差し支えあるまい。また右方の脇侍にあたる尊勝仏頂は、鳥羽上皇《とばじょうこう》が厚く崇拝した仏像であることを考えると、鳥羽上皇そのものであるとみなされよう。

　高野山の大伝法院は鳥羽上皇の絶大な援助によって建てられたので、覚鑁は空海を本尊とし、左右に自らと鳥羽上皇を配したのであろう。新義真言宗の本山、根来寺には大伝法堂があるが、覚鑁の法を継ぐ他の新義真言宗の二派、豊山派《ぶざんは》の本山、大和の長谷寺《はせでら》にも、智山派《ちさんは》の本山、京都の智積院《ちしゃくいん》にも大伝法堂はない。

　覚鑁は今の佐賀県鹿島《かしま》市の地侍《じざむらい》、伊佐平次兼元《いさのへいじかねもと》を父として生まれた。彼は九歳のときに修行の道に入り、十三歳のときに京都仁和寺《にんなじ》成就院《じょうじゅいん》の当時有数の真言密教の行者《ぎょうじゃ》、寛助大僧正《かんじょだいそうじょう》の弟子となった。そのころの覚鑁について、仏には法身《ほっしん》、報身《ほうじん》、化身《けしん》＊2の三身《さんじん》があり、法身である大日如来がもっとも尊い仏であるということを教えられ、それではその大日如来になろうといったという話が伝えられる。

　覚鑁の著書『述懐詞《じゅつかいし》』の中に「小少《しょうしょう》の昔より長大の今にいたるまで、即身に本地《ほんち》に到るの大道を求め、現生《げんしょう》に性海《しょうかい》を開くの深門《じんもん》を願う」とある。彼は少年の日からずっと大日如来になろうと志していたことは間違いない。もともと真言密教は、大日如来と一体になることによって衆生《しゅじょう》救済の大力を発揮する仏教である。空海の著書を読んでいても、いつのまにか大日如来が彼自身になり、彼自身が大日如来になっているのを感じさせられる。この空海の即身成仏《そくしんじょうぶつ》＊3の信奉者である覚鑁が大日如来になろうと念願したとしてもおかしくはない。大伝法院に、ひそかに大日如来の空海とともに金剛薩埵としての彼自身を仏として忍び込ませたのも、いかにも彼らしい。

覚鑁は寛助大僧正の弟子になったものの、身分が低く、ふつうならば出世できる僧ではなかった。彼は京都や奈良でさまざまな仏教を学んだというが、二十歳にして高野山に上る。高野山で彼が最初についたのは往生院《おうじょういん》の阿波上人青蓮《あわしょうにんしょうれん》であるが、この青蓮は、浄土念《じょうどねん》仏《ぶつ》思想の流行に従って高野山の谷々で念仏を称《とな》えて生活する念仏聖《ひじり》＊4の一人であった。覚鑁は高野山ばかりではなく、あちこちに行き、それぞれ師について事相《じそう》＊5すなわち祈禱《きとう》の方法としての真言密教を学んだ。

真言密教は平安時代に天皇家の厚い尊崇《そんすう》を得て、仁和寺《にんなじ》、大覚寺《だいかくじ》、醍醐寺《だいごじ》などのさまざまな本山ができ、その寺々はそれぞれ独自の事相を発展させ、広沢流と小野流に分派したが、その広沢流、小野流もまたそれぞれ多くの流派に分かれた。覚鑁は多くの流派の師に学び、それらを総合して、伝法院流という一派の祖となった。

しかし覚鑁は、理相《りそう》＊5すなわち密教の理論研究において真言宗は甚《はなは》だ遅れていることを感じざるを得なかった。天台宗《てんだいしゅう》においては、密教理論の研究が円仁《えんにん》、円珍《えんちん》などによって発展したが、真言宗においては、空海があまりに偉大であったので、理論研究はすっかり宗祖《しゅうそ》空海に任せて、その後は事相のみをより精密に発展させたといえようか。

覚鑁は、この真言宗における密教の理論的研究の欠如をいたく嘆き、密教の研究所、大伝法院を真言密教の総本山というべき高野山に建立しようとした。そして幸いにこの志に援助を与える大変強力な支援者が現れた。

彼の師匠の寛助大僧正は白河《しらかわ》、鳥羽上皇に深く尊崇されたが、一一二五年（天治《てんじ》二）、覚鑁三十一歳のときに亡くなり、四年後の一一二九年（大治《だいじ》四）、白河法皇が崩御《ほうぎょ》した。そしてその翌年、白河法皇の第五皇子、華蔵院宮聖恵法親王《けぞういんのみやしょうけいほっしんのう》が白河法皇菩提供養《ぼだいくよう》のために高野山に上ったときに、阿波上人青蓮が法親王に会い、覚鑁の大願《たいがん》のことを申し上げた。そのことが鳥羽上皇に奏上《そうじょう》され、覚鑁は召されて鳥羽上皇に所信を言上《ごんじょう》した。この鳥羽上皇との出会いが無名の真言僧覚鑁をして一躍、時の人とした。これは空海と嵯峨《さが》天皇の出会いに比すべきものであろうか。独裁的権力をもっていた鳥羽上皇は覚鑁の真言密教復興の意思を嘉《よみ》され、堂塔建立の院宣《いんぜん》を賜《たまわ》った。

こうして一一三二年（長承《ちょうしょう》元）、覚鑁三十八歳のときに鳥羽上皇の臨幸《りんこう》を仰ぎ、大伝法院の盛大な落慶法要《らっけいほうよう》が行われた。また大伝法院とは別に、自らの寺院として密厳院《みつごんいん》という寺院が建てられた。そして一一三四年（長承三）正月に伝法院談義《だんぎ》、三月には弘法大師《こうぼうだいし》三百年御遠忌《ごおんき》法要が行われ、五月には覚鑁が大伝法院第一世座主《ざす》となり、十二月には院宣によって金剛峯寺の座主を兼ねることになった。

これは組織の大変革であった。従来は、東寺《とうじ》（教王護国寺《きょうおうごこくじ》）の長者《ちょうじゃ》が金剛峯寺の座主を兼ねていた。その金剛峯寺の座主にほとんど無官の覚鑁が就任したのである。ここで彼は、東寺の僧ばかりか、金剛峯寺の重要な役職を務めていた高野山の在地の僧たちからの猛烈な反対にあう。そして座主にとどまること約二か月にして翌年二月、座主職を降り、一一三六年（保延《ほうえん》二）には、東寺の長者、定海《じょうかい》が金剛峯寺の座主を兼ねることになった。

しかし争いは止《や》まず、覚鑁は密厳院に退き、四年の間、無言《むごん》の行《ぎょう》に耽《ふけ》ることになる。それは闘争の最中に一方の大将が戦線を離脱したようなものであり、覚鑁方の敗北は必至であった。そして彼が無言の行を終えたとき、金剛峯寺方の衆徒《しゅと》が密厳院に乱入するという事件が起こった。ついに彼は一一三九年（保延五）、多くの門弟とともに高野山を下りて、彼がかねて神宮寺《じんぐうじ》を創っていた根来の地に移住した。そして四年後、一一四三年（康治《こうじ》二）に彼は死んだが、まだ四十九歳で、宗祖としては異例の若さの死であった。

覚鑁が、真言宗において長い間おろそかにされていた空海の著書の研究を志し、それによって真言密教の復興を図ったのは彼の大きな功績といえよう。覚鑁は真言宗の中興の祖ともいわれる所以であるが、彼のやり方があまりに性急で、しかも彼は空海復興をもっぱら鳥羽上皇の後ろ盾によって強引に実現しようとしたところにトラブルの原因があろう。私は、覚鑁は、日蓮《にちれん》より先に現れた真言宗の日蓮ではないかと思う。日蓮も激烈な闘争の人生を送り、その弟子もまた闘争的な性格の人間が多かったが、覚鑁も激烈な闘争の人生を送り、その弟子たちの多くも激しい闘争の中で生きた。その点、彼は宗祖、弘法大師《こうぼうだいし》空海とはいささか性格を異にしている。

覚鑁は空海を復活させようとしたが、彼の思想には空海にはない思想が加わっている。それは浄土教《じょうどきょう》である。浄土教は当時、真言宗でも流行し、高野山は世を捨てて一人静かに念仏をして死を待つ隠遁僧《いんとんそう》の聖地でもあった。そして覚鑁が高野山において最初に師とした阿波上人青蓮もそのような念仏僧であった。

こういう念仏思想の流行のなかで、覚鑁は真言密教の立場に立ちながら浄土思想を導入することを考える。もともと密教思想においては、阿弥陀如来《あみだにょらい》は大日如来を本尊とする曼《まん》陀羅《だら》において、西方にいる如来にすぎない。ということは、大日如来と阿弥陀如来は本質において同じ仏であるということである。真言密教は結局、観想《かんそう》の行によって自分を大日如来と一体化させるものであるが、それによってまた阿弥陀如来と自分を一体化させることもできるのである。こうして自分を阿弥陀如来と一体化させたならば極楽往生《ごくらくおうじょう》は間違いないというわけである。

覚鑁は「大日を離れて別に弥陀有るにあらず、……密厳《みつごん》は極楽の総体、極楽は密厳の別徳なり」という。つまり大日如来と阿弥陀如来はまったく同じものであり、阿弥陀浄土すなわち極楽は大日如来の浄土、密厳浄土と同じものであると断言するのである。

源信《げんしん》は『往生要集《おうじょうようしゅう》』で、極楽往生の要は臨終《りんじゅう》の作法《さほう》にあるということを強調するが、覚鑁も臨終の作法を重視する。臨終には、身口意《しんくい》の三密《さんみつ》*6を加持《かじ》して、弘法大師空海のいう即《そく》身成仏《しんじょうぶつ》を遂げなければならないが、必ずしも三密がそろわず、一密行でも必ず不思議の加持力に恵まれて三密の行が完成し、極楽往生ができるというのである。これは、念仏の行が易行《いぎょう》であることを強調して念仏を勧めた源信の思想に影響され、難行《なんぎょう》とされる真言密教の即身成仏の行を易行化しようとするものであろう。

もっとも日本で広まった仏教が密教と浄土教であることを考えると、この二つを総合しようとした覚鑁こそ、日本思想のもっとも中心的な問題に切り込んだ思想家といわねばなるまいと私は思う。

＊1　新義真言宗　真言宗の一派で、根来寺が総本山。弘法大師空海を開祖とし、興教大師覚鑁（1095〜1143）を宗祖とする。

＊2　法身・報身・化身　仏を三種類の体で表したもの。法身は真理の本体で、普遍的な側面を表す。報身は修行の結果（報）として仏の功徳を備えた体。化身は衆生を救済するために、様々な形を取って現れる仏身のことで、「応身」「変化身」ともいわれる。これら三つの仏身をあわせて「三身（さんじん）」という。

＊3　即身成仏　主として密教が目指す境地で、修行をする者がその身そのままで、仏と成ること。空海は著作『即身成仏義』で即身成仏を主張した。

＊4　念仏聖　山林に隠棲したり遊行して、念仏を称え生活する修行僧。

＊5　事相・理相　「相」はすがた、ありさまという意味。事相は実際の現象や事柄のことで、密教では具体的な儀式や作法を指す。理相は普遍的な真理のこと。

＊6　身口意の三密　三密とは、仏の身体（身）・言葉（口　く）・心（意　い）の三つの働きのこと。衆生が修行によってこれら仏の三密と自らの身口意を一体化させたとき、不可思議な力が現れて（加持）、即身成仏するとされる。

Ⅲ 仏教の革命

法然
親鸞
一遍
明恵・叡尊・忍性
栄西
道元
日蓮
日親
蓮如

法然

凡夫、悪人、女人を救う口称念仏

法然《ほうねん》ほど御影《みえい》の種類も数も多い日本の祖師《そし》はいない。たいていの日本の祖師の御影は原像が一種類か二種類であり、他の御影はそれから模写されたものであるが、法然は違う。明らかに原像と思われるものが、たとえば百万遍知恩寺《ひゃくまんべんちおんじ》にある大原《おおはら》問答のときの御影、知《ち》恩院《おんいん》にある後白河法皇《ごしらかわほうおう》に『往生要集《おうじようようしゅう》』を講義している御影、二尊院《にそんいん》にある、大きな荷物をまとめて流罪《るざい》地に出かけようとする御影、比叡山《ひえいざん》の法然堂にある最晩年の御影など多くあるが、その像には一様に聖僧の面影がある。

法然の死の約百年後、「四十八巻伝」という絵入りの伝記（『法然上人絵伝《しょうにんえでん》』）ができ、それが知恩院を中心とする浄土《じょうど》教団の採用する法然伝となった。そこには、法然が子供のときから甚《はなは》だ賢くかつ慈悲《じひ》深く、しかも厳しく戒律《かいりつ》を守った僧であったことが記されている。法然を生まれつきの聖人であるとすることは教団としては当然のことであろうが、それがかえって法然という人間を現代の人間から遠ざけている。

法然の弟子の親鸞《しんらん》は、愛欲や名利《みょうり》欲に悩んだと自ら語る。その伝記においても、親鸞が複数の妻を娶《めと》ったことは隠しようもない。しかしそれがかえって愛欲や名利欲に悩む現代人に親しみを感じさせ、親鸞をして日本の数ある祖師の中でも飛び抜けて人気がある祖師たらしめている。私も最近まで法然という人間がよく理解できず、彼について一片の論文も書いていなかった。完璧な聖人である法然に凡夫《ぼんぶ》の私が容易に近づくことはできないと思ったからである。

しかし法然について丹念に調べているうちに、私は法然の人生の今まで隠されていた事実を発見し、法然がにわかに私に親しい人となった。法然の伝記は実に多いが、もっとも古い法然伝は、法然の弟子、源智《げんち》*1が書いた「醍醐本《だいごぼん》」すなわち『法然上人伝記附一期《いちご》物語』に書かれた伝記である。「醍醐本」には、源智が法然から聞いた法然の人生や学説に関する話が記されているが、それに加えて「別伝記」と称して、法然の簡単な伝記が記されている。

法然は、押領使《おうりょうし》を務める美作国《みまさかのくに》（岡山県）久米南条稲岡庄《くめなんじょういなおかのしょう》の漆間時国《うるまのときくに》の子であるが、法然が僧になった歳が、「醍醐本」と「四十八巻伝」では異なる。「四十八巻伝」では、法然九歳のときに父時国が夜討ちにあって殺され、それで法然は母方の叔父である観覚《かんがく》に預けられ僧になったとあるが、「醍醐本」には、法然はすでに九歳のころには観覚のもとで僧になっていて、大変賢いので叡山《えいざん》で学ばせようと、観覚が法然を連れて父時国のところへ立ち寄ったところ、父は法然に「自分は憎まれている。近く殺されるであろう。殺されたら菩提《ぼだい》を弔ってくれ」といったとある。

仏教学の本拠、叡山延暦寺《えんりゃくじ》で学ぼうという希望を抱いて父のところを訪れたのに、思いがけない父の言葉を聞いて、法然の心は不安であったにちがいない。法然は山に卜って、師の叡空《えいくう》から戒《かい》を授けられ、正式な僧となったが、まもなく父の死の知らせが法然のもとに届いた。法然は師叡空に暇《いとま》を乞《こ》うたが、叡空は、人一倍学問好きの法然をとどまらせようと、乞食僧《こつじきそう》になるにも学問が必要だと説得し、天台宗《てんだいしゅう》の根本《こんぽん》経典である「天台三大部《さんだいぶ》*2」の書を学ばせたという。法然は短期日にそれらの書物をマスターし、以後、叡空の書庫の中に籠居《ろうきょ》し、名利のためではなくひたすら解脱《げだつ》を求めて仏教研究に耽《ふけ》ったという。法然の人生は、彼の最愛の弟子、源智によって書かれたもっとも古い伝記である「醍醐本」にもとづいて考えられるべきであると私は思う。

押領使については、今までは田舎の警察署長のような職だと考えられてきたが、なかなかそのようなものではない。押領使は当時、律令《りつりょう》制度の秩序を乱す悪党とも称される武士たちを取り締まるために、その一人を国が任じて武士たちの取り締まりに当たらせた官である。それで押領使は土地争いなどをしばしば起こし、「横領」という言葉はこの押領使の「押領」という言葉から出てきたものといわれる。とすれば、法然の父時国も血で血を洗う土地争いをして、人の憎しみを買って殺されたのであろう。法然の父は明らかに悪党といわれても仕方のない人であった。

そして母の里は秦《はた》氏であり、錦織《にしこり》といって絹織物を生産する業をしていた。秦氏は渡来の民であり、しかも律令国家の基本となる農業ではなく手工業に従事していたとすれば、農業に携わる土着の日本人からは、出身と職業の面で二重に差別されていたのではないかと思われる。法然の母が、このように金銭的には恵まれていても差別された家の出身であったとすれば、彼女もまた差別する側から悪人といわれても仕方がない人間であった。

「善人なをもて往生《おうじょう》をとぐ、いはんや悪人をや」という『歎異抄《たんにしょう》』で語られる親鸞の言葉は、「醍醐本」においてほとんどそのまま法然の言葉として記されているが、親鸞と違って堅く戒律を守り、一生不犯《ふぼん》の清僧であったといわれる法然がどうしてこのような深い悪の自覚をもったのか。それは長い間私には謎であったが、法然の父や母のことを考えたとき、その謎が解けるような気がした。

法然は父や母を悪人と考えざるを得ず、たとえ戒を犯さないにせよ、自分の中における悪を深く見つめていたにちがいない。法然には確かに親鸞のような自己の悪への深い懺悔《さんげ》の言葉はない。これが悪を犯さざるをえない凡夫のわれわれから法然を遠ざける原因となっている。法然自身は厳しく戒律を守る人であり、彼は悪を自分の中よりも父と母の中に見ざるをえなかった。孝行息子の彼は、父や母が悪人であるなどということは、とても語れなかったに違いない。それ故、悪を懺悔する言葉は親鸞より少なかったのであろうが、そのような悪を語れない彼の心のほうが、悪を語ることのできる親鸞の心より、一層悲しかったのではなかろうか。法然の中心教説は、悪人を極楽《ごくらく》往生させようとする強い願いによってつくられたように思われる。

法然の師、叡空の教説は、源信《げんしん》が『往生要集《おうじょうようしゅう》』で語った浄土念仏《じょうどねんぶつ》の説であった。源信は、末代の凡夫は天台、真言《しんごん》のような難行苦行によって成仏することは難しく、西方《さいほう》浄土にいます阿弥陀仏《あみだぶつ》を念仏して往生するしか仕方がないと主張した。この『往生要集』は当時のベストセラーになり、浄土仏教は世に広まったが、その念仏は主に阿弥陀仏及び極楽浄土をイマジネーションすることを意味していた。そしてイマジネーション、すなわち観行《かんぎょう》（観心《かんじん》修行）ができない人間は、寺に寄付するなどの善行を積めば往生できると考えられた。

法然は、もし念仏がそのようなイマジネーションの念仏を意味するならば、とてもふつうの人にはできない観行ができる人か、寺に多くの財物を寄付することのできる人でなければ往生できないことになり、それはすべての衆生《しゅじょう》を平等に救いとるという大乗《だいじょう》仏教の精神に反すると考えた。そして法然は七世紀唐代の僧、善導《ぜんどう》の書いた、「観無量寿経《かんむりょうじゅきょう》」の注釈書である『観経疏《かんぎょうしょ》』を読んで、善導が念仏を口で「ナムアミダブツ」と称《とな》える口称《くしょう》念仏であると解釈していることを見出し、このような善導の説をとれば、いかなる凡夫も往生できることになり、すべての衆生を平等に救う阿弥陀如来《にょらい》の意にかなうと、ひとえに善導の説による念仏の教えの道を進んだ。こうして法然は頑固に観行にこだわる師の叡空との思想的対立によって山を下ったのである。源信、叡空の浄土教ならば叡山の仏教と決して矛盾はしないが、法然のように、念仏をもっぱら口称念仏と考えて、それ以外の救いの道を拒否すれば、もはや叡山にいられないのである。

法然が山を下ったのは一一七五年（承安《しょうあん》五）、法然四十三歳のときである。間もなく源《げん》平《ぺい》の戦乱が起こり、それに加えて地震、台風、飢饉などが起こり、人々は深く無常を実感した。『平家物語』の「祇園精舎《ぎおんしょうじゃ》の鐘の声、諸行無常の響あり」といった言葉や、鴨長明《かものちょうめい》の「ゆく河の流れは、絶えずして、しかももとの水にあらず」という言葉は、この時代に住む人々の実感を言い表したものである。そして源平の戦乱を通じて律令社会は崩壊し、権力の主体は京都の王朝から鎌倉の幕府に移る。法然の教えが燎原の火のようにたちまちのうちに広がったのは源平の戦乱が終わった戦後であった。公家たちも自分たちの階級的基礎が崩壊してゆく不安にかられて強い無常感におそわれ、この世ではないあの世、永遠にして楽しい極楽浄土を求め、口で「ナムアミダブツ」と称える易行《いぎょう》によって極楽浄土へ往生するという法然の信仰に共感した。後白河《ごしらかわ》法皇はじめ九条兼実《くじょうかねざね》などの公卿《くぎょう》も法然の教えの熱烈な信者になった。

法然の教えは、知のない、徳のない凡夫、悪人でも女人でも口称念仏すれば往生できるという思想である。彼らは長い間、極楽浄土へ行けるのは有徳《うとく》な僧か金のある貴族に限られると思っていたのに、法然は口で「ナムアミダブツ」と称えれば間違いなく彼ら自身が極楽浄土へ行けるという。彼らはこのような教説を聞き、驚喜して熱烈な法然の信者になった。

こうして法然の教えはたちまちに広がったが、彼には隠遁《いんとん》の心が強く、本山《ほんざん》を中心とする浄土教団の設立などは彼の念頭にはなかった。彼は、自分の教えに従って念仏を称える人であれば自分の弟子であると常々いっていた。

この浄土教の隆盛が旧仏教、特に延暦寺及び興福寺《こうふくじ》などの反発を招き、法然仏教の禁止の請願《せいがん》が朝廷に出された。朝廷には法然のシンパが多く、そのような請願を握りつぶしていたが、後鳥羽上皇《ごとばじょうこう》に仕える侍女《じじょ》二人が、法然の弟子、安楽《あんらく》・住蓮《じゅうれん》の催した徹夜の念仏である「六時礼讃《ろくじらいさん》」に参加したことが上皇の怒りを買い、安楽・住蓮は死罪、法然は四国に流罪《るざい》となった。そして流罪四年にして法然は京都に帰ったが、すでに老耄《ろうもう》の徴候がひどく、まもなく死んだ。八十歳であった。

法然の弟子、証空《しょうくう》の流れを汲《く》む西山《せいざん》浄土宗の総本山、粟生《あお》光明寺《こうみょうじ》には、法然が流罪地に出発する船の中で、母から送られた手紙を弟子の湛空《たんくう》に渡し、湛空がその手紙を貼りつけて作ったという乾漆《かんしつ》の法然像が御影堂《みえいどう》の本尊《ほんぞん》として安置されている。それはまさに母子合体の像である。母も父殺害のときに惨殺《ざんさつ》されたと思われるが、そのような哀れな母への思いが、あの人間の平等を強く主張する専修念仏《せんじゅ》の教えとなったのではないかと私は思う。

聖人法然の中にも、やはりわれわれの如き熱い血が流れているのである。

＊1　源智　1183～1238。平氏の出身で、1195年（建久6）に法然の弟子となり法然の臨終までつかえる。のちに知恩院（京都）の二世となった。

＊2　天台三大部　天台大師智顗（538～597）の著した『法華玄義』『法華文句』『摩訶止観』のこと。天台宗における中心的な文献とされている。

親鸞

悪の自覚と深い懺悔の〝詩人〟

親鸞《しんらん》が法然《ほうねん》に入門したのは二十九歳のときであり、法然は六十九歳であった。新たなる浄土念仏《じょうどねんぶつ》の教えを説いた法然の名声は高く、彼の教えに対する旧仏教側の反撃も起ころうとしていた。親鸞の法然入門の時期は遅く、すでに法然には信空《しんくう》、感西《かんせい》、源智《げんち》などの大勢の弟子がいた。

法然が『選択本願念仏集《せんちゃくほんがんねんぶつしゅう》』を書いたのは、親鸞が法然に入門する三年前であるが、入門四年目、法然は親鸞に『選択集』を貸し与え、それを書き写すことを許した。『選択集』は、法然がひそかに九条兼実《くじょうかねざね》に提出し、みだりに他人に見せることを禁止した著書であるが、法然は感西や安楽《あんらく》や証空《しょうくう》をその撰述に参加させ、浄土宗鎮西派《じょうどしゅうちんぜいは》の祖である弁長《べんちょう》や、後の嘉禄《かろく》の法難《ほうなん》*1で主役を演じる隆寛《りゅうかん》などには、親鸞よりも先に『選択集』を写させている。

法然が特別に親鸞を重んじていたとは決していえない。それゆえか「四十八巻本」をはじめ主だった法然の伝記には親鸞のことがまったく書かれず、法然が親鸞に『選択集』を授ける約半年前に「七箇条制誡《しちかじょうせいかい》」に署名した弟子たちの名の八十六番目に親鸞の元の名である綽空《しゃくくう》という名が見出されることが、親鸞教団に伝わる資料以外では、親鸞が疑いなく法然の弟子であったことを示す唯一の証拠である。

親鸞は法然の外様《とざま》の弟子としかいいようがないが、弟子唯円《ゆいえん》の撰した『歎異抄《たんにしょう》』に、法然に騙《だま》されて地獄に堕ちてもかまわないと親鸞は語ったと記されているように、彼は一生師を厚く敬い、深く慕い、師の教えを反芻《はんすう》しながら思索し、布教し、著作したといえよう。それゆえ親鸞は、法然を宗祖とする浄土宗に代わって、親鸞を宗祖とする浄土真宗《しんしゅう》という教団を興す意思などまったくもっていなかった。親鸞はしばしば「浄土真宗」と語るが、それは浄土宗という意味である。

親鸞の父は皇太后宮大進《こうたいごうぐうだいしん》日野《ひの》有範《ありのり》であるが、有範は以仁王《もちひとおう》の乱《らん》に連座し、失脚したという。日野家は室町時代には代々の足利《あしかが》将軍の妃を出す家として栄えたが、このときはまだ中級貴族にすぎなかった。親鸞は九歳のときに、四度天台座主《てんだいざす》を務めた宗教界の大ボスである慈円《じえん》の弟子となった。親鸞の出世は当然期待されたと思われるが、二十九歳のときに京都の六角堂《ろっかくどう》に百日参籠《さんろう》し、聖徳太子《しょうとくたいし》の夢のお告げによって法然門に帰した。叡山《えいざん》仏教の腐敗堕落が、純潔な心をもつ親鸞には耐え難かったからであろう。

外儀《けぎ》のすがたはひとごとに
賢善精進現ぜしむ
貪瞋邪偽《とんじんじゃぎ》おほきゆゑ
奸詐《かんさ》ももはし身にみてり
（「愚禿悲歎述懐《ぐとくひたんじゅつかい》」）

これは親鸞の自己反省の言葉であるが、同時に叡山仏教の聖僧をみての厳しい批判の言葉でもあろう。

こうして親鸞は法然に入門したものの、彼はまた深い悩みを抱く。九十歳まで生きた親鸞の体は頑丈であったにちがいなく、その頑丈な体をもった親鸞には激しい情欲があり、その情欲を抑えようとすると心は千々《ちぢ》に乱れ、念仏に集中できない。親鸞はこのことに深く悩み、再び六角堂に参籠する。そして何日目かの夢に六角堂の本尊《ほんぞん》である救世《くせ》観音《かんのん》が現れて、次のような偈《げ》を賜った。

行《ぎょう》者宿報《じゃしゅくほう》ありてもし女犯《にょぼん》せんに
われ玉女《ぎょくにょ》の身となりて犯され
一生の間能《よ》く荘厳《しょうごん》して
臨終《りんじゅう》には引導《いんどう》して極楽《ごくらく》に生ぜしめん
(「親鸞聖人伝絵《しんらんしょうにんでんね》」)

救世観音が「おまえの業が深くてどうしても女性が必要だとすれば、私が女身となっておまえに犯され、一生の間おまえの人生を立派にして、臨終のときは極楽浄土に往生《おうじょう》させてやろう」といったという。
私は、これは公然たる妻帯《さいたい》の主張であると思う。法然の教えに従えば、「ナムアミダブツ」と称《とな》えればどんな人でも必ず極楽往生できるという。とすれば、戒を守ることはほとんど意味をもたないが、法然自身は固く戒を守った。法然の弟子の信空なども戒を保持し、法然を開祖とする彼の寺を金戒光明寺《こんかいこうみょうじ》と名づけている。そして法然に対する世の僧俗の尊敬は、法然が堅固なる持戒者であることによってでもあった。しかしそれは必ずしも法然が『選択集』などに述べている法然の教説に合致しない。

親鸞は純粋に法然の教説に従って戒を廃棄し、公然と妻帯を主張するのである。親鸞が法然に『選択集』を授けられた二年後、建永《けんえい》の法難*2と呼ばれる弾圧が起こり、その結果、安楽・住蓮《じゅうれん》は死刑、法然は四国に、親鸞は越後《えちご》に流罪《るざい》と決定する。このとき親鸞も死刑に決まっていたのに、親族の公卿《くぎょう》の尽力によって死刑を免れ、流罪になったという。

親鸞がこのような重い刑罰を科せられたのは、公然と妻帯を主張する過激な行動が、旧秩序を重んじる人々の憎しみを買ったゆえにちがいない。この件について親鸞は『教行《きょうぎょう》信証《しんしょう》』で次のように語っている。

「主上《しゅじょう》・臣下《じんげ》、法に背《そむ》き義に違《い》し、忿《いかり》を成し怨《うらみ》を結ぶ。これに因《よ》りて、真宗興隆の大祖《だいそ》源《げん》空《くう》法師《ほうし》ならびに門徒数輩《しゅはい》、罪科を考へず、みだりがわしく死罪に坐《つみ》す。あるいは僧儀《そうぎ》を改めて姓名《しょうみょう》を賜ふて遠流《おんる》に処す。予はその一《いっ》なり。しかればすでに僧に非《あ》らず俗に非らず。この故に、禿《とく》の字を以て姓《しょう》とす。空師《くうし》ならびに弟子等《でしら》、諸方の辺州《へんしゅう》に坐《つみ》して五年の居諸《きょしょ》を経たりき」

親鸞は、この事件をでっち上げだといって、後鳥羽上皇《ごとばじょうこう》をはじめとする君臣の非を激しく責める。日本の祖師にして、時の上皇にこれほど厳しい批判を投げつけた人はいない。

そして彼は還俗《げんぞく》させられたことを逆手にとって、「愚禿《ぐとく》」という姓を自らにつける。愚禿というのは、「僧でもない俗でもない愚かなやくざ者」という意味であろう。この最低な人間の名を姓とし、法然にもらった善信《ぜんしん》という名を捨てて、天親《てんしん》と曇鸞《どんらん》という二人の浄土教の祖師からとった「親鸞」を名乗る。

私は、「偏依善導《ひとえにぜんどうによる》」といってひたすら善導の説によった法然に対して、還相廻向《げんそうえこう》*3の説を語る天親と曇鸞から自分の名をつけた親鸞に、すでに法然とはいささか異なる浄土念仏の教えを立てようとする意思が表れているのではないかと思う。

こうして親鸞は流罪になり、おそらく流罪地で恵信尼《えしんに》と結ばれ、子をなした。そして流罪五年にして法然が赦《ゆる》されるとともに親鸞も赦されたが、親鸞は都に帰ろうとせず、しばらく越後にとどまり、やがて文化果つるところと思われていた常陸《ひたち》に行き、そこで約二十年間過ごすのである。おそらく、流罪帰りの妻子を連れたこの念仏者をどう扱ってよいか、常陸の民も初めは困ったと思われるが、やがてこの念仏者の心の奥に人間救済への純粋な熱情が隠されていることを知り、かなり多くの弟子や信者ができた。

しかし六十歳を超えて、親鸞は彼を慕う弟子や信者を捨てて、都に帰る。法然死後、嘉禄の法難が起こり、隆寛をはじめとする法然の弟子たちは追放になり、残った弟子も多くは死んでいた。都へ帰った親鸞は、東国においてのような活発な布教をせず、すでに東国で書き始めていた『教行信証』を完成させるとともに、多くの「教文」や「和讃《わさん》」*4を作った。親鸞は東国の弟子に多くの手紙を書いたが、彼の代わりに東国へ遣わした長男善鸞《ぜんらん》が、自分はひそかに親鸞から秘法を授けられたといったために起こった弟子たちの動揺を抑えるために書いた手紙は、法のために子を義絶する彼の心が表れていて、悲しくかつすばらしい。

こうして親鸞は京都においてはほとんど居候《いそうろう》の生活を送ったが、八十歳を超えての著作活動は凄まじく、九十歳の天寿を全《まっと》うした。

私は、法然が哲学者であったのに対し、親鸞は詩人であったと思う。彼の著書『教行信証』は、浄土念仏の教えを明らかにする経文の引用がほとんどであるが、親鸞はその経文の引用の合間に自分の信仰を告白する。その文章がまことによい。特に『教行信証』の「行巻《ぎょうのまき》」の終わりにつけられた「正信偈《しょうしんげ》」は、どうしようもない自己への絶望と、阿弥陀《あみだ》によって救われた喜びが交錯するみごとな詩である。「和讃」も、深く重いすぐれた宗教詩である。

また考えようによっては『教行信証』も長編の詩劇とみられる。「観無量寿経《かんむりょうじゅきょう》」が、わが子アジャセ王に幽閉されたイダイケ夫人《ぶにん》が釈迦によって阿弥陀浄土に往生させられるというドラマのような構成をもつ経典であるのに対し、『教行信証』は、造悪無恥なアジャセがついに釈迦によって懺悔《さんげ》させられ救われるという思想的詩劇であるといってよい。親鸞は、父親を殺し、母親を幽閉したアジャセを自分自身と重ねているようにさえみえる。

親鸞ほど自己の中にある悪を深く見つめた仏教の祖師《そし》はいない。法然にも「善人なをもて往生をとぐ、いはんや悪人をや」という親鸞と同じような悪人正機《しょうき》説がみられるが、悪の自覚と懺悔において親鸞ははるかに師を凌駕《りょうが》している。

親鸞には悪人正機説以上に大切な説がある。それは還相廻向の説である。「ナムアミダブツ」を称えれば、阿弥陀仏のおかげでこの世から極楽へ往生することができるばかりか、また極楽からこの世へ還ることができる。

この極楽へ往くのを往相《おうそう》廻向、この世へ還るのを還相廻向といい、往相廻向と還相廻向を合わせて二種《にしゅ》廻向という。この説は法然にもあるが、法然の『選択集』には主として往相廻向のみが説かれ、還相廻向はほとんど語られていない。しかしこの還相廻向こそ浄土真宗の要であると親鸞はいう。極楽往生した人間は利他《りた》*5のためにそこにいつまでもとどまるわけにはいかず、この世に再び帰って、悩める人たちを救わねばならないというのである。

近代真宗教学では還相廻向の説があまり顧みられないが、このような還相廻向の教えを復活することによって、浄土宗あるいは浄土真宗はたくましい行動力を回復することができるのではなかろうか。

*1　嘉禄の法難　法然滅後の浄土宗教団で起きた事件。天台宗の定照が法然の『選択集』を批判したことに対し隆寛（1148〜1227）が『顕選択集』を著して非難したため、1227年（嘉禄3）に隆寛らは流罪となり、天台宗徒によって法然の墓所が破壊された。

*2　建永の法難　法然教団に対する弾圧運動のひとつ。1205年（元久2）に興福寺が風紀問題を理由として専修念仏の停止を朝廷に求め、1207年（承元元）までに法然と主要な弟子が流罪・死罪などの罰を受けた。承元の法難ともいう。

*3　還相廻向　「還」は戻ってくるという意味。「相」は物事の様相のことで、「廻向」はめぐり、さしむけること。極楽からこの世に戻ってくること。

＊4　和讃　七五調の和語（日本語）で仏や祖師などを讃嘆した、歌の一種。平安時代中頃から法要や説法などの際に、曲をつけて詠じられた。親鸞の作ったものには『浄土和讃』『正像末和讃』などがある。

＊5　利他　他者に利益を与えること。仏教では、衆生にさまざまな功徳を与えて救いに導くこと。

一遍

踊り念仏で遊行する捨聖

一遍《いっぺん》の死の十年後、一遍の遊行《ゆぎょう》にも一部同行した彼の異母弟、聖戒《しょうかい》が、同行していない場所には、聖戒自ら画家の円伊《えんい》を伴って訪ね、円伊に絵を描かせ、彼自らが文章を書いて作ったのが、絵伝「一遍聖絵《いっぺんひじりえ》」である。

「聖絵」は、一遍が十歳のときに母の死にあい、父の命によって随縁《ずいえん》という僧になり、一二五一年(建長三)、十三歳で筑前《ちくぜん》の聖達《しょうたつ》の弟子となった場面から始まる。一遍の父は河《こう》野通広《のみちひろ》といい、源平《げんぺい》の戦《いくさ》に勇名を馳《は》せた河野水軍の一族である。しかし一族は承久《じょうきゅう》の乱《らん》で上皇《じょうこう》の軍に加わり、乱後、祖父通信《みちのぶ》をはじめとする多くの人が流罪《るざい》になった。父の通広が流罪を免れたのは、通広が法然《ほうねん》の弟子証空《しょうくう》の弟子となって出家していたからであろう。

随縁は名を智真《ちしん》と改め、聖達《しょうたつ》と彼の推薦した華台《けだい》のもとで学び、二十五歳にして父如仏《にょぶつ》の死によって伊予《いよ》に帰国し、還俗《げんぞく》して、別府七郎左衛門通尚《べっぷしちろうざえもんみちひさ》と称した。しかしその四年後、一二六七年（文永《ぶんえい》四）、彼は無常を感じて再び出家し、修行を重ねた。

そしてついに一二七四年（文永十一）、彼は超一《ちょういち》、超二《ちょうに》、念仏房《ねんぶつぼう》の三人を伴って遊行の旅に出る。超一は彼の妻であり、超二は彼の子供であろう。彼らは四天王寺《してんのうじ》や高野山《こうやさん》を経て熊野《くまの》に参ったが、すでに念仏《わんぶつ》の行者《ぎょうじゃ》であった一遍は、熊野で「南無阿弥陀仏《なむあみだぶつ》」と書かれた極楽往生《ごくらくおうじょう》を証する札を賦《くば》ろうとすると、一人の僧が、自分は信じる心が起こらないから受け取れないといった。一遍は、もしこの僧が受け取らなければ、そこにいる人たちも受け取るまいと、僧に札を与えたところ、そこにいた人たちもみな受け取った。その夜、夢に熊野の神が山伏《やまぶし》*1姿で現れ、「あなたの勧めで衆生《しゅじょう》の往生が可能になるわけではない。それはすでに阿弥陀仏によって決定《けつじょう》しているのだから、信、不信を問わずその札を賦りなさい」と一遍に告げた。

私はこのときが、一遍が法然や証空を超えて一遍独自の浄土教《じょうどきょう》を確立したときであると思う。衆生の極楽往生はすでに阿弥陀仏によって決定されているので、心などというものを問題にする必要はない。法然は念仏の信者がもつべき至誠心《しせいしん》、深心《じんしん》、廻向発願心《えこうほつがんしん》について論じているが、一遍は、心を問題にすればいよいよ迷いを生じるので、心にこだわることを一切やめ、念仏して南無阿弥陀仏と一体になれという。しかしそのためには地位や財産はもちろん、妻も子も捨て、遊行すなわち乞食《こつじき》の行をしなければならないという。

この熊野での神のお告げによって一遍は妻子を捨て、一人になり、遊行の旅に上ったのであろう。「一遍聖絵」には以後、超一、超二、念仏房の姿はなく、超一、超二がその後どうなったかはひとことも語られていない。そしてこのときから智真は一遍と名乗った。こうして一遍はあちこち一人旅を続けるが、やがて一遍と一緒に遊行の旅をする弟子が増える。そしてそのなかにはどこにも行き場のない、生活の手段をもたない僧や尼も加わる。

この遊行の旅が大きく変わるのは信濃《しなの》の佐久《さく》においてである。念仏を称《とな》えていた時衆《じしゅう》(弟子)の僧たちが歓喜のあまり踊り出す。つまり阿弥陀仏に救われて極楽往生できるという喜びが自然に踊りの輪になったわけである。

踊り念仏[*2]は一遍が深く尊敬する空也《くうや》によって始められたものであるが、この佐久において、図らずも空也の踊りが一遍の踊りになった。こうして踊りは、生きるすべのない多数の僧尼を抱える一遍にとっては食にありつく興行ともなり、ついにこの踊り念仏の興行が寺や仮設の小屋で盛大に催されるようになる。

そしてこの踊り念仏を興行する一遍という捨聖《すてひじり》の噂は広まり、一遍が東国から帰り、都において踊り念仏を興行したときは、上下の人がそれを見にきて、混乱さわまりなかったことが「一遍聖絵」に記されている。その絵を見ると、喜々として踊り狂っている人々のなかにあって、一遍一人深い孤独を秘めて遠くを見つめるような顔で踊っているように思われる。

こうして京都を経てまたあちこち旅を続け、一二八八年（正応《しょうおう》元）、彼の祖先の祀《まつ》られている伊予《いよ》の大三島《おおみしま》神社に詣《もう》で、翌年、讃岐《さぬき》の善通寺《ぜんつうじ》から阿波《あわ》に行き、淡路《あわじ》から兵庫《ひょうご》の観音堂《かんのんどう》に移り、そこで病が重くなり、五十一歳の生涯を終えた。

一遍は捨聖にふさわしく、著書などというものをまったく残さなかった。彼の作品として残るものは『一遍上人語録《しょうにんごろく》』のみであるが、そこには彼の説法《せっぽう》と、「別願和讃《べつがんわさん》」「百利口語《ひゃくりくご》」と題する二つの和文の長詩と、即興の和歌が含まれている。それらのなかから特に私の心を打った言葉を選び、多少の感想を付け加えることにしよう。

まず説法。

「念仏の行者は智恵をも愚痴《ぐち》をも捨《すて》、善悪《ぜんなく》の境界《きょうがい》をもすて、貴賤高下の道理をもすて、地獄をおそる、心をもすて、極楽を願ふ心をもすて、又諸宗の悟《さとり》をもすて、一切の事をすて、申《もうす》念仏こそ、弥陀超世の本願に尤《もつとも》かなひ候へ。かやうに打あげ打あげとなふれば、仏もなく我もなく、まして此内に兎角《とかく》の道理もなし。善悪の境界、皆浄土なり。外に求《もとむ》べからず、厭《いとう》べからず。よろづ生《いき》としいけるもの、山河草木、ふく風たつ浪の音までも、念仏ならずといふことなし」

地獄を恐れる心、極楽を願う心、一切の心を捨てて念仏をすれば、山河草木、すべての生きとし生けるものが念仏になるという。

一遍の長詩、特に「百利口語」には一遍の人生が歌われている。

「一年《ひととせ》熊野にまうでつゝ　証誠殿《しようじようでん》にまうぜしに　あらたに夢想の告有《つげあり》て　それに任《まかせ》て過《すぐ》る身の　後生《ごしよう》の為に依怙《えこ》もなし　平等利益《びようどうりやく》の為ぞかし　但し不浄《ふじよう》をまろくして　終《つい》には土とすつる身を　信ぜん人も益《やく》あらじ　謗《ぼう》せん人も罪あらじ」

これは、熊野の神のお告げを受けて、新たに時宗《じしゆう》*3の信仰に目ざめたときの心境を表したものであろう。自分は一切のことを捨てて遊行しているが、それを信じる人にも益はなく、非難する人にも罪はないという。一遍はまったく利害得失を離れた自由な心に立っている。

「かゝることわり聞《きき》しより　身命財《しんみようざい》もをしからず　妄境《もうきよう》既にふりすて、　独《ひとり》ある身となり

果ぬ　曠劫多生《こうごうたしよう》の間には　父母にあらざる者もなし　万《よろず》の衆生《しゆじよう》を伴なひて　はやく浄土にいたるべし　無為《むい》の境にいらんため　すつぞ実《まこと》の報恩《ほうおん》よ　口にとなふる念仏を　普《あまね》く衆生に施して　これこそ常の栖《すみか》とて　いづくに宿を定めねど　さすがに家の多ければ　雨にうたるゝ事もなし　此身をやどす其程《そのほど》は　あるじも我も同じこと　終《つい》にうち捨ゆかんには　主《あるじ》がほしてなにかせん　本《もと》より火宅《かたく》と知ぬれば　焼《やけ》うすれども騒がれず　荒《すさみ》たる処みゆれども　つくらふ心さらになし　畳一畳しきぬれば　狭《せばし》とおもふ事もなし」

「暫く此身《このみ》のある程ぞ　さすがに衣食《えじき》は離ねど　それも前世の果報ぞと　いとなむ事も更になし　詞《ことば》をつくし乞《こい》あるき　へつらひもとめ願はねど　僅《わずか》に命をつぐほどは　さすがに人こそ供養《くよう》すれ　それもあたらずなり果《はて》ば　飢死《うえじに》こそは有《ある》べけれ」

　この「百利口語」という長詩は彼の遊行の人生を歌うもので、実感がこもっている。家族を捨てればすべての人が父母となり、共に欲を捨て、遊行を続ける。泊めてくれる家も多いので、雨露をしのぐには不自由せず、供養をしてくれる人もいるので、へつらうことなく何とか命を継ぐこともできる。飢え死にしても必ず極楽へ行くことができるので結構ではないか。このような詩には遊行のリズムというべき独特のリズムがある。

　一遍は空也と西行《さいぎよう》を彼の先駆者として称《たた》えるが、西行はもちろん空也も詩人であった。

そして七世紀の唐の浄土教の僧であった善導《ぜんどう》もまた比類なき詩人であった。善導はこの世の無常さ、苦しさを嘆き、清く美しい極楽浄土に憧れ、往生を勧める詩を多く作った。「偏依善導《ひとえにぜんどうによる》」といって、善導の説を自分の説とした法然は、詩人ではなくむしろ理論家であった。法然はみごとに善導の説を、口称《くしょう》念仏によってどのような人間も極楽往生できるという簡明な説に結晶させて、念仏の教えを広めた。親鸞《しんらん》は、自分の内面にある罪の懺悔《さんげ》と阿弥陀仏によって救われた喜びを漢文や和文の詩にした。それに対して一遍は、捨聖としての遊行の旅を何の飾りもなく飄々《ひょうひょう》と歌う。

また和歌がよい。

心をばこゝろの怨《あた》とこゝろえて
　こゝろのなきをこゝろとはせよ

こゝろをばいかなるものとしらねども
　名をとなふればほとけにぞなる

西行もよく心を歌っているが、一遍は心を捨てよという。これらの歌は徹底的に捨聖の生活をした一遍でなければ歌えない。

下野国小野寺《しもつけのくにおのでら》といふ所にて、俄《にわか》に雨おびたゞしく降《ふり》ければ、尼法師《あまほうし》みな袈裟《けさ》などぬぐを、見給ひて

ふればぬれぬるればかはく袖《そで》のうへを
　雨とていとふ人ぞはかなき

尼たちがにわか雨にあって着物が濡《ぬ》れ、袈裟を脱いでしどけない格好をしていたのであろう。雨が降れば袈裟は濡れ、また乾く道理であるから、そんなみだりがわしい格好をして体を拭《ふ》くのははしたない仕業ではありませんかと一遍はたしなめる。

一遍にはユーモアがある。近江《おうみ》の守山《もりやま》のほとりの閻魔堂《えんまどう》というところで踊り念仏を興行していたとき、兵部竪者重豪《ひょうぶじゅしゃじげとし》という人がそれを見て、踊り念仏はけしからんといったので、一遍は次のような歌を返した。

はねばはね踊《おど》らばをどれ春駒《はるこま》の
　のりの道をばしる人ぞしる

もちろん「のり」は馬に乗るという意味と、法《のり》とが掛詞《かけことば》になっているが、春の馬のようにその喜びを跳ねたり踊ったりして表す仏の教えをあなたは知らなくても、知る人ぞ知るでしょうという歌である。そこで重豪が、

こゝろ駒のりしづめたるものならば
　さのみはかくや踊《おどり》はぬべき

と踊り念仏を批判したのに対し、一遍は即座に、

ともはねよかくてもをどれ心ごま
　弥陀の御《み》法《のり》と聞《きく》ぞうれしき

と返した。禅僧顔負けの臨機応変の機知に富んだ問答である。

＊1　山伏　山林を巡り歩きながら修行をする修験道の行者。服装は袈裟・鈴懸・兜巾（ときん）を着けて、法螺貝・念珠・錫杖・笈（おい）など12種類の道具を持つ。

＊2　踊り念仏　鉦（かね）・鉢・鼓などをたたいて踊りながら、仏の名号や和讃などを称える念仏のやりかた。一遍が1279年（弘安2）に、布教のため信州で始めた。

＊3　時宗　一遍が始めた宗派で、遊行宗ともよばれる。阿弥陀仏の絶対的な力を信じ、念仏さえ称えれば救われると説いた。時宗の信者は「時衆」と称して踊り念仏をしながら諸国を遊行し、阿弥陀仏の名号が書かれたお札を人々に配った。

明恵・叡尊・忍性

戒を守り、戒の復興を志した傑僧

吉田兼好《よしだけんこう》は『徒然草《つれづれぐさ》』に、栂尾《とがのお》の明恵《みょうえ》に関する逸話を記している。明恵上人が道の途中で男が馬を洗っているのに出くわした。男が「あし、あし」といっているのを聞いて、明恵は「ああ、尊いことだ。阿字《あじ》、阿字といっている。どういう人の馬か」と尋ねると、男は「府生殿《ふしょうどの》のお馬です」と答えたが、明恵は「これはめでたいことだ。阿字本不生《あじほんふしょう》といっているではないか」と感涙を拭ったという。馬子《まご》が密教《みっきょう》の阿字観《あじかん》を知っているはずはないのに、仏教に夢中になっている明恵には馬子の話も仏説に聞こえたのであろう。兼好は、この話を五分の尊敬と五分の皮肉を込めて書き記したのであろう。

明恵にはまた次のような二つの逸話がある。一つは、彼が自分で右の耳を切り落としたこと、もう一つは、島に手紙を書いたことである。

明恵は若き日、故郷の紀州《きしゅう》の山で一人修行をしていたが、多くの僧が名利《みょうり》に奔《はし》るのを嫌い、自分も五体満足の身体であれば世間の人にも好かれ、名利に奔る僧になってしまうかもしれないと思った。自分の身を傷つけて、人から嫌われる人間になったら名利を求める心も起こるまい、しかし目をつぶせばお経を読むことができず、鼻をそげば鼻水が落ちてお経を汚す、手がなければ印《いん》を結ぶことができないが、耳を切っても音が聞こえなくなるわけではないと、自ら右の耳を切り落とした。耳を切る話はゴッホにもあるが、明恵は嫌われ者になろうとして耳を切ったのである。

明恵は、釈迦《しゃか》や羅漢《らかん》*1にも手紙を書いたが、幼いころに遊んだ故郷和歌山の島にも、「島はビルシャナ仏の現れであり、私は深く島を尊敬している。そして島が懐かしくて仕方がなく、いま一度、島に渡って修行したいと思う」という趣旨の手紙を書いている。この二つの逸話は、前者は明恵が厳しく戒律《かいりつ》を守った僧であることを、後者は彼が、至るところに仏があるという華厳《けごん》仏教を文字通りに信じる僧であったことを示す。

明恵は一一七三年（承安《しょうあん》三）に紀州有田郡《ありだのこおり》石垣荘《いしがきのしょう》で生まれた。父は平重国《たいらのしげくに》という、高倉《たかくら》天皇の武者所《むしやどころ》に仕えた武士であり、母は土地の豪族、湯浅宗重《ゆあさむねしげ》の娘であった。

八歳のときに父母を失い、翌年、母方の叔父、上覚《じょうかく》のいる高雄《たかお》の神護寺《じんごじ》に入り十六歳で出家した。神護寺は荒法師《あらほうし》で有名な文覚《もんがく》が再建した寺である。文覚は、真言宗《しんごんしゅう》発祥の寺というべき高雄の神護寺が荒れているのを嘆き、その再建を図ろうと、後白河法皇《ごしらかわほうおう》に強引な勧進《かんじん》をして院に嫌われ、伊豆《いず》に流罪《るざい》になったが、そこで源頼朝《みなもとのよりとも》に会い、平家討伐《へいけとうばつ》の兵を挙げることを勧めた。そして源氏《げんじ》の世が来るや頼朝ばかりか後白河法皇の寵愛《ちょうあい》を賜《たまわ》り、荒れ果てた神護寺を今日の如く立派な寺とした政治僧である。

源氏の世になっても、文覚の反逆心は治まらず、平家の遺児をかくまうなど、後鳥羽院《ごとばいん》にも幕府にも疑われるような行動をとって再び流罪になり、死んだ。この文覚の一番弟子が上覚であった。文覚は、仏法《ぶっぽう》において明恵以上に深く、気高くやさしい僧はないと彼を高く評価したが、明恵は名利を厭《いと》うて寺から逃げ出し、郷里の和歌山の山々で一人、道を求めた。

後に文覚は明恵に、高雄の神護寺からさほど遠くはない地を与え、明恵はそこに小さな庵を建てたが、定着せず、さらに深い山を求めて転々としながら、猿や猪などを友として、修行を重ねた。彼の寺の高山寺《こうざんじ》には、明恵が一人山の中で修行している絵があるが、修行していると、猿や猪ばかりか、木の精、岩の精が明恵に語りかけ、明恵はこのような有情《うじょう》無情《むじょう》と魂の交歓をしたにちがいない。

明恵が神護寺で学んだ仏教は真言密教《みっきょう》であり、著書にも密教関係のものが多いが、彼はあえて自分の仏教を華厳であるとする。明恵がなぜ真言密教ではなく華厳仏教の立場に立ったのかは彼自身説明していないが、おそらく、師文覚のような祈禱《きとう》によって貴顕《きけん》と結びつく当時の密教僧のあり方に疑問を感じていたからであろう。彼は、祈禱をしてほしいと頼む人に、「自分はいつも世のため人のために祈禱をしていて、そのなかにあなたも含まれているはずですから、あなた一人のために祈禱することはできない」と断っている。

真言密教が崇拝する大日如来《だいにちにょらい》はマハビルシャナといって、華厳仏教が崇拝するビルシャナから発展したものである。その思想はともに一木一草にビルシャナあるいはマハビルシャナの現れを見る思想である。

この明恵の名声は高まり、後鳥羽院は明恵に栂尾の地を賜り、明恵はそこに高山寺という寺を建て、弟子も信者も年とともに多くなった。そして明恵は、承久《じょうきゅう》の乱《らん》が起こったとき、院側に与《くみ》して罪を得た公卿《くぎょう》の妻子たちをかくまった。それをとがめに北条泰時《ほうじょうやすとき》が高山寺に赴《おもむ》いたが、明恵に対面し、かえって彼の熱烈な信者になった。

こうして彼は六十歳の天寿を全うしたが、いま一つ彼について語らねばならないのは、『夢記《ゆめのき》』という本を残していることである。彼自身は『徒然草』の話が示すように、現実と夢幻の境に住む人であり、現《うつつ》に文殊菩薩《もんじゅぼさつ》*2が出現するのを見たり、釈迦や弥勒《みろく》*3と語ったりする人であった。そのような彼は若いときからの夢を書き残しているが、そのなかには夢でしか語られない彼の文覚や後鳥羽院への批判が表れていると私は思う。晩年、彼は承久の乱後にかくまった女性たちを善妙寺《ぜんみょうじ》という寺に住まわせたが、そのころから女性の夢が多くなり、なかには性夢と思われる夢があるのはむしろ微笑ましい。

明恵は彼と同じく厳しく戒を保った笠置《かさぎ》の貞慶《じょうけい》を尊敬したが、貞慶が法然《ほうねん》の生前、『興福寺奏状《こうふくじそうじょう》』を書いたのに次いで、法然の死後、『摧邪輪《ざいじゃりん》』を書き、激しく法然を批判した。

哲学者の上山春平《うえやましゅんぺい》氏は、日本は儒教《じゅきょう》と仏教をとり入れたが、日本に入って、儒教において礼の思想、仏教において戒の思想が脱落したと論じた。これは卓見であろう。戒は最澄《さいちょう》の一向大乗戒《いっこうだいじょうかい》において著しく簡素化され、内面化されていた。そのうえ戒は、法然においては理論的に、親鸞《しんらん》においてはさらに実践的にほぼ完全に無視されるようになったといえる。

明治初年の廃仏毀釈《はいぶつきしゃく》において僧侶《そうりょ》の妻帯が勧められ、さらに戦後、日本の僧はほぼすべて肉食妻帯《にくじきさいたい》をするようになった。このような僧が、釈迦の定めた戒律を厳しく守る東南アジアなどの小乗《しょうじょう》仏教の僧からは、それでも僧かといわれるのはもっともであろう。

叡尊《えいぞん》と忍性《にんしょう》は、日本仏教の流れに抗して、敢然として、戒こそ仏教の魂であり、戒が失われて仏教はあり得ないと叫んで戒の復興を志した傑僧といえよう。

真言密教の僧であった叡尊は、空海《くうかい》の「仏道《ぶつどう》は戒なくしてなんぞ到らんや。もしことさらに犯すものは仏弟子にあらず。……わが弟子にあらず」という言葉を読んで、戒の思想が衰え、僧侶たちが名利に奔っている現状を嘆き、空海の真の思想を継ごうとしたのである。南都《なんと》の僧である叡尊には、戒律の思想を中国からもたらした鑑真《がんじん》の影響があったのはもちろんであろう。

叡尊は、道鏡《どうきょう》の寺であった西大寺《さいだいじ》が著しく荒廃していたのを復興し、その西大寺に拠って真言律宗《りっしゅう》*4という宗派を立て、多くの人に戒を授けたが、彼はまた、困窮する民を救う文《もん》殊供養《じゅくよう》という供養を行った。文殊供養とは、文殊菩薩《ぼさつ》は貧窮、孤独、苦悩の人の姿となって行者《ぎょうじゃ》の前に現れるという教説に従って、「非人《ひにん》」すなわち生身《しょうじん》の文殊菩薩に大々的に食をふるまう仏事である。それゆえあちこちから非人やハンセン病患者をはじめ困窮する人々が集まって供養にあずかり、その日一日は腹一杯の食物を味わうことができたのである。

このような文殊崇拝はすでに行基《ぎょうき》にもあるが、叡尊は民衆の底辺にまで仏教を広めた行基の精神を受け継いで、非人やハンセン病患者のような世の中から見捨てられた人々にまで仏の慈悲《じひ》を及ぼしたといえよう。

このような戒律と社会事業によって叡尊の名声は日増しに高まったが、亀山上皇《かめやまじょうこう》の厚い崇拝を受けるようになったのは、かの元寇《げんこう》すなわち文永《ぶんえい》・弘安《こうあん》の役《えき》の際に、彼はどの僧よりも熱心に怨敵調伏《おんてきちょうぶく》の祈禱をしたからである。彼は「東風《こち》を以《もっ》て兵船を本国に吹き送り、来人をそこなはずして乗るところの船をば焼き失はせたまへ」と念じたという。その祈禱のおかげか、台風が吹き、元軍は壊滅した。亀山上皇はいたく叡尊の功績を称《たた》え、彼を四天王寺別当《してんのうじべっとう》に補任《ぶにん》した。

叡尊より十六歳年下の忍性《にんしょう》は、師の如く厳しく戒律を守ったが、特に文殊供養において、彼は師以上に熱心であったようにみえる。彼は叡尊よりもっと下層の民の生まれであり、彼自身が、供養した人たちと同じような貧窮、孤独、苦悩を経験したゆえかもしれない。

叡尊の活躍の舞台はほぼ近畿地方にとどまっていたが、叡尊は真言戒律の教えを布教するために忍性を東国に送った。忍性は師から与えられたこの任務をよく果たし、時の執権北条時宗《ときむね》及び幕府の実力者、金沢実時《かねさわさねとき》などの帰依《きえ》を得て、極楽寺《ごくらくじ》を本拠として戒律の教えを広めた。そして文永・弘安の役においても、怨敵調伏を祈り、忍性の名声は上がった。

ところがこの忍性に意外な敵が出現したのである。「法華経」信仰が失われたからには亡国の運命は免れないとした日蓮は、怨敵調伏の祈りをして、幕府の信望を得ている忍性を仏敵と誹謗したが、忍性は日蓮を幕府に訴え、それによって日蓮は龍の口で首を切られようとしたと日蓮側では伝える。しかし忍性はそれについて何も語らず、真相はよく分からない。

このようにして、戒律と非人供養、それに怨敵調伏を行った高僧という名声も加わり、叡尊は九十歳、忍性も八十七歳という天寿を全うし、それぞれ彼らの本拠の寺院である西大寺及び極楽寺において人生を終えた。

僧侶が戒の厳しさを失い、貧窮、孤独、苦難の民を救済することにあまり熱心ではない今日、戒律復興を叫ぶ彼らの仏教は再考されるべきであると思う。

＊1　羅漢　梵語アルハンを音写した「阿羅漢」の略語。小乗仏教では、仏の弟子が修行して到達できる最高の位とされる。

＊2　文殊菩薩　「文珠」は梵語マンジュシュリーの音写、略語で、「妙吉祥」などと意訳される。釈迦三尊の一対で、獅子に乗り、智慧をつかさどるとされる菩薩。

＊3　弥勒　弥勒菩薩。「弥勒」は梵語マイトレーヤの音写で、「慈氏」と意訳される。現在は兜率天という天上にいるが、釈迦の滅後56億7千万年ののちにこの世にくだり、衆生を救うといわれている。

＊4　真言律宗　鎌倉時代の僧、叡尊（えいぞん、１２０１～１２９０）を宗祖とする宗派で、戒律を通じて密教の教えをきわめることを特徴とする。総本山は西大寺（奈良県）。

栄西

禅の大祖師にして茶道の祖

栄西《えいさい》は日本の臨済宗《りんざいしゅう》*1の開祖である。曹洞宗《そうとうしゅう》*2の開祖の道元《どうげん》も初めは栄西が開いた建仁寺《けんにんじ》に学び、彼の弟子といってもよい。その後、臨済宗、曹洞宗とも大いに発展したことを考えると、栄西はすべての禅宗の各宗派から総祖師として崇拝されてしかるべきだと思われるが、栄西を祖師として尊崇するのは、彼が創始した鎌倉の寿福寺《じゅふくじ》及び京都の建仁寺を本山とする寺などにかぎられ、他の禅寺には彼の頂相《ちんぞう》（肖像）すらない。

禅は師から弟子への相伝《そうでん》の血脈《けちみゃく》を大事にするが、栄西が禅を相伝した師は、臨済宗黄龍《おうりゅう》派《は》の虚菴懐敞《きあんえしょう》であった。宋において臨済宗は慈明楚円《じみょうそえん》の後に黄龍派と楊岐派《ようぎは》に分かれる。

栄西以後、日本に渡った臨済禅はほとんどすべて楊岐派系統の禅であるので、まったく血脈の異なる曹洞宗はもちろん、黄龍派に属する他の臨済宗の各本山も栄西にほとんど敬意を払わない。

そればかりではない。栄西には古くから悪評がある。天台座主《てんだいざす》を四度務めた当時の宗教界の大ボスである慈円《じえん》の、著者名を伏せた著書『愚管抄《ぐかんしょう》』に、「其時葉上《ようじょう》僧正《そうじょう》にナラントシイテ申シテ、カネテ法印ニハナサレタリケル、僧正ニ成《なり》ニケリ、院ハ御後悔アリテ、アルマジキ事シタリトヲホセラレケリ、大師号ナンド云サマアシキ事サタアリケルハ、慈円僧正申トドメテケリ」とある。栄西が落雷で焼失した法勝寺《ほっしょうじ》の九重の塔の再建に努力し、塔が無事再建されたときに、大師《だいし》号を賜《たまわ》りたいと後鳥羽《ごとば》上皇《じょうこう》に頼んだことを、慈円は非難しているのである。

栄西は後鳥羽上皇に取り入り、前に伝燈大法師《でんとうだいほうし》や法印《ほういん》という位を賜ったが、今またあつかましく大師号を賜りたいという。大師号は、多くの学徳ある祖師すら死後に賜るものであるという理由でだめになったと伝えられるが、この『愚管抄』を読むと、上皇は大師号を与えてもよいというご意向であったのに、他ならぬ慈円自身の反対によってだめになったものであることを彼自らが暴露しているのである。しかも慈円は栄西が僧としての最高の位である僧正《そうじょう》という位を得たことを悔しそうに語る。

慈円は、同時代の傑僧として多くの人々に厚く崇拝される僧たちに強い嫉妬をもっていたようで、栄西のみならず法然についてもくそみそに語っている。しかしこの『愚管抄』に書かれた栄西に対する悪口は末の世にも影響を与え、いまだに栄西はこのような悪評から解放されていないかにみえる。

栄西は一一四一年（保延《ほうえん》七）、備中《びっちゅう》すなわち今の岡山県にある吉備《きび》津《つ》神社の神官の子として生まれた。八歳にして出家を志し、十三歳にして叡山《えいざん》に上り、翌年受戒《じゅかい》し、栄西と称した。栄西の頂相をみると、頭はまことに長く大きく、そのてっぺんは平らであり、しかも背は甚だ低い。四頭身か五頭身であるといってよかろう。おそらく人はこのような栄西をひと目みたら忘れなかったであろう。栄西の心の中には肉体に関する深いコンプレックスがあったのではないかと思う。

しかし彼は頭脳甚だ鋭敏にして意志強く、叡山に上っても学業と修行において頭角を現し、天台座主、明雲《みょううん》の愛顧を得ていたらしい。そして彼は二十八歳のとき、博多の商人などの援助により入宋《にっそう》し、約半年滞在して仏教を学んだ。彼はこの入宋を成尋阿闍梨《じょうじんあじゃり》の入宋より七十八年目、あるいは三河入道寂照《みかわにゅうどうじゃくしょう》のそれより百四十九年目のことであると自慢している。

しかし彼の庇護《ひご》者、明雲は平家《へいけ》に近づきすぎたために源氏《げんじ》の御世《みよ》になると座主の職を失い、いったん復活したものの、ついには現役の座主としてまことに異例な殺害による最期を遂げた。栄西は庇護者を失っても後鳥羽天皇に近づき、神泉苑《しんせんえん》で祈雨に成功して、葉上の号と紫衣《しえ》を賜った。

そして一一八七年(文治《ぶんじ》三)、四十七歳のときに再び入宋し、インドに赴《おもむ》こうとしたが行けず、やむなく足かけ五年、宋に滞在し、禅を学んで帰国した。帰国した当座は、九州を中心に活躍するが、やがて京都に出て、後鳥羽上皇に近づき、禅宗を新しい仏教宗派として認めてほしいと、『興禅護国論《こうぜんごこくろん》』という書物を書いて請願する。時に栄西五十八歳であった。しかしその請願が認められないと知るや一転して鎌倉に飛び、後の将軍源頼家《みなもとのよりいえ》とその母、北条政子《ほうじょうまさこ》に取り入り、ついに鎌倉に寿福寺を、さらに将軍頼家の援助により京都に建仁寺を創立し、建仁寺を天台《てんだい》、密教《みっきょう》、禅宗の三宗の仏教を学ぶ寺とする。

彼が最初に中国へ行ったとき、たまたま法然《ほうねん》の弟子の重源《ちょうげん》*3と出会い、一緒に帰国した。法然の浄土教《じょうどきょう》の普及には重源の力が大変大きいが、この重源のやり方を彼は真似しようとしたかにみえる。彼は重源の死後、重源に代わって東大寺大勧進職《とうだいじだいかんじんしき》に就いて東大寺再建に力を尽くし、さらに法勝寺の九重の塔が倒れるや、塔の修造を命じられ、みごとに再建の大事業を果たした。

このようなめざましい業績を上げた功績として、すでに大法師《だいほうし》や法印《ほういん》の位を得ていた彼は大師号まで要求したが、それは、禅を普及するにはまず権力者を禅の信者にし、彼自身も権力者から栄位を賜り、人々の尊敬を得るのがいちばんよいと考えたからなのであろう。栄西はこのように八面六臂《はちめんろっぴ》の活躍をして、禅宗を一つの新しい仏教宗派として朝廷にも、幕府にも、民衆にも認めさせ、七十五歳にして死んだ。

彼の著書で注目すべきは何といっても『興禅護国論』であろう。『興禅護国論』は十門に分かれるが、それは三つの部分からなる。彼はまず、禅は釈迦《しゃか》仏教の中心教義であり、古くから日本に移入された仏教であることを、「法華経《ほけきょう》」「涅槃経《ねはんぎょう》」「大般若経《だいはんにゃきょう》」*4などの経典を引用しながら論証する。そして次に、いま禅宗という新しい仏教宗派を他ならぬ栄西という僧が開くことについてのいろいろな疑義《ぎぎ》に対して問答の形で答え、最後に禅宗がインド及び中国においていかに盛んであるかを語り、その文明国の宗教をできるだけ早く受け入れて、国を安泰にしなければならぬと強い自信と熱い情熱で語る。

『興禅護国論』は堂々たる禅の弁明書であり、それを読むと栄西の博学と論証の鋭さ、布教への情熱が十分に伝わってくる。後の禅の老師の書物のように反語や逆説の多い禅問答らしいところはまったくなく、変化球を一切使わずに剛速球一本やりで、禅を日本の国教として採用することを主張している。

最澄《さいちょう》は『内証仏法相承血脈譜《ないしょうぶっぽうそうじょうけちみゃくふ》』で「私は行表《ぎょうひょう》の弟子であるが、行表はその師の道璿《どうせん》から達磨大師《だるまだいし》の法門を受けた。さらに私は入唐《にっとう》して、天台山禅林寺《てんだいさんぜんりんじ》の僧翛然《しゅくねん》から天竺大唐《てんじくだいとう》二国の付法の血脈と達磨大師の付法、牛頭山《ぎゅうとうさん》の法門等を伝授された」と語っている。禅はすでに祖師最澄の仏教の中にあり、比叡山延暦寺《えんりゃくじ》は天台ばかりか密教、禅、戒律《かいりつ》を併せて学ぶ四宗兼学の寺であった。それゆえ栄西は、すでに天台宗の中にあった禅仏教が衰えているのを復興する僧にすぎず、栄西に反対する天台の僧は宗祖最澄の意にもとるものであると主張する。

栄西はこのように禅を称揚するが、また彼は、禅宗は戒を厳しく守る仏教であることを口を極めて強調する。「是ゆえに禅宗は戒をもってさきとなす」とか「それ仏教は持戒《じかい》をもってさきとなす」などといい、空《くう》*5を悟れば戒などどうでもよいとする僧は外道《げどう》、魔民《まみん》であると非難する。この点、栄西は叡尊《えいぞん》や忍性《にんしょう》などの戒律の復興者と主張を同じくし、彼が栂尾《とがのお》の明恵《みょうえ》を後継者としようとしたと伝えられるのも、明恵に彼と同じように戒律の厳しい僧をみたからであろう。

私は今度改めて『興禅護国論』を読み、この書が明治初年の新島襄《にいじまじょう》や福沢諭吉《ふくざわゆきち》などの書に似ていなくもないことを強く感じた。彼らは日本が西欧に比べて遅れていると感じ、西欧の宗教や思想を日本に輸入することが緊急の課題であると考えた。栄西もまた二度の入宋の経験から、文明国中国の仏教を日本に移入することが緊急の課題であると考えた。

日本は中国から仏教を移入して国づくりをしたが、平安時代の半ばに遣唐使《けんとうし》が廃止されて以来、両国の仏教は大きく変わった。日本では、初めは真言《しんごん》密教、後には浄土教が大流行したが、真言密教も浄土教も中国では唐の時代に一時流行した過去の仏教にすぎなかった。中国においては破仏すなわち仏教の弾圧によって寺院は壊され、経典は焼かれ、裸の身一つで悟りを開くことを説く禅が唐から宋にかけて中国仏教の中心となった。このような日中仏教の相違をみて、栄西は日本の仏教を文明国中国の仏教に近づけようと思ったのであろう。

栄西の奮闘によって、法然の新しい浄土教と並んで、禅は日本において布教の大道を開いた。後の円爾弁円《えんにべんねん》による東福寺《とうふくじ》、蘭渓道隆《らんけいどうりゅう》による建長寺《けんちょうじ》、さらにまた道元による曹洞宗の永平寺《えいへいじ》の創立も、すべて栄西の開いた禅の大道の上に可能であったのである。この禅の大祖師というべき栄西に、曹洞宗の僧ばかりか臨済宗の僧すらいっこうに尊敬を払わないのはいささか忘恩的であるといわねばならない。

もう一つ、栄西の仕事として重要なことがある。それは、彼は茶を日本にもたらし、『喫茶養生記《きつさようじようき》』という書物を書いたことである。当時、彼が留学した浙江省《せっこうしょう》では茶を飲む風習が盛んであり、栄西はその風習を日本にもってこようとする。栄西が茶を勧めるのはもっぱら健康のためであり、茶は主として心臓の病に効くが、万病を治療するのにも役立つという。

この栄西の茶を勧める理論は科学的とはいえないが、彼は素朴に、先進国宋において愛用されている茶を禅とともに心からよきものと信じているのである。彼はまた桑の葉を煎じて飲むことや、宋国の高良《こうりよう》郡より産出する高良薑《こうりようきよう》を服用することを勧めている。栄西は自分が携えてきた中国の茶の木を宇治に植え、そこから宇治茶が興ったという。

後にその茶を飲む行事が儀式化され、芸術化され、茶道《さどう》という日本独自の文化を生んだ。栄西が勧めた茶は後世の茶道とはまったく別のものであるが、茶と禅を結びつけた点において、彼は茶道の祖ともいえるかもしれない。

＊1　臨済宗　禅宗の一派で、開祖は唐の臨済義玄。座禅の他に、「公案」（悟りを開くために与えられる課題）によって修行を行うことを重視する。日本には1191年（建久2）に栄西が伝えた。

＊2　曹洞宗　禅宗の一派。唐の洞山良价（とうざんりょうかい）と弟子の曹山本寂（そうざんほんじゃく）の系統から成立し、様々な門流がある。日本には1227年（安貞元）に道元が宋から伝えた。

＊3　重源　1121～1206。俊乗房（しゅんじょうぼう）ともいう。京都醍醐寺で出家し密教を学んだが、のちに法然から浄土教を学び諸国を遊行した。東大寺の再建にたずさわり、南大門や大仏殿を完成させた。

＊4　大般若経　「般若」は梵語プラジュニャー（智慧）の音写。紀元後に成立した大乗仏教の経典で、正式名は「大般若波羅蜜多経」、六百巻。唐の三蔵法師、玄奘（げんじょう）訳。空の思想と真実の智慧（般若）について説く。

＊5　空　この世の現象や事柄は固定的なものではなく、実体がないものだとする考え方。主として般若経典類に説かれ、龍樹（ナーガールジュナ）の「中論」で理論化された。

道元

坐禅による「心身脱落」の悟り

道元《どうげん》ほど名利《みようり》や愛欲を唾棄《だき》した人間はいない。一つの宗教を広めるには、権力者に近づくのが早道であろう。最澄《さいちよう》、空海《くうかい》はそれぞれ桓武《かんむ》天皇及び嵯峨《さが》天皇の寵僧《ちようそう》になり、法然《ほうねん》すら後《ご》白河法皇《しらかわほうおう》のお召しを喜び、日蓮《にちれん》もまた鎌倉幕府の権力者に近づこうとした。

しかるに名門の出身で十分に権力者への手づるのあった道元が、彼の創始した曹洞宗《そうとうしゆう》の本山を京都・深草《ふかくさ》の興聖寺《こうしようじ》から越前志比庄《えちぜんしひのしよう》の永平寺《えいへいじ》に移したのは、一つには叡山《えいざん》の圧迫ゆえであろうが、それ以上に彼には深く名利を憎む心が強く、中国の禅者の如く人里離れた深山《みやま》に居をおこうとしたからであろう。

道元は一度だけ、執権北条時頼《ほうじょうときより》に会いに鎌倉を訪れたことがある。この鎌倉行化《ぎょうけ》（修行と教化《きょうけ》）の旅について彼は何も語らないが、山に帰ったときの詩が残されている。そのなかで彼は「猶《な》ほ孤輪《こりん》の太虚《たいこ》に処《お》るが如し」という。彼は、大空にかかった孤独な輪のようなものだと自分を認識する。時頼は、蘭渓道隆《らんけいどうりゅう》などの宋から来た禅僧を重んじて、道元をあまり顧みなかったのであろう。彼は屈辱の心を抱いて山に帰ってきたが、山は彼を温かく迎え、彼もまた山を愛する心がいっそう強くなったと語る。

その後、道元の弟子、玄明《げんみょう》が鎌倉に赴き、北条時頼から土地を寄進されて永平寺に帰ったところ、道元は激怒し、玄明を破門し、彼の坐禅《ざぜん》の床まで切り取ったという。時頼にへりくだって、わずかな土地をもらって意気揚々として帰ってきた玄明を道元は許すことができなかったのであろう。私は、この道元の名利に対する拒絶の心はいささか異常であると思う。その原因はどこにあろうか。

道元の父は源《みなもとの》（久我《こが》）通親《みちちか》であり、母は松殿《まつどの》氏の出身であることは以前から分かっていた。藤原氏の氏長者《うじのちょうじゃ》であり、摂政、関白を務めた藤原忠通《ふじわらのただみち》には三人の主だった子どもがいた。長男が基実《もとざね》、次男が基房《もとふさ》、三男が兼実《かねざね》である。基実の家を近衛《このえ》、基房の家を松殿、兼実の家を九条《くじょう》という。近衛基実は平家と結びついたために後白河法皇に疎《うと》まれ失脚し、弟の基房が摂政の位に就いた。基房は新しい権力者、木曾義仲《きそよしなか》と結びつき、彼の娘を義仲の室に入れた。ところが義仲の権力は長続きせず、権力者は源頼朝《よりとも》に代わり、義仲は失脚する。

『平家物語』は、すでに頼朝の軍勢が都の近くに迫っていたときの義仲の様子を次のように描く。家来がしきりに出陣を促すが、義仲は六条高倉にいた愛妾との別れを惜しんで、なかなか出ようとしない。この愛妾というのが当時十七歳の比類なき美人であった基房の娘、伊子《いし》であり、彼女が後に源通親に嫁いで道元を産んだことが戦後の研究で明らかになった。

源通親は村上源氏の血を引き、学問にもすぐれ、歌人としても達者であったが、また希代《きだい》のマキャベリストであり、女性を利用して権力を握り、九条兼実を策謀によって失脚せしめた。通親が伊子をめとったのは彼の全盛時代で、通親約五十歳、伊子約三十歳のころであったと思われる。おそらくこの結婚も、噂の過去をもつ美女に対する好色な通親の好奇心と、松殿一家の再興を図ろうとする基房の意思との結合から生じたものであろう。

ところが道元三歳のときに通親は突然死に、八歳のときに母も死ぬが、道元は母の遺言に従って出家する。おそらくこの二度の政略結婚を忌《い》み、深く名利と愛欲を憎む母の心が道元の心となったのであろう。

　彼は叡山に学ぶが、叡山もまた世俗よりいっそう名利を求めるところであった。彼は純粋な仏教を求めて建仁寺《けんにんじ》の栄西《えいさい》に入門するが、栄西も死し、栄西の弟子、明全《みょうぜん》を師とし、明全とともに宋に学ぶ。彼は宋に行ってもなかなかすぐれた師を見出すことはできなかったが、天童山《てんどうざん》で如浄《にょじょう》に会い、如浄から、釈迦《しゃか》から迦葉《かしょう》へと伝承された正しい禅仏教を面授《めんじゅ》され、日本に帰った。彼はひととき建仁寺に足を止めたが、やがて独立し、初めは深草の興聖寺を、後には越前の永平寺を本山として法を説くこと約十年、京に帰って死ぬ。

　道元は多くの著書を残したが、何といってもその白眉《はくび》は『正法眼蔵《しょうぼうげんぞう》』であろう。これは、道元が興聖寺や永平寺で弟子たちに行った講義を集めたものであるが、多くは大変難解である。この難解な講義を理解し、修行の厳しさに耐える人は少なく、彼の主だった弟子は、永平寺の二代目の住職になった懐奘《えじょう》をはじめ、彼より前に禅を日本に移入した大日房能忍《だいにちぼうのうにん》の弟子であった僧たちである。

　道元は和語、漢語、それに当時の中国の俗語をまじえ、名詞を動詞に、副詞を名詞に用いたり、同じ言葉を反対の意味に用いたり、自由に言葉を造ったりして彼の法を説いたのである。それは道元流に表現すれば、難解、超難解、超々難解、スーパー難解にして、魅力、超魅力、超々魅力、スーパー魅力ある文章であるといえる。

　彼は、法然の念仏を「口声《くしょう》をひまなくせる、春の田のかへるの、昼夜になくがごとし」と、空海の真言密教《しんごんみっきょう》を「さらに又かゞみのうちのかげなり。ことばのたくみにかかはるべからず」と、体と心を分かち、体は滅びても心は不滅であるという説を説く僧を「外道の見をかたる狂人のしたのひゞきを、みゝにふる、ことなかれ」と批判する。さらに禅の悟りは師につかず自証すればよいという大慧宗杲《だいえそうこう》を「疎学のいたりなり。貪名愛利《とんみょうあいり》によりて仏祖の堂奥ををかさんとす」とも批判する。言葉は厳しいが、切れ味の鮮やかさに清涼の気を感じさせる。

　彼は「空手《くうしゅ》にして郷に帰る」というが、中国で真の仏教、正法《しょうぼう》を体得して帰ったという強い自信があったのであろう。正法は釈迦から迦葉に伝わり、インドにおける二十八祖の達磨《だるま》によって中国にもたらされ、中国での初祖達磨から二祖慧可《えか》に伝えられ、慧可より三代を経て六祖大鑑慧能《だいかんえのう》に伝わり、慧能の弟子、青原行思《せいげんぎょうし》に伝わる。この六祖慧能のもう一人の弟子に南岳懐譲《なんがくえじょう》がおり、その系統に臨済義玄《りんざいぎげん》が出て、この臨済の宗風を継承する臨済宗が当時の中国でもっぱら広まっていた。

　しかし道元がついた師の天童如浄は、青原行思の流れを汲む洞山良价《とうざんりょうかい》に始まる曹洞宗に属し、道元はこの系統だけを正法の仏教であるとする。そしてその正法の伝授は釈迦から迦葉へ、達磨から慧可へ、五祖から六祖へというように面授によって行われねばならないとして、当時の臨済宗において強い影響力をもっていた大慧宗杲の自証による悟りを認めない。

彼はしきりにそれが古仏の道であるということを強調するが、古仏とは釈迦であり、迦葉であり、達磨であり、慧可であり、五祖であり、六祖であり、青原行思であり、洞山良价であり、古仏の如く修行すれば古仏とまったく一体になり、証すなわち悟りを得ることができると考えるのである。

彼は日常生活を細かく規定する。たとえば楊枝《ようじ》の使い方や、大便小便の後の始末など、実に細かく生活を規定し、僧には名利と愛欲を離れ、ひたすら修行することを命じている。彼はもっぱら坐禅を勧めるが、この坐禅の根本体験が「身心脱落《しんじんだつらく》」である。「身心脱落」というのは道元自身の悟りの言葉であり、以前にも以後にもそのような言葉で禅の悟りを表現した禅僧はない。このような体験を道元は「自受容三昧《じじゅようざんまい》」とか「自己を忘れる」とか「万物に証せられる」などと語る。つまり古仏の如く山中で坐禅をしていると、一切の自己が脱落し、世界そのものが自己となり、それによって仏性《ぶっしょう》が生き生きと活動するという神秘的体験であろう。

この道元の神秘的体験を理解することは誠に困難であろう。三十年前、私は道元の『正法眼蔵』を読んで、「深い深い深山の奥にある水晶の山、そこで多くの水晶は、互いに透入しあい透出しあい、冷たい五色の光を輝かす。このすばらしい水晶の山へ私はいつか行ったような気がする」(『仏教の思想』角川書店)と書き記した。『正法眼蔵』は私にとって透明に光り輝く水晶の山のようであった。この感想は今でも変わっていない。『正法眼蔵』は、今の私にとっても数ある日本の名著の中でも最も魅力に満ちているが、強く理解を拒絶している宝の山である。しかし最近、私はこの山に登る手がかりを少し獲得したように思う。とりわけ私の心を奪う『正法眼蔵』の言葉を選んで感想を語ろう。

「人のさとりをうる、水に月のやどるがごとし。月ぬれず、水やぶれず。ひろくおほきなるひかりにてあれど、尺寸の水にやどり、全月も彌天《みてん》も、くさの露にもやどり、一滴《いってい》の水にもやどる」

道元は、空海や日蓮のように赤々と燃える太陽を愛せない。彼が愛するのは太陽ではなく月であるが、その月も水に映った月、草の露にやどる月である。一滴の水にも月がやどるように、どこにでも仏性は存在するのである。これは華厳《けごん》の思想である。語り方は誠に道元流である。水晶のように冷たく照りかがやく光のような言葉である。

「『尽十万《ちくじゅうまん》』といふは逐物為己《ちくもついこ》、逐己為物《ちくこいもつ》の未休《みきゅう》なり」

道元は禅者として趙州真際《じょうしゅうしんざい》[*1]とともに玄沙師備《げんさしび》[*2]を最も愛した。彼は、世界はひとつの丸い珠《たま》である、その珠にすべての世界が映っているという。世界はどのように映っているのか。彼は世界は「逐物為己、逐己為物の未休なり」という。つまり永遠に物が人間になり、人間が物になる世界であるという。これは人間の世界、技術文明の世界の運命を実に的確に表した言葉であると思う。この世界では物が人間化される、道具や機械、商品などすべて人間化されたものである。しかしそれと同時に人間が物となっている。このような人間が物となるという世界は、マルクスが警告し、チャップリンが風刺したはずである。

「もし山の運歩《うんぽ》を疑著《ぎちゃく》するは、自己の運歩をもいまだしらざるなり、自己の運歩なきにはあらず、自己の運歩いまだしられざるなり、あきらめざるなり、自己の運歩をしらんがごとき、まさに青山の運歩をもしるべきなり」

道元は、山も人間のように動き、歩くものであるという。その山の動き歩く姿を理解しないかぎり、人間の動き歩く姿も理解することはできないという。山の運歩を知るのが最も大切だと道元は言うけれど、これはまさに現代文明への警告であり、二十一世紀の文明のあり方を暗示するものであると私は思う。

＊1　趙州真際　778〜863。唐代の禅僧、趙州従諗（じょうしゅうじゅうしん）。没後、語録として『趙州録』（『趙州真際禅師語録』）が編纂された。

＊2　玄沙師備　835〜908。唐代の禅僧。没後、語録『玄沙廣録』（『福州玄沙宗一大師廣録』）が編纂された。

日蓮

新しい「法華経」教学の創始者

日蓮《にちれん》が、師の道善房《どうぜんぼう》からつけられた是聖房蓮長《ぜしょうぼうれんちょう》という名を自ら日蓮と改めたのは、彼が叡山留学《えいざんるがく》を終えて、師の寺である清澄寺《せいちょうじ》に帰り、彼独自の法華経《ほけきょう》信仰を語った三十二歳のときであるが、日蓮とは、彼の人生と思想をまことによく象徴している名である。

日蓮という名は、太陽と蓮華《れんげ》との融合である。蓮《はす》の花は、根を泥の中に下ろしながら清浄な花を咲かせる。それゆえ蓮華は「煩悩即菩提《ぼんのうそくぼだい》」という大乗《だいじょう》仏教の思想を象徴する花として尊重されるが、「法華経」はまさにこの蓮華を題名とする経典である。ここで大乗仏教、特に「法華経」が灼熱《しゃくねつ》の太陽の如き人間と結びつき、ついに火の如く燃え、太陽の如く光り輝いたのである。大乗仏教を象徴する花である蓮華を火の如く燃えさせ、太陽の如く光り輝かせたのは、インド、中国、日本の仏教者多しといえども日蓮一人しかあるまい。

日蓮は、安房《あわ》の小湊《こみなと》の漁師の生まれ、自らを「旃陀羅《せんだら》」の子であると自称した。旃陀羅とは、インドにおける最下層の賤民《せんみん》として差別された民をいうのであるが、最近の研究では日蓮の生家はそのような賤民ではなく、中層の漁師であったということが明らかになっている。日蓮が自らをあえてそう呼んだのは、彼の教義と深い関係があるといわなければなるまい。

日蓮は十二歳で天台《てんだい》の道場であった清澄寺に入り、道善房の弟子となり、十六歳で得度《とくど》し、十七歳のときに鎌倉で念仏《ねんぶつ》、禅を学び、二十一歳で学問の中心地である叡山に上って、約十年間勉強をした。

日蓮も鎌倉時代の他の祖師《そし》、法然《ほうねん》、道元《どうげん》などと同じように叡山留学の経験をもっているが、他の祖師らが叡山仏教に満足せず、山を下りてやがてそれぞれ新しい宗派を開いたのに対し、日蓮は、最澄《さいちょう》以来叡山に伝わる天台教学こそ唯一の正しい仏教であるとの確信をもって郷里に帰った。叡山はすでに円仁《えんにん》、円珍《えんちん》以来密教《みっきょう》化し、源信《げんしん》以来浄土教《じょうどきょう》をとり入れていた。最澄の教学を唯一の正法《しょうぼう》と信じる日蓮には、これはとうてい許し得ない仏教の堕落《だらく》と映った。

当時、古代律令《りつりょう》体制は崩壊し、承久《じょうきゅう》*1の変が起こり、日本国の主であるはずの天皇が鎌倉幕府の執権北条《しっけんほうじょう》氏に戦いで敗れ、隠岐《おき》に流罪《るざい》になった。日蓮はこのような世の乱れを、日本の国家が正法すなわち「法華経」の信仰を失ったからだと考えた。

特に彼の攻撃の対象になったのは、法然の浄土念仏の教えであった。十年間の都での留学によってどのような立派な僧になったかという期待を抱いて日蓮の話に聴き入った師の僧や後援者たちは、日蓮の口から猛烈な念仏仏教批判の言葉が飛び出すのを聞き、驚き怒り、ついに日蓮を清澄寺から追い出した。

日蓮の行動や思想を理解するには、彼のもつ二つの信念を考慮することが必要である。一つは、仏教の本家は釈迦《しゃか》であるという信念である。大乗仏教は、紀元前五世紀にインドで生まれ、ガンジス川の流域で布教活動をして八十歳で死んだ釈迦を神格化することによって、薬師《やくし》*2、大日《だいにち》、阿弥陀《あみだ》などのさまざまな仏を生んだが、やはり仏教の本家本元は釈迦であり、他の仏であってはならないという信念が日蓮には強く存在している。

もう一つは、日本は「法華経」によって守られる国であるという信念である。聖徳太子《しょうとくたいし》は、「法華経」を「勝鬘経《しょうまんぎょう》」や「維摩経《ゆいまぎょう》」とともにもっとも重要な経典であると考えた。

さらに最澄は、「法華経」を中心経典とする天台智顗《ちぎ》*3の樹立した天台宗の日本版というべき日本天台宗を、桓武《かんむ》天皇の庇護《ひご》を受けて都近くの比叡山延暦寺《えんりやくじ》を本山《ほんざん》として創立した。安房の片田舎から笈《おい》を負って叡山に留学した日蓮が、叡山こそ日本仏教の本山であり、そこに伝わる天台教学こそ日本国家を守る正当な仏教であると固く信じたのは無理もないことであろう。

故郷を追われた日蓮は、幕府のあった鎌倉に来て、松葉谷《まつばがやつ》に素庵《そあん》を結び、そこを根拠にして布教する。ところがまもなく天変地異が起こり、おびただしい死者が出たが、日蓮はそれを「法華経」信仰が失われたゆえと考え、『守護国家論《しゅごこっかろん》』という理論の書を書き、次いで『立正安国論《りっしょうあんこくろん》』という実践の書を書き、幕府に提出して、念仏の弾圧を要求する。この過激な日蓮の要求が幕府の忌むところとなり、日蓮は伊豆に流罪になるが、まもなく赦《ゆる》されて鎌倉に帰る。

しかし一二六八年（文永《ぶんえい》五）、蒙古《もうこ》の使いが大宰府《だざいふ》にやって来て通交を求めたが、幕府は拒絶し、蒙古の襲来を覚悟しなければならない物情騒然たる世の中になるや、日蓮は再び、そういう国難が起こるのは「法華経」信仰が失われたゆえであるとし、念仏仏教などの誤った仏教の停止を強く幕府に迫り、幕府の怒りを買い、佐渡《さど》に流罪になる。

日蓮はこのように「法華経」の守護者として行動し、別に新しい宗派をつくろうとする意図をもたなかったが、彼の教説は智顗、最澄の伝統を受け継ぎながら、彼らと大きく異なる点が生じる。それは法然の主著『選択本願念仏集《せんちゃくほんがんねんぶつしゅう》』への反論によって生まれたと私は考える。

法然は、全仏教を聖道《しょうどう》、浄土の二門に分け、浄土門の仏教だけが聖道門の仏教が滅びる末法《まっぽう》[*4]の世にも残り、しかも浄土に往生《おうじょう》する行、念仏はいかなる凡夫《ぼんぶ》にも可能な易行《いぎょう》であると主張した。日蓮はこの論理を崩そうとする。末世《まっせ》において滅びるのは法華以外の聖道の教えであり、「法華経」は決して滅びないと経典にある。しかも「法華経」信仰は念仏以上に易行である。「法華経」の題目《だいもく》、「妙法蓮華経《みょうほうれんげきょう》」を心から崇拝するという意味の「南無《なむ》妙法蓮華経」と称《とな》えることによって、念仏を称える以上の福が授かるのであるという。

そして彼は、法然のように浄土を死後に行くべき遠い国に求めるべきではなく、今われわれがいるこの国がすなわち浄土であると説く。この世は、がらくたのような汚いものがいっぱいある娑婆《しゃば》であるが、この娑婆世界こそ久遠実成《くおんじつじょう》[*5]の釈迦、すなわち永遠不滅のお釈迦さんがいらっしゃる浄土であることを日蓮は声高く叫ぶ。この娑婆以外にわれわれの生きるところはない、娑婆を浄土として力いっぱい生きよと日蓮は迷える衆生《しゅじょう》に命じるのである。

日蓮は「念仏は無間地獄《むけんじごく》の業、禅宗は天魔《てんま》の所為、真言《しんごん》は亡国の悪法、律宗《りつしゅう》は国賊の妄説」と他の仏教をののしり、熱狂的な「法華経」の布教者として知られているが、それだけではない。彼はその激烈な他宗への批判が他宗の反撃に遭い、宗教的なトラブルに巻き込まれるのを恐れた幕府によって佐渡に流されるが、佐渡流罪の苦難の中で『開目抄《かいもくしょう》』や『観心本尊抄《かんじんほんぞんしょう》』などを書いた。

この『開目抄』と『観心本尊抄』は、実践的性格の強かった初期の日蓮教学に真の独創性と体系性を与えたものであり、この二書によって後世、日蓮宗という宗派が天台宗とは全く違った教学体系を持つ独自な宗派となる理論的基礎を与えたものであるといってよい。『開目抄』は日蓮が流罪になった一二七一年（文永八《ぶんえい》）の翌年に最初の流罪地、塚原《つかはら》で書かれ、『観心本尊抄』はその翌年、一二七三年（文永十）に次の流罪地、一谷《いちのたに》で書かれたものである。

『開目抄』において、「日蓮といひし者は、去年九月十二日子丑の時に頸はねられぬ。此は魂魄佐渡の国にいたりて、返る年の二月雪月にしるして有縁の弟子へ贈れば、おそろしくておそろしからず」というように、この二書は、日蓮の肉体はすでに龍の口において死して、霊魂だけが佐渡の国に行って書いた本であるといえる。
『開目抄』において日蓮は、なぜ「法華経」の行者である彼がこのような苦難に遭うのかと問う。日蓮はその答えを他ならぬ「法華経」に見つける。「法華経」の勧持《かんじ》品《ぼん》には、「法華経」の行者が「法華経」の信仰ゆえに様々な悪口をこうむり、追い出され流罪になったと書かれている。日蓮は、自分に浴びせられた悪口罵言や流罪になったことを、自分が間違いなく「法華経」信者である証拠として、その苦難を喜ぶのである。

そればかりでなく、「法華経」の教えは「法華経」信者を迫害した者は来世において地獄に堕ちるというが、日蓮もひととき浄土教を信じたことがあり、前世は「法華経」の敵であったに違いないと考え、今その前世の報いが苦難によって贖《あがな》われ、来世において地獄に堕ちることはないと喜んでいるのである。

こういう自己検証の後に、彼は「法華経」の哲学というべきものを語るのである。

彼は「法華経」二十八品《ほん》の前半十四品を迹門《しゃくもん》、後半十四品を本門《ほんもん》と分け、本門に釈迦仏教のもっとも肝要な思想があると論じた。その思想というのは二乗作仏《にじょうさぶつ》*6と久遠実成である。二乗作仏というのは、他の大乗仏教が声聞《しょうもん》、縁覚《えんがく》*7などの釈迦の直弟子たちは成仏できないと説くのに対して、声聞、縁覚はもちろん、闡提《せんだい》すなわちどのような悪人も成仏できるという説である。また久遠実成というのは、「法華経」でこのような説法をしている釈迦は歴史的な存在をはるかに超えた永遠の昔から存在している釈迦であるという説である。そしてこのような久遠実成の釈迦の教えを広めるのは文殊《もんじゅ》や普賢《ふげん》＊8ではなく、上行菩薩《じょうぎょうぼさつ》などの地から湧《わ》いて出た菩薩すなわち地涌《じゆ》の菩薩＊9であると力説する。

日蓮が二乗作仏と久遠実成を強調するのは、釈迦仏を本尊とする法華仏教に、法然仏教のような誰でも救われるという平等精神と、阿弥陀仏や毘盧《びる》遮那《しゃな》仏《ぶつ》や大日仏を本尊とする仏教のような永遠性と深い哲理を所有せしめようとする意思によるものであると私は思う。この新しい法華仏教を広めるのは、日蓮のように決して身分が高いとはいえない、地から湧いた土着の民衆である菩薩なのである。

もうひとつ日蓮が佐渡において『開目抄』と『観心本尊抄』を書いた後に創出したものがある。それは本尊曼荼羅《ほんぞんまんだら》というものである。本尊曼荼羅というのは、中央に「ひげ題《だい》目《もく》」といわれる「南無妙法蓮華経」という字を書き、右側に不動明王《ふどうみょうおう》、左側に愛染《あいぜん》明王を表す梵字《ぼんじ》を書き、四方に四天王の名を書き、上中下三段に仏の名を書きしるしたものである。「ひげ題目」は、筆の先端が左右に長く伸びる日蓮独特の書体で書かれている。これは「南無阿弥陀仏」と書かれた字の左右に金色の光明が放たれている、浄土宗などで用いられる「光明本尊《こうみょう》」を単色の墨で模したものと言えよう。

そしてこの三段の仏には、上段に釈迦《しゃか》如来《にょらい》、多宝《たほう》如来と並んで上行菩薩など地湧の菩薩が並び、中段に普賢、文殊などの菩薩、舎利弗《しゃりほつ》や大迦葉《だいかしょう》などの釈迦の弟子と、阿闍世《あじゃせ》、提《だい》婆達多《ばだつた》などの名が並んでいる。それは日蓮のいう二乗作仏、いかなる人間でも「法華経」によって平等に救われるという思想を表すものであろう。そして下段に龍樹《りゅうじゅ》菩薩や天台大師や伝教《でんぎょう》大師などの名が並ぶ。これは日蓮が、天台大師智顗《ちぎ》や伝教大師最澄《さいちょう》ばかりか龍樹すら超えた新しい「法華経」の教学を創出したことを高らかに宣言するものであろう。

これは絵によって思想を説明しようとする密教の曼陀羅に対して、字によって思想を説明しようとする日蓮の新しい曼荼羅の創出といってよい。密教の曼陀羅は金剛界《こんごうかい》曼陀羅と胎蔵界《たいぞうかい》曼陀羅があり、絵によってそれが説明されるが、必ずしも分かりやすいものではない。しかし日蓮の曼荼羅は、彼が創出した思想体系を字による図形によって説明するもので甚だ分かりやすい。最近、図形的な認識ということがよくいわれるが、日蓮こそ図形的認識の創始者であったといえよう。

日本の知識人には日蓮を嫌う人が多い。それは自分を日本の柱、日本の眼目、日本の大船とあえていい、他の宗派をくそみそにいう日蓮が、謙虚さを人間のもつ大切な徳とする日本の多くの知識人の神経を逆なでするからであろう。しかし日蓮には冷たい深い思弁も、柔らかい思いやりの心もあるのである。もし日蓮のような祖師がいなかったら、日本仏教ははなはだ抹香臭い陰気なものになっているに違いない。この日蓮の熱情と行動力は、やはり高く評価さるべきものであろう。

＊1　承久の変　1221年（承久3）、後鳥羽上皇によって起こされた、鎌倉幕府打倒のための争乱。幕府の執権だった北条義時が軍を率いて上皇方を破り、以後、朝廷の勢力が著しく衰えた。

＊2　薬師　薬師如来。東方にある瑠璃光浄土の主とされる。手に薬壺を持ち、人々の病を癒し安楽を与える仏として信仰を集めた。

＊3　天台智顗　538〜597。隋代の僧で、中国天台教学の大成者。智顗の著作である『摩訶止観』『法華玄義』『法華文句』の三部は「天台三大部」と呼ばれ、天台宗において非常に重要な文献とされている。

＊4　末法の世　釈迦の入滅後、仏も正統な弟子もいなくなり、ただ教えのみが残るとされる時代。日本では、1052年（永承7）から末法に入ったと考えられた。

＊5　久遠実成　「法華経」如来寿量品に説かれる言葉で、歴史的人物としての釈迦は、実際は久遠の昔に成仏していたとする思想。釈迦の悟りの内容（法）は永遠不変であるとの考え方にもとづいている。

＊6　二乗作仏　小乗仏教の修行者である声聞乗、縁覚乗の二乗でも、大乗仏教の修行者である菩薩同様に仏となることができるという教え。

＊7　声聞・縁覚　声聞は仏の教えを聞いて悟りを目指す者、縁覚は師を持たず一人で悟りを目指す者のことで、両者をあわせて「二乗」という。大乗仏教の立場からは、これら二乗は自らの悟りのみを考え、他者の救済を考えない者として批判的に扱われる。

＊8　普賢　普賢菩薩。釈迦三尊の一体で白い象に乗り、行や願などの徳をつかさどるとされる。

＊9　地涌の菩薩　「法華経」従地涌出品で説かれる菩薩。法華の教えが説かれる際に、地面からわき出てきた無数の菩薩たちのこと。

日親

受難の歴史が蓄えた信仰のマグマ

キリスト教が殉教《じゅんきょう》という行為によって大きく教勢を伸ばしたことは間違いない。キリスト教徒にとっては、エホバの神と神の子イエス＝キリストに対する信仰こそ唯一の正しい宗教であり、それ以外の宗教はすべて邪教である。そして邪教の支配するこの世界は厳しくキリスト教を弾圧し、その結果、キリスト教徒は教祖イエス＝キリストの如く十字架にかかって殉教せざるを得ない。彼らは、その殉教という行為によって終末のときがくれば、必ず神の国で永久の命を生きることができると信じる。このような殉教が人々を感動させ、信者を増やし、キリスト教はたちまちのうちに世界帝国ローマの国教になり、やがてヨーロッパの普遍的な宗教になった。このような殉教によって教勢を拡大するのは、同じく一神教であるイスラム教も同様である。

仏教は根本において多神教《たしんきよう》＊1であるので、そこではそのような殉教が重要な役割を果たさない。もっぱら阿弥陀仏《あみだぶつ》を信じる法然《ほうねん》及び親鸞《しんらん》の浄土教《じようどきよう》は一神教的《いっしんきよう》＊1な傾向をもつが、彼らは自分のような末世の凡夫《ぼんぷ》は浄土念仏の教えによって救われるより仕方がないという立場をとり、他宗への批判を抑制している。

しかし日蓮宗《にちれんしゆう》＊2は浄土真宗《じようどしんしゆう》よりいっそう一神教的な傾向をもつ。日蓮は、日本天台宗《てんだいしゆう》の開祖最澄《さいちよう》はもちろん、中国天台宗の開祖天台智顗《てんだいちぎ》よりも強い正法《しようぼう》、すなわち「法華経《ほけきよう》」の絶対的信者であるかにみえる。彼は「法華経」信仰を唯一の正しい仏教として、真言密教《しんごんみつきよう》、浄土教、禅《ぜん》などに激しい批判を加える。

日蓮は、時の権力者に自らの正しい信仰を受け入れさせ、日本を正法の国にしない以上、国家の安康《あんこう》はあり得ないと考えて、鎌倉幕府の実権を握る執権北条氏《しつけんほうじよう》に訴えた。その激烈な他宗派に対する批判によって罰せられ殺されるところを助かり、佐渡流罪《さどるざい》になった。流罪になっても正法布教の情熱は衰えず、彼の思想をいっそう深め、みごとに行動と思索の統一した日蓮教学を創り出した。

鎌倉幕府が滅亡し、幕府が京都・室町に移ったからには権力者がいるのはもっぱら京都である。それゆえに日蓮の弟子たちの夢は、京都で日蓮宗を布教し、天皇及び将軍を日蓮宗の信者とすることであった。ところが師に似て甚だ闘争的な性格を受け継いだ日蓮の弟子は、われこそ日蓮の正統な弟子だと主張し、浄土宗や浄土真宗のように統一組織をつくることが困難であった。弟子の一人一人が京都に上り、師日蓮の如く他宗派を激しく批判し、唯一の正しい「法華経」信仰に帰るべきであると熱心に布教したのである。

最初に京都に日蓮宗の教えの根を下ろしたのは日像《にちぞう》であった。時あたかも律令《りつりょう》制社会が崩壊し、足利《あしかが》将軍も強力な政治力をもたず、世は混乱し、公家《くげ》たちすら新しい教えを求めていた。日蓮宗の僧たちはこのような混乱の中で公家、特に近衛《このえ》家に近づき、公家の子弟を弟子とし、やがて公家の子弟である日蓮宗の僧たちは僧正《そうじょう》という最高の僧位に就《つ》いた。このような状況の中でもっとも著しい活躍をしたのは日親《にっしん》である。この日親の非妥協の精神は、後の不受不施《ふじゅふせ》派という日蓮宗の新しい運動を生んだ。

日親は上総国《かずさのくに》（千葉県）の埴谷《はにや》の豪族、埴谷重継《しげつぐ》の義理の子であり、妙宣寺《みょうせんじ》の日英《にちえい》について出家した。妙宣寺は中山法華経寺《なかやまほけきょうじ》を本山《ほんざん》とするが、中山法華経寺は、日蓮のもっとも有力なパトロンであった富木常忍《ときじょうにん》が自分の屋敷を寺院として、日常《にちじょう》と改名し、住職となった寺である。

日蓮には、日昭《にっしょう》、日朗《にちろう》、日興《にっこう》、日向《にこう》、日頂《にっちょう》、日持《にちじ》のいわゆる六老僧《ろくろうそう》という六人の主だった弟子がいたが、富木常忍はこれらの弟子と同じように、あるいはそれ以上に重要な在俗《ざいぞく》の日蓮の弟子であり、したがって中山法華経寺は日蓮宗の寺院のなかでも重要な地位を占めていた。

ところが鎌倉幕府の有力な武将の千葉《ちば》胤貞《たねさだ》の猶子《ゆうし》（義理の子）、日祐《にちゆう》が中山法華経寺の第三世貫首《かんじゅ》に就任すると、中山法華経寺と千葉氏との間に深い関係ができた。千葉氏は蒙《も》古襲来《こしゅうらい》においても武勲をたて、肥前《ひぜん》の小城《おぎ》地方（佐賀県）に領地をもった。そして日祐は日蓮宗の伝統に従って、四度京都に赴《おもむ》いて天皇あるいは将軍を「法華経」の信者にしようとしたが、失敗に終わったらしい。

日親は中山法華経寺第七世貫首となった日有《にちゆう》のもとで、小城地方に布教のために派遣されるが、そこで日親は、日蓮の仏教からみればとうてい許し難い神や仏の崇拝をみた。おそらくこの地を支配する千葉氏は、日蓮宗の信者でありながらこの地を支配するためには多くの信仰の存在を許すよりほかなかったのであろうが、それが日親には耐えられなかった。

そしてそのような雑信仰を許して怪しまない日有に対して、彼は厳しい批判の言葉を投げた。日親の日有批判は悪罵《あくば》のかぎりを尽くした感があるが、それに対して日有も負けず劣らず悪罵を投げ返している。

こうして日有によって日親は破門《はもん》されたが、それでへこたれるような日親ではなかった。彼は都に出て、一条戻橋《いちじょうもどりばし》で日蓮が行ったような辻説法《つじせっぽう》を始めたのである。そして他宗の僧をみれば論争をしかけ、天皇あるいは将軍に直訴《じきそ》しようとする。その日親の奇怪な行動は大勢の人を怒らせ、迫害にあうが、迫害にあっても彼は自分の主張を変えなかった。

彼は祖師《そし》日蓮の『立正安国論《りっしょうあんこくろん》』に対して『立正治国論《ちこく》』という書物を書き、それを天皇や将軍に読ませ、折伏《しゃくぶく》しようとした。『立正治国論』は、「法華経」のみが釈迦《しゃか》の正法であり、「法華経」以外の仏教を崇拝したならば国に大難《たいなん》が襲いかかるという『立正安国論』の論旨を簡潔で論理的に要約したものであり、激烈な絶叫調の文章は意外に少ない。

時の将軍義教《よしのり》は苛烈な性格をもち、容易に人を殺し、ついに彼も宴の最中に赤松満祐《あかまつみつすけ》に惨殺《ざんさつ》されるという最期を遂げるが、この義教が熱した鍋を日親の頭に被せたので、日親は「冠鍋《なべかむり》日親」といわれたという。不殺生《せっしょう》を第一の戒《かい》とする仏教の僧への恐れゆえであろうか、日本では僧を殺すことはできるだけ避けた。それで殺さないまでも、あらゆる責め苦を日親に加えたのであろうが、この話が後に誇張されて、「冠鐺日親」の受難物語がおもしろ悲しく語られたのであろう。

日親はそのような受難において、自分が日蓮の真の弟子であることを痛感した。彼は日蓮と同じような、あるいは日蓮以上の苦難を経験することによって日蓮と一体化し、真の日蓮の弟子になったという強い自覚をもつことができたのである。そこには一種の法悦《ほうえつ》の感情がある。これはキリスト教徒が磔《はりつけ》にされることによって、キリストと同じ苦難を経験し、真にキリストの弟子になったという法悦を味わったことに甚だ似ている。

しかしこの受難の時期は長くは続かなかった。まもなく応仁《おうにん》の乱《らん》が起こり、彼を受難にあわせた権力そのものが衰えたからである。そして町衆《ちょうしゅ》といわれる町人が台頭したが、彼らの多くは天皇や公家の宗教であった旧仏教の天台、真言などを信じることはできず、さらばといって新しく台頭してきた主に武士の信仰である禅にもなじめず、来世で救われることを説く、主に農民の信仰である浄土教にも満足せず、唯一の正法である「法華経」を信じることによって、神々の加護を得て現世利益《げんぜりやく》を被り、現実世界を力強く生きる指針を与える日蓮宗にひかれ日蓮宗の信者になった。

応仁の乱が起こったとき、日親は六十一歳であったが、以後二十一年、彼は八十二歳まで生きた。これは彼の比類のない苦難の半生、迫害の半生を考えれば、驚くほど長生きであったといえる。

日親は己の思想を「不受不施」という言葉に要約するが、それは信仰を同じくしない人の布施を受けず、自らもそのような人に布施をしないという思想である。布施を受ければ自ずから信仰の異なる人と関係が生じ、ついにはそのような人の支配を受けることになるからである。これは純粋な信仰を守ろうとするまことに潔癖な考えである。このような純粋な「法華経」信仰は、権力の力が弱まった室町時代には十分成立可能であり、ひところ日蓮宗は京都では一つの王国を形成している感があった。

しかし権力者の権力が強くなる時代にあっては、そのような信仰は許されない。権力者たちは日蓮宗、特に不受不施派の激しい他宗批判に決して好感をもたず、したがって不受不施派は弾圧と苦難の歴史を経験せざるを得なかった。

織田《おだ》信長《のぶなが》は安土宗論《あづちしゅうろん》と称し、安土において浄土宗の僧と日蓮宗の僧とを対論させた。宗論においてはどちらが勝ったか不明であるが、宗論が終わるや、信長は日蓮宗の僧を鞭《むち》打ち、負けを認めさせる文書に署名させた。もちろんその宗論は初めから仕組まれていたのである。

また豊臣秀吉《とよとみひでよし》は亡き父母のための供養《くよう》の法会《ほうえ》を、造られたばかりの方広寺《ほうこうじ》の大仏殿経堂《だいぶつでんきようどう》で行い、大勢の各宗の僧をよんだが、日奥《にちおう》などの不受不施派の僧は参加しなかった。秀吉はそれをとがめて、日奥を対馬《つしま》に流罪にした。また家康《いえやす》も宗論を行い、不受不施派の僧日経《につきよう》とその五人の弟子たちの耳鼻を削《そ》いだ。

日親の思想の流れを汲《く》む不受不施派の仏教はこのように弾圧されたが、桃山、江戸時代を通じて、地上に現れない強いマグマのような存在として存在し続けた。そして明治になって、多少の曲折はあったもののやっと公認されたのである。

こうして長い間忘れられていた僧、日親が再び世に出てきたわけであるが、この日親を高く評価する評論家がある。高山樗牛《たかやまちよぎゆう》である。樗牛は死の前に「冠鐺日親」という小論文を書き、日親を秀吉や家康以上の英雄であると称《たた》えた。

「げに冠鐺日親は秀吉、家康の如く人を殺さず、国を取らず、所謂史家先生には何処に何時生死たる何人なりやをも知られざる眇たる一僧侶に相違なけれども、而かも尚ほ吾人の見て人生の大いなる事実とする所、亦この一僧侶の生涯に現はれたり」

樗牛に日親の偉大さを教えたのは国柱会《こくちゆうかい》の創立者、田中智学《たなかちがく》*3であるという。智学は宮沢《みやざわ》賢治《けんじ》にも影響を与え、賢治をして日蓮信者に転向せしめた。そして明治以後、日本に根づいた仏教系の新興宗教、創価学会《そうかがっかい》、立正佼成会《りっしょうこうせいかい》、霊友会《れいゆうかい》などのほとんどすべてが日蓮系の仏教であり、それらは日蓮、日親並みの身命《しんみょう》を惜しまない行動力をもっていたことを考えれば、この四百年近くたまった信仰のマグマが一挙に爆発したというべきであろうか。

＊1　多神教・一神教　多神教は多数の神仏を崇拝する考え方で、日本の神道やヒンドゥー教などがこれにあたる。一神教は、唯一の神を崇拝する考え方。

＊2　日蓮宗　日蓮（1222～1282）を開祖とする仏教の宗派。法華宗ともいう。「法華経」を根本経典とし、題目として「南無妙法蓮華経」を称えることや、本尊・題目・戒壇の「三大秘法」を説く。

＊3　田中智学　1861～1939。明治・大正時代の日蓮宗信者。1880年（明治13）に在家仏教教団である蓮華会を設立し、1914年（大正3）に国柱会と改称した。日蓮宗の教学に基づき、国体主義的な教化活動を展開した。

蓮如

乱世を生きる民衆に福音を語る

実存主義の元祖というべきゼーレン・キルケゴールは、イエス＝キリストには一生かかって十三人の弟子しかできなかったが、パウロは一日にして百人の信者をつくったといった。実存的孤独を愛した彼は、パウロをけなし、イエスをほめていったのであろうが、キリスト教はイエスとパウロを両輪として成り立つ宗教であることは間違いない。イエスなくしてパウロはないが、パウロなくして今日のようなキリスト教はなかった。新約聖書にしても、そのもっとも重要な部分は四つのイエス伝と多くのパウロの手紙である。

親鸞《しんらん》は東国で布教したが、その弟子はせいぜい数百にすぎなかった。しかし蓮如《れんにょ》が死んだとき、浄土真宗《じょうどしんしゅう》＊1の信者は数万、数十万に及んだ。また蓮如は「御文《おふみ》」とよばれる多くの手紙を書いて、それを主たる布教の手段とした。親鸞をイエス＝キリストにたとえれば、蓮如はパウロにあたる。

親鸞は、自分の墓を作らず、骨を鴨川《かもがわ》に流してくれと遺言したが、子孫や弟子たちは親鸞の墓を京都東山大谷《ひがしやまおおたに》の地に作り、親鸞の子孫が墓守を務めた。親鸞の女系の曽孫覚如《そうそんかくにょ》は、この大谷の地に本願寺《ほんがんじ》という、親鸞の子孫が宗主《しゅうしゅ》を務める寺を建て、その寺を全真宗信者を統一する本山《ほんざん》にしようとした。しかし覚如の六代の子孫である蓮如の父の存如《ぞんにょ》が住職を務めたころには、本願寺は人の訪れないものさびしい寺院であったという。

蓮如は長子であるものの、その母は父の使用人であり、存如が正式の妻を迎えることを聞いて、六歳の蓮如を残して身を隠した。その後、存如は正妻如円《にょえん》を迎え、異母弟の応玄《おうげん》が生まれた。蓮如は継母《けいぼ》にいじめられ、衣食に甚だ不自由な生活を送ったが、早くから真宗興隆の志をもち、猛烈に勉強した。

父存如が死んだとき、蓮如は四十三歳であった。如円は後の宗主に彼女の実子の応玄を立てようとしたが、存如の末弟の如乗《にょじょう》の尽力により応玄の就任は覆《くつがえ》り、蓮如が宗主に就くことができた。

蓮如が五十一歳のとき、大谷本願寺は叡山《えいざん》の僧によって破却され、彼は活動の本拠地を近江《おうみ》の堅田《かたた》に移し、一四七一年（文明《ぶんめい》三）、五十七歳のときに越前《えちぜん》の吉崎《よしざき》に道場を作る。吉崎において、彼自身が驚くほどの信者を獲得するが、この宗教運動が一揆《いっき》という政治運動に変わろうとするや、この地を離れた。そしてついに晩年、京都の山科《やましな》に本願寺を、さらに大坂石山《いしやま》に別院《べついん》を建設し、浄土真宗の末長い発展の固い基礎をつくって八十五歳の天寿を終えた。蓮如は五人の妻との間に二十七人の子をもうけたが、妻はいずれも前妻の死後に妻となったものであるといわれる。彼の死後、多くの子供たちも争いを起こすことなく、協力して真宗教団の発展を助けた。

「御文」を読むと、蓮如が親鸞の思想をよく理解していることが分かる。部屋住みの時代に、彼は親鸞の『教行信証《きょうぎょうしんしょう》』をはじめとする真宗の聖典を書き写しているが、親鸞が「聖教《しょうぎょう》は読み破れ」といったように、これらの聖典を読み破るほど熟読し、完全に親鸞思想を理解したといってよかろう。彼は、彼の祖先の覚如のように教義の研究書を一切書いていない。研究などという呑気《のんき》なことをしている暇はなく、彼の唯一の関心は、今悩み、迷っている衆生《しゅじょう》に、間違いなく真理だと思われる宗祖親鸞の思想をできるだけやさしく、しかも的確に語ることであった。

「マヅ当流《とうりゅう》ノ安心《あんじん》ノヲモムキハ、アナガチニ、ワガコ、ロノワロキヲモ、マタ妄念妄執《もうねんもうじゅう》ノコ、ロノヲコルヲモ、ト〻メヨトイフニモアラズ。タ〻アキナヒヲモシ、奉公ヲモセヨ、猟《りょう》スナドリヲモセヨ、カ、ルアサマシキ罪業ニノミ朝夕《ちょうせき》マドヒヌルワレラゴトキノイタヅラモノヲタスケントチカヒマシマス弥陀如来《みだにょらい》ノ本願ニテマシマスゾト、フカク信ジテ、一《いっ》心《しん》ニフタゴ、ロナク弥陀一仏《いちぶつ》ノ悲願ニスガリテ、タスケマシマセトオモフコ、ロノ一念《いちねん》ノ信《しん》マコトナレバ、カナラズ如来ノ御《おん》タスケニアヅカルモノナリ。コノウヘニハナニトコ、ロエテ念仏《ねんぶつ》マウスベキゾナレバ、往生《おうじょう》ハイマノ信力《しんりき》ニヨリテ御《おん》タスケアリツル、カタジケナキ御恩報謝《ごおんほうしゃ》ノタメニ、ワガイノチアランカギリハ報謝ノタメトオモヒテ念仏マフスベキナリ。コレヲ当流ノ安心決定《けちじょう》シタル信心《しんじん》ノ行者《ぎょうじゃ》トハマフスベキナリ」

この「御文」は、「御文」のなかでもっとも短い「御文」であるが、一言の無駄な言葉もなく、親鸞の思想を実に的確に把握し、それを分かりやすく当時の民衆に語っている。おそらく彼の教えを聞く人には商いをしたり、奉公をしたり、猟をする人が多かったのであろう。そういう人がいかに罪を犯しても、双心《ふたごころ》なく阿弥陀仏を信じる心があれば、必ず阿弥陀仏がお助けくださり、極楽《ごくらく》往生することができると説く。

蓮如は親鸞同様、臨終《りんじゅう》のときをさほど重視しない。信仰が確立したとき、すでにその人の極楽往生は決定していて、その人は等正覚《とうしょうがく》[*2]の位、すなわち弥勒《みろく》と同じ位にいたることができる、それゆえ以後はもっぱら阿弥陀仏に対する報恩感謝の念仏をすべきだという。

「……身体ハ芭蕉ノゴトシ、風ニ随テ破レヤスシ。カヽル浮世ニノミ執心フカクシテ、無常ニ心ヲフカクトヾムルハ、アサマシキ事ニアラズヤ。イソギ信心ヲ決定シテ、極楽ニマヒルベキ身ニナリナバ、是コソ真実〳〵ナガキ世ノタカラヲマウケ、ナガキ生ヲエテ、ヤケモウセモセヌ安養ノ浄土ヘマヒリテ、命ハ無量無辺《むりょうむへん》ニシテ、老セズ死セザルタノシミヲウケテ、アマサヘ又穢国《えこく》ニタチカヘリテ、神通自在ヲモテ、志ストコロノ六親眷属《ろくしんけんぞく》ヲ、心ニマカセテタスクベキモノナリ。コレスナハチ『還来穢国度人天』トイヘル釈文ノ心コレナリ」

浄土教にはこの世を夢幻とみる無常観《むじょうかん》が強いが、蓮如は他の浄土教の祖師、法然《ほうねん》や親鸞にまして無常観が強い。「御文」の中に有名な「白骨の御文」[*3]があるが、これは、当時、蓮如の住んでいる吉崎の坊が焼けた後、蓮如が、この世のものはそのように空しく滅びてしまうと嘆く言葉に続く文章である。

彼は、そのような滅びやすい俗世の宝を求めるべきではなく、安楽《あんらく》浄土へ往《ゆ》き、無量無《むりょうむ》辺《へん》の命を受け、またこの穢土《えど》に帰って自由自在に親戚縁者を救うべきだという。これは還《げん》相廻向《そうえこう》の思想である。法然にもこのような思想があるが、彼の主著『選択集《せんちゃくしゅう》』には還相廻向はほとんど語られていない。しかし親鸞は『教行信証』においてこの思想を深く追究し、往相廻向《おうそう》と還相廻向の二種《にしゅ》廻向こそ浄土真宗の肝要であると語った。*4

仏教は自利利他《じりりた》（自ら悟りを得るとともに他人に利益《りやく》を得させること）の教えであるが、救われない民がいるかぎり、極楽にのうのうとしておれず、必ずこの世に帰って、悩める人を救わねばならない。この近代真宗教団においてあまり語られない還相廻向の説を蓮如は正しくとらえているのである。

しかし蓮如の文章と親鸞の文章はかなり異なる。親鸞の文章はかなり難解でしかも重厚であるのに対して、蓮如の文章はこのうえなく明晰で軽快である。蓮如は、聖教は誤解されやすいが、「御文」は誤解の余地はないといい、また「御文」はわが文ながらよくできているともいった。その通りであろう。

時代は親鸞の時代よりいっそうの乱世であり、いつ死ぬかも分からない地獄の日々を送る人々には希望が必要であった。阿弥陀仏を信じれば、現世《げんせ》において仏に近くなり、死ねば極楽浄土へ往き、またそこから帰ってきて親戚縁者を思うままに救うことができるという教説が、乱世に生きる民衆には福音《ふくいん》と思われたのも当然であろう。

蓮如は親鸞よりいっそう感謝の念仏《ねんぶつ》を強調する。彼はこの感謝の念を生活の中心におき、行住坐臥《ぎょうじゅうざが》を感謝の念で生きよ、としきりにいう。日本人の多くが、ごはんを食べるときに「いただきます」、食べ終えたときに「ごちそうさま」というのもこのような蓮如の仏教の影響ゆえであるといってよかろう。

さて、しばしば問題になるのが蓮如と一向《いっこう》一揆[*5]の関係である。蓮如を一向一揆の裏切り者として弾劾《だんがい》する研究者もいるが、「御文」を読むかぎり、蓮如の立場は一貫していて、決して裏切りとはいえない。蓮如は、王法《おうぼう》は王に、仏法は仏に任せよといい、王が仏法に干渉することも、仏教徒が王法を支配することも否定する。

それゆえ蓮如は、彼の信者たちすなわち浄土真宗の門徒たちが一揆を起こし、加賀の守護・富樫《とがし》政親《まさちか》を滅ぼすようなことには賛成せず、将軍足利義尚《あしかがよしひさ》の命に従って蓮如の息子たちを吉崎から引き揚げさせた。そのことを蓮如は身を切るよりも悲しく思ったという。このとき一向一揆の中心になったのは、蓮如の弟子の下間《しもつま》安芸《あき》法眼蓮崇《ほうげんれんそう》であった。

蓮崇は結局戦いに敗れ、蓮如に赦免《しゃめん》を請い、蓮如は赦《ゆる》そうとしたが、蓮如の息子たちは反対した。しかし最後には蓮如は蓮崇を赦したので、蓮崇は感涙にむせび、蓮如の死後三日目に蓮如の後を追うようにして死んだ。

一向一揆は蓮如の思想の拡張解釈によって生じるが、蓮如に責任がないとはいえない。この一向一揆と安芸蓮崇に対する蓮如の対応の仕方は、蓮如の責任感と弟子に対する思いやりを示すよい話であると私は思う。

もう一つ、蓮如についていいたいことがある。それは蓮如のユーモア感覚である。「御文」のなかに「侍能工商《しのうこうしょう》之事」というものがある。もちろん「士農工商」の一種のパロディーであろう。士が侍になり、農が能になっているのはまことにおもしろい。

これは、どのような職業に携わっても阿弥陀信仰をもつべきだということを述べた「御文」であるが、その「工」を「或ハ芸能ヲタシナミテ人ヲタラシ、狂言綺語《きょうげんきぎょ》ヲ本トシテ浮世ヲワタルタグヒノミナリ」と説明する。この説明には蓮如のたくまざるユーモアの感覚が表れているといわねばならない。

このようなユーモア感覚は残念ながら法然にも親鸞にもない。このユーモア感覚こそ、蓮如をして激動の時代をたくましく生きさせ、真宗信者を数千倍、数万倍にした原動力の一つではなかったろうか。

＊1　浄土真宗　親鸞を開祖とする仏教の一派で、一向宗、真宗ともいわれる。「絶対他力」を主張し、阿弥陀仏

を信ずる心さえあれば必ず往生できるとする。

＊2　等正覚　正しい悟りの境地。梵語サムヤク・サムボーディの音写で、正等覚とも書く。

＊3　白骨の御文　蓮如の書いた法語「御文」の一つ。「朝には紅顔ありて、夕には白骨となれる身なり」と人間の無常について説く。

＊4　往相廻向　「往」は行くという意味。「相」は物事の様相のことで、「廻向」はめぐり、さしむけること。極楽浄土へ往生すること。

＊5　一向一揆　15世紀後半から16世紀にかけて起きた、浄土真宗（一向宗）の門徒による一揆。1488年（長享2）に起きた加賀の一向一揆では守護大名の富樫氏が敗死し、その後、約100年にわたり農民による自治が行われた。

Ⅳ

仏教と芸術

西行

運慶・快慶・円空

無外如大・二条

夢窓疎石

一休

雪舟・千利休

西行

聖俗の矛盾に生きた無常教の歌人

「西行《さいぎよう》はおもしろうて、しかも心もことに深くてあはれなる。有難く出来がたきかたも共に相かねて見ゆ。生得の歌人とおぼゆ」と『後鳥羽院御口伝《ごとばいんごくでん》』にあるように、西行が天性のすぐれた歌人であることは疑うことができない。後鳥羽院ばかりか同時代のすぐれた歌人、俊成《しゆんぜい》、慈円《じえん》、定家《ていか》、家隆《いえたか》なども西行の歌を口をきわめてほめている。

後の日本の芸術の美意識を決定したのは藤原《ふじわらの》定家であると私は思うが、定家は歌の手本を『古今和歌集《こきんわかしゆう》』に求め、余情妖艶体の歌をもっともすぐれた歌とした。しかしこのような美意識は正岡子規《まさおかしき》によって否定され、紀貫之《きのつらゆき》、藤原定家をはじめとする古今、新古今《しんこきん》の歌人の評価は大幅に低下したが、旅する歌僧西行を慕う人は明治以後も後を絶たない。

西行は俗名を佐藤義清《さとうのりきよ》といい、将門《まさかど》の乱《らん》で手柄を立てた藤原秀郷《ふじわらのひでさと》の嫡流《ちゃくりゅう》で、子孫代々検非違使《けびいし》などに任じられた家の出身である。彼自身も北面《ほくめん》の武士*1として鳥羽院に仕え、武人としても歌人としてもすでに名声が高かったが、二十三歳にして出家する。その後、彼は主に嵯峨《さが》、東山《ひがしやま》、大原《おおはら》など、都の周囲に住んだが、遠く陸奥《むつ》国や讃岐《さぬき》国にも旅をして、多くの歌を詠《よ》んだ。このように西行は僧であるとともに歌人であったが、僧としての彼と歌人としての彼がどのように関係するのか。いったい彼の仏教は何であったのか。

彼が、自らを西行と名づけたように、西方浄土《さいほうじょうど》に憧れた僧であったことは間違いない。しかし彼の少し後に出た法然《ほうねん》のように、信仰の対象を阿弥陀仏《あみだぶつ》一本に絞り、その往生《おうじょう》の方法として口称念仏《くしょうねんぶつ》のみにかぎるような専修《せんじゅ》念仏の徒ではない。彼の信仰は自由で、すべての仏や神を分け隔てなく崇拝するものであった。彼が高野山《こうやさん》に長く滞在したり、伊勢神宮に涙をこぼしたりしたのも、西方浄土を憧れる彼の思想と決して矛盾しない。

彼の仏教をひとことでいえば、世の無常を感じて名利《みょうり》を捨てて出家遁世《とんせい》する無常教といってよかろう。藤原頼長《よりなが》は彼の日記『台記《たいき》』に、西行について「重代《じゅうだい》の勇士で、法皇《ほうおう》につかえ、かねてから仏道《ぶつどう》に心を寄せていたが、家は金持ちで、年も若く、心配事がないので、ついに出家した。人はこれをほめたたえた」と記している。

当時、世を厭《いと》うて出家することへの憧れの風潮があり、重代の勇士であり、若くて金のある西行の遁世の決断を世間はあっぱれと賞したというのである。彼の出家はそのような世の風潮に従ったといってよいかもしれない。

家を捨てて放浪する聖僧を尊崇《そんすう》する風潮が古くから日本にはあり、その系統に属する僧として、行基《ぎょうき》、空也《くうや》、西行、一遍《いっぺん》などがいる。正式の僧ではないものの、松尾芭蕉《まつおばしょう》や種田《たねだ》山頭火《さんとうか》、あるいはフーテンの寅さんもそれに属するといえよう。

西行はすでに生きているうちから伝説の人であり、死後まもなく、名利を捨て流浪《るろう》する人間の生活を賛美する、彼の著書とされてきた『撰集抄《せんじゅうしょう》』が作られ、また彼を主人公とした旅物語『西行物語』が書かれ、それが彼の歌集『山家集《さんかしゅう》』にまして多くの人に愛読される。

このような西行の人生を誰よりも慕ったのは松尾芭蕉であり、芭蕉の『奥の細道』は『西行物語』に書かれた西行の旅の話を模し、そこで西行の歌った歌を俳句に替えたかにみえる。西行はこのように年とともにまったくの名利を捨てた旅の僧に理想化されていくが、彼の時代に書かれた文献を読むと、彼が必ずしも名利に恬淡《てんたん》たる清い旅僧であったとはいい難い。『台記』にいうように、西行は金持ちであり、出家したとしても、彼も家族も不自由なく生活することができたのであろう。

『吾妻鏡《あづまかがみ》』などには次のような話が語られている。源頼朝《みなもとのよりとも》が鶴岡八幡宮《つるがおかはちまんぐう》に行くと、老僧がぶらぶらしている。名を家来に聞かせたところ、西行だと答えた。頼朝は西行に会って、歌道のこと、弓馬のことを尋ねると、西行は弓馬のことを詳しく語った。頼朝は感心して、白銀製の猫を与えたが、西行はそれを門の外で遊んでいた子どもに与えた。この話は西行が無欲であった証拠とされるが、西行が金持ちであったことを考えると、必ずしも美談とばかりいえない。

西行が鎌倉に立ち寄ったのは、東大寺《とうだいじ》大勧進職《だいかんじんしき》を務める重源《ちょうげん》に頼まれて、彼の遠い姻戚《いんせき》にあたる藤原秀衡《ひでひら》に募金を頼むための平泉《ひらいずみ》への旅の途中であったといわれるが、そこには何らかの政治的意思が秘められていたのかもしれない。「夷《い》をもって夷を制す」ということをポリシーとした後白河院《ごしらかわいん》は、西行を使いとして藤原秀衡に鎌倉幕府討伐《とうばつ》の意思を伝えたのかもしれない。

『井蛙抄《せいあしょう》』には次のような話が語られる。荒法師《あらほうし》として有名な文覚上人《もんがくしょうにん》が常々、「西行は遁世の身であるのに一筋に仏道修行をせず、あちこちに口を出している憎き法師である。

出会ったならば頭をうち破ってやろう」といっていたが、あるとき西行が高雄《たかお》に文覚を訪ねてきた。ところが文覚は西行を部屋へ入れてもてなし、ゆっくり語って、次の朝、帰した。弟子どもがいぶかしんで文覚に問うと、文覚は、「西行の頭をうち破ってやろうと思ったが、あれは文覚に打たれるようなものではない、文覚が打たれるような面構《つらがま》えをしている」といった。

また『古今著聞集《ここんちょもんじゅう》』には、西行はもともと徳大寺家の家来であったが、徳大寺《とくだいじ》公衡《きんひら》が蔵人頭《くろうどのとう》になろうとしたときに、もしなれなければ出家しなさいと公衡に勧め、僧の身でありながら差し出がましい口をきくといって公衡に嫌われた話を載せている。

彼は一一八七年（文治《ぶんじ》三）ごろ、伊勢の内宮《ないくう》に奉納した七十二首の自歌を左右に分けて歌合《うたあわせ》の形にして『御裳濯河歌合《みもすそがわうたあわせ》』と名づけ、俊成に判詞《はんじ》すなわち批評の文章を求めた。歌合は、歌人が左右に分かれ、歌を合わせて勝敗を決める遊びであるが、俊成は何度かその判をしていた。そのような俊成の経歴に鑑《かんが》みて、西行は自作の歌の判詞を俊成に求めた。ちょうど俊成の手による『千載集《せんざいしゅう》』の編集が終わろうとしていたころであり、この俊成への依頼は自作の歌の『千載集』への推薦ともみられる。彼の歌が十八首も『千載集』に入れられたのはその成果といえるかもしれない。

さらに西行は、彼が伊勢の外宮《げくう》に奉納した自歌を三十六番の歌合の形にして『宮河《みやがわ》歌合』と名づけ、俊成の子である二十五歳の定家にその判詞を求めている。定家はそれまで歌合の判をしたこともなく、大変困り、二年後やっと判詞を書き、西行のもとに送った。そのとき西行は河内の弘川寺で病床についていたが、非常に喜び、その四カ月後、七十三歳で死んだ。西行はまた家隆にもこの二つの歌合を送り、家隆を末代の人麻呂《ひとまろ》だとほめたたえている。

このようなことが、西行没後十五年目に定家や家隆によって撰せられた『新古今集』に、西行の歌が、当時の権力者である慈円《じえん》九十二首、良経《よしつね》七十九首、また定家の父の俊成七十二首を超えて九十四首も入れられたことの原因となったと思われる。西行は名利を捨てたとはいえ、歌人としての名を後世に残そうという意思は甚だ強かったといわねばならない。名利とともに僧として捨てねばならないものは愛欲である。彼はたしかに二十三歳にして妻子を捨て、出家した。しかし『源平盛衰記《げんぺいせいすいき》』は、やんごとない貴女に対する恋が西行の出家の動機であったと語る。西行はこの貴女と一夜の契りを結び、

思ひきや富士の高嶺に一夜ねて

雲の上なる月を見むとは

という歌を作ったが、その貴女に「阿漕《あこぎ》」といわれて悲しんだ。伊勢の海、阿漕の浦には、神の誓いで年に一度しか網を引かないという定めがあり、その貴女は「たびたび阿漕の浦で網を引けば、すなわちあなたにお会いしたら、いつか噂になってしまうので会えない」と断ったのであろう。世阿弥の作った能の「恋重荷《こいのおもに》」を思わせる、やんごとない貴女との一夜の戯れが下賤の男を狂わせる悲しい話である。

このようなことが西行の出家の動機であったかどうかは分からないが、僧でありながら数多くの恋歌を作った西行には、決してあり得ない話ではない。

定家の選んだ『小倉百人一首《おぐらひやくにんいっしゅ》』には、西行の、

なげけとて月やはものを思はする
　かこち顔なるわが涙かな

という歌がとられている。月を見るごとに、あの月夜の晩に会った今は会えない恋人の

ことが思い出されて涙にくれる、ついその月を恨めしく思うという恋歌であろう。定家がこの歌を数ある西行の歌のなかからただ一首選んだのは、彼が西行を恋歌の歌人として考えていたからであろう。西行は出家した後もさまざまな恋の思いに苦しめられたにちがいない。

西行は矛盾の人であるといわざるを得ないが、すぐれた芸術というものは、そのような俗と聖の間の深い矛盾のなかから生まれる。大乗《だいじょう》仏教の「煩悩即菩提《ぼんのうそくぼだい》」*2というのは、西行の人生そのものを象徴する言葉であろう。西行の歌にはそのような矛盾する自己と自然を深く眺めるところがあるが、それも西行が学んだ天台《てんだい》仏教の止観《しかん》*3の世界観の上に立ったものであろう。

斎藤茂吉《さいとうもきち》は、歌の本質を「実相観入《じつそうかんにゅう》」*4という言葉で表現したが、この「実相観入」という言葉は天台の思想である。僧である西行の歌は茂吉の歌より「実相観入」という点では、より深い歌であったといえよう。

そのような「実相観入」の歌を五首挙げて、この論を終えよう。

こゝろから心に物を思はせて

身を苦しむる我身成《なり》けり

さてもこはいかがはすべきよの中に
あるにもあらずなきにしもなし

ほとゝぎすふかき峯より出でにけり
外山のすそに聲《こえ》のおちくる

こゝをまた我住み憂《う》くて浮かれなば
松は獨《ひとり》にならむとすらむ

うき身こそいとひながらも哀《あわれ》なれ
月を詠《なが》めて年を経《へ》にける

＊1　北面の武士　院政期に、院の北面に配置した護衛のための武士。

＊2　煩悩即菩提　煩悩（心を悩ませ、輪廻の原因となるもの）はそのまま菩提（悟りの境地）であるということ。迷いの世界と悟りの世界はかけ離れたものではなく、煩悩の中にこそ真理があるとする考え方。

＊3　止観　心を落ちつけて真実を観ずる修行法。天台大師智顗は『摩訶止観』などの著作で止観について詳しく説明し、体系化した。

＊4　実相観入　斎藤茂吉が提唱した歌論。ありのままの姿（実相）をみつめ、なおかつそこに主観的に入り込む（観入）ことで、対象と自己を一体化させること。

運慶・快慶・円空

新時代の美をもたらした仏師たち

仏像彫刻は、最澄《さいちょう》・空海《くうかい》による平安仏教の成立とともにほとんど木彫《もくちょう》にかぎられるようになる。初めは一木造《いちぼくづく》りで数々のすぐれた密教《みっきょう》の仏像が造られるが、やがて寄木《よせぎ》造りの技法が発明され、いっそう精巧な仏像造りが行われるようになる。

そして寄木造りのみごとな作品として、定朝《じょうちょう》によって造られた宇治平等院鳳凰堂《うじびょうどういんほうおうどう》の本尊《ほんぞん》、阿弥陀如来坐像《あみだにょらいざぞう》があろう。この阿弥陀仏は極楽浄土の主としてお坐りになり、じっと瞑想しているお姿であり、阿弥陀仏の神聖さを示すものとして完璧な作品である。以後この像を模した無数の仏像が造られるが、このような仏像彫刻はやがて沈滞のときを迎え、形だ

け は定朝様《よう》を真似ていても、魂の入らない仏像が多くなる。

このような仏像彫刻の沈滞を破った仏師《ぶっし》がいる。もちろん運慶《うんけい》である。運慶の出現が鎌倉幕府の成立と深く結びついているのは決して偶然ではあるまい。鎌倉幕府が長い間停滞していた政治状況を破り、新しい時代を開いたように、運慶もまた停滞していた仏像彫刻の流れを破って新しい仏像彫刻をもたらした。

運慶の初期作品の多くは関東の寺にあり、彼が早くから幕府の要人と結びついていたことが分かる。しかし彼が思う存分腕を振るったのは、平家《へいけ》によって焼失した東大寺《とうだいじ》などの南都《なんと》の寺の再建を朝廷から命じられた俊乗《しゅんじょう》すなわち重源《ちょうげん》に依頼され、仏像彫刻を一手に引き受けたことによってである。

東大寺の俊乗堂《しゅんじょうどう》には運慶の造った俊乗の像がある。それは小柄で、目が細く鼻の小さい、顔一面に皺《しわ》のある老人である。しかし口はへの字に結ばれ、そこにただならぬ強い意志が感じられる。運慶はおそらく俊乗の像を深い感謝の気持ちで一生懸命彫ったにちがいないが、いたずらに俊乗を理想化せず、鋭い目で俊乗を見ている。

俊乗はまさに一筋縄では把握できない巨大な人間である。彼は真言密教《しんごんみっきょう》の僧であり、三度入宋《にっそう》して、日本の禅の創始者ともいわれる栄西《えいさい》とも親しかったが、また彼は法然《ほうねん》の新しい浄土教《じょうどきょう》を厚く信仰した。

定朝様の阿弥陀仏を手本とする仏像彫刻の理念に対して、新しい仏像彫刻の理念は如来や菩薩《ぼさつ》より明王《みょうおう》＊1や天部《てんぶ》＊2、特に天部の作品に示される。運慶が快慶《かいけい》とともに造ったという東大寺南大門《なんだいもん》の金剛力士立像《こんごうりきしりゅうぞう》＊3はまさにこの新しい仏師たちのすばらしい造形力をはっきりと人の目に示す。特に運慶の造った吽形《うんぎょう》＊4の金剛力士立像はすばらしい。額に深い縦皺《たてじわ》を浮かべ、目を見開き、巨大な鼻のもとに口を強く結び、腰をひねり、体をくの字に曲げ、右手を開き、左手に錫杖《しゃくじょう》をもった筋骨隆々たる金剛力士の姿は、まさに新しく到来し、ついに事実上の日本国の主となった武士の力を十二分に見せつけているように思われる。これは定朝様の静の美学のもとに立つ仏像彫刻に対して動の美学のもとに立つ新しい仏像彫刻の理念をはっきり示すものであろう。また愛知県岡崎《おかざき》の滝山寺《たきさんじ》にある聖観音《しょうかんのん》立像や梵天《ぼんてん》立像、帝釈天《たいしゃくてん》立像などは、今まで聖なる仏の中に隠されていた肉体がみごとに復権しているかのようである。

私は、高野山《こうやさん》の金剛峯寺《こんごうぶじ》にある八大童子《はちだいどうじ》立像に運慶の彫刻制作の理念が思う存分発揮されていると思う。これらの童子はたしかに人間であるが、何らかの神聖さをもった異常な人間でもある。そのような人間を彼は自由自在に造形化する。私は、八大童子の制多迦《せいたか》童子及び烏倶婆誐《うぐばが》童子などを運慶の造ったもっともすぐれた仏像であると考える。
快慶もまたすぐれた仏師であるが、彼の彫刻には運慶のような躍動感も、対象の本質を見極める鋭い目もない。彼が造った東大寺南大門の阿形《あぎょう》*4の金剛力士立像は、運慶の造った吽形の金剛力士立像より力が弱いことは否めない。彼は運慶のような激しい気性の持ち主ではなかったように思われる。しかし彼は別の能力をもっていた。それは神聖なものを敏感に感じとる心であり、素直な信仰心といえようか。

快慶は俊乗以上に法然の専修念仏《せんじゅねんぶつ》の信者であり、その布教のための仏像を造った。その像は定印《じょういん》*5を結んだ坐像ではなく、来迎印《らいごういん》*5を結んだ立像である。これは、念仏者を極楽浄土《ごくらくじょうど》へ迎えるために、今息を引き取らんとする念仏者の前に現れた阿弥陀仏の一瞬の姿をとらえたものである。このような阿弥陀立像こそ法然及び親鸞《しんらん》の信仰をもっともよく表すものとして、以後浄土宗《じょうどしゅう》及び浄土真宗《じょうどしんしゅう》の寺院の本尊《ほんぞん》としてあまねく崇拝されている。快慶の造った阿弥陀仏はまことに流麗、衣文《えもん》の線は流れるように美しい。特に兵庫県の浄土寺《じょうどじ》の阿弥陀三尊像《あみださんぞんぞう》は、法然の信仰と快慶との関わりをありありと示す名作であろう。

日本彫刻史の流れにおいて円空《えんくう》をどうみるかということは難しい問題であろう。円空は、木彫仏の制作の歴史の中で突如現れた奇怪な仏像を造った素人《しろうと》仏師というようなものではない。彼について日本の美術史家はいまだ正しい認識を得ていない。たとえば円空が木地《きじ》師《し》*6であるとか、高野聖《こうやひじり》*7であるとかいう五来重《ごらいしげる》氏の説がまだまかり通っているからである。

この木地師説は栃木県笠間《かさま》の月山宗寺の観音菩薩立像の背銘に「御木地土作大明神」とあるのが唯一の根拠である。それについて五来氏は、土は士の誤字で、士は師の当て字で、「御木地師作大明神」と読むべきであり、御の字は大明神にかかるという。たしかに円空が木地師であったにしても、自己の職業に御の字をつけるのはおかしいし、士を土の誤りと考えるとしても、士を師の当て字と見ることはできない。円空は独学であるが学識あり、彼の書いた文章を見ても、このような当て字を全く使っていない。五来氏のように二重に誤字や当て字と断定すれば、どのような読み方も可能であろう。

円空学会理事長の長谷川公茂《はせがわきみしげ》氏は、円空が「土」と書くとき、必ず「圡」と書き、「土」の上に点を打つ、ここでも「圡」と書かれているので、間違いなく土と読むべきであるとし、木は本とも読めるので、この銘は「御本地土作《つちつくり》大明神《だいみょうじん》」と読むべきであると指摘する。円空は反本地垂迹《はんほんちすいじゃく》説をとり、仏は本地の神の垂迹と見ているので、観音の本地は土作大明神であると考えているのであろう。とすれば、五来氏の木地師説は高野聖という説とともに何の根拠もないということになる。私は、円空仏は天台宗三井寺《てんだいしゅうみいでら》系の修験道《しゅげんどう》と白山《はくさん》信仰[*8]との関係において考えるべきであると思う。

　日本の木彫仏は行基《ぎょうき》、あるいは行基集団によって制作が始められたが、行基に仏像制作を教えたのは大津《おおつ》市の岩間《いわま》寺《でら》に十一面観音《じゅういちめんかんのん》を残した泰澄《たいちょう》[*9]ではないかと思う。泰澄はここの山の谷に群生する桂《かつら》の木を切って仏像を造ったと伝えられる。泰澄は白山信仰の創始者であり、白山信仰は、土着の神と外来の仏が一体化するいわば神仏習合《しんぶつしゅうごう》の始まりをなす。泰澄による白山信仰に始まった神仏習合が行基、良弁《ろうべん》による八幡《はちまん》信仰[*10]によって国家の宗教となり、空海によって完成されたというべきであろう。

　円空は、岐阜県の長良川《ながらがわ》のほとりにある羽島《はしま》市で生まれたらしい。父親は不明であり、幼にして長良川の洪水で母を亡くし、浄土真宗の僧となったが、この地に盛んな白山信仰に強くひかれ、三十二歳のとき、白山信仰の大変盛んな郡上郡《ぐじょうのこおり》美並《みなみ》村（現郡上市美並町）に滞在し、そこで初めて仏像を造った。それは、天照皇大神《あまてらすおおみかみ》と阿賀田《あがた》大権現《だいごんげん》と八幡大《だい》菩薩《ぼさつ》などの神像であった。円空が木の彫像を神像から造り始め、仏像に及んだことは甚だ興味深い。

　円空は泰澄―行基の伝統を引くものと私は考えるが、行基も日本のいたるところ、特に人里離れた山村の寺に素木《しらき》の異形の仏像を残した。そして行基仏のあるところ、そこには必ず神像がある。円空はこの行基の道を行ったのである。

　こうして若き数年を美並村で送った円空は突如として北海道に始まる旅をして、あの特色ある仏像を日本の各地に残した。彼は十万体の仏像を造ったと自ら語る。なぜ円空はこのように日本中を旅し、かくも多くの仏像を残したのか。これは彼の信仰と深く関係があるように思われる。白山の神は、彼が仏像を造ったところ、そこに釈迦《しゃか》が現出すると告げる。円空はこのような信仰をもち、人を救い、自らも救われんがために仏像を残したのであろう。特にその旅を仏の慈悲《じひ》がいまだ及ばない蝦夷地《えぞち》から始めたのは、彼の布教の志が並々ならぬことを物語るものであろう。

　彼の人生においてもっとも注目すべき事件が起ったのは四十三歳のとき、三重県志摩《しま》町片田《かただ》の三蔵寺《さんぞうじ》の「大般若経《だいはんにゃきょう》」を修復したときのことである。彼は「大般若経」に百八十枚ほどの仏画を描き添えたが、その仏はきわめて抽象化、簡明化され、顔と体だけの仏画が出現した。その画に彼は歓喜《かんぎ》沙門《しゃもん》と署名する。おそらく彼は法悦《ほうえつ》というべき恍惚《こうこつ》に浸りきって仏を描いたのであろう。

　また二年後、白山信仰の根拠地であり、泰澄開基《かいき》の寺と伝えられる名古屋の荒子《あらこ》観音寺《かんのんじ》の巨大な仁王《におう》像の制作のときに再び法悦が円空を襲う。円空は二体の仁王像を造った余材をもって愛染明王《あいぜんみょうおう》、制多迦童子、雨宝《うほう》童子、秋葉《あきば》神、護法《ごほう》神、柿本人麻呂《かきのもとのひとまろ》、慈恵大師《じえだいし》などの像を自由奔放に造った。それはあたかも、日頃から彼の親しんでいる神仏や人間などを彼の主催するパーティーに呼び集めたかのようである。圧巻は、彼が木っ端《こっぱ》で造ったという千体仏である。円空はその一つ一つを、彼がこの世で出会った生者死者一人一人の成仏《じょうぶつ》を心から願う思いで造ったのではなかろうか。

円空は、還暦《かんれき》を迎えるころに自分の人生をいかに終えるかを考えたようである。彼は長良川の中流、関《せき》市池尻《いけじり》に弥勒《みろく》寺を再興する。弥勒は五十六億七千万年後に衆生《しゅじょう》救済のためにこの世に現れるという仏である。出羽三山《でわさんざん》の「即身仏《そくしんぶつ》」は、ミイラとなって弥勒がこの世に現れるときを待とうという信仰によっているが、円空はこの「即身仏」の往生《おうじょう》の現場を見て、自分もこのような死を遂げようと思ったのであろう。かくて一六九五年（元禄《げんろく》八）七月十五日、六十四歳の盂蘭盆《うらぼん》*11のときに円空はめでたく素懐《そかい》を遂げた。そして彼の霊は死後も、彼の母を死なしめた長良川の洪水から住民を守っていると土地の人はいう。

彼は彫刻家であるより前に菩薩であったのである。江戸時代には新しい宗教の布教が禁止されていたので、円空や白隠や良寛のような孤独な個人が活躍し、日本の霊性を目覚めさせ、仏教の命脈を保ったのであろう。

＊1　明王　教化しがたい衆生に対して、忿怒の姿をとって仏道へと導く様子を表す尊格。不動明王、愛染明王など。

＊2　天部　インドのヒンドゥー教における神々のことで、仏教では仏法を守護する者として考えられている。梵天、帝釈天、四天王など。

＊3　金剛力士　執金剛神、仁王ともよばれる。千手観音菩薩の眷属（従者）である二十八部衆の一体。中国において、寺院の門を守護する者とされた。

＊4　阿形・吽形　梵字で「阿」は最初の音であり、「吽」は最後の音であることから、一対で全ての始まりと終わりを表す象徴とされる。寺社の門前にある金剛力士像や狛犬のうち、一方を口を開いた阿形、もう一方を口を閉じた吽形で表す。

＊5　定印・来迎印　「印」は仏や菩薩の手で表される様々な形のこと。定印は、仏が禅定に入っている時の印。来迎印は、臨終の者を浄土に連れて行く仏がとる印。

定印

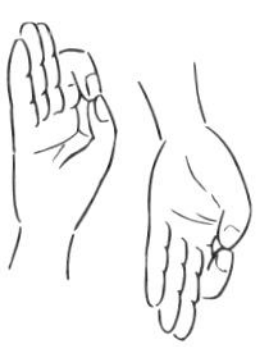

来迎印

＊6　木地師　良材を求めて全国を回り、ろくろを使って椀や盆などを作る職人。ろくろ師ともいう。

＊7　高野聖　高野山に隠棲し、念仏などを唱えて生活した修行僧。

＊8　白山信仰　加賀・越前・美濃の国境にある白山を御神体とする山岳信仰で、奈良時代から始まったといわれ

る。白山比咩（しらやまひめ）神社（石川県）を中心として、白山神社が多数存在する。

＊9　泰澄　682〜767。奈良時代の修験者。718年（養老2）に、はじめて白山に入り、修行をしたといわれる。

＊10　八幡信仰　宇佐神宮（大分県）を根本社とした、八幡神に対する信仰。

＊11　盂蘭盆　「盂蘭盆」は梵語ウランバーナの音写。中国で作られた経典「盂蘭盆経」にもとづいて、7月15日を中心に死者の霊をまつる行事。日本では657年（斉明天皇3）に初めて行われたという。

無外如大・二条

聖尼と、煩悩を文学にした尼僧と

インド、中国、日本などの東アジアの古代社会では女性差別が強く、仏教もその影響を受けて、女性は煩悩《ぼんのう》が強く、とても成仏《じょうぶつ》できないと考えられていた。しかしそのような状況の中で、日本の仏教には古くから女性差別を否定する思想の流れがあったことは否めない。

聖徳太子《しょうとくたいし》は「勝鬘経《しょうまんぎょう》」「維摩経《ゆいまぎょう》」「法華経《ほけきょう》」の三経の注釈書を書き、「勝鬘経」と「法華経」の二経の講義を行い、「法華経」と「勝鬘経」を重視したが、「勝鬘経」には、釈迦《しゃか》が勝鬘夫人《ぶにん》のために説いた教えであり、女人成仏《にょにんじょうぶつ》[*1]が暗示されている。また日本天台宗《てんだいしゅう》で根本経典とされた「法華経」には龍女《りゅうにょ》成仏[*2]の説が語られている。龍の女さえ成仏できるのだからいかなる女人もいつかは成仏できるということになろう。「法華経」が平安時代の女性たちに人気があったのは女人成仏の説が語られているからでもあった。

この女人成仏の説をいっそう徹底したのは法然《ほうねん》であろう。法然は、女性が男性と同じように二本の手足をもち、二つの目や耳をもっているのに差別され、比叡山《ひえいさん》や高野山《こうやさん》のような聖地にも上れないのを悲しみ、「ナムアミダブツ」と口で称《とな》えれば、どのように無知で戒を守れない凡夫《ぼんぷ》も女人《にょにん》も極楽往生《ごくらくおうじょう》できると説いた。法然は、女人往生のために新しい念《ねん》仏《ぶつ》の説を創始したともいえる。そしてこのような女人差別否定の思想は法然以後の仏教にも受け継がれる。

私は日本の女性仏教者として二人の尼僧《にそう》を挙げたい。一人は意志強く、厳しく愛欲を否定し、尼僧の模範を示し、後世長く尼僧の祖として尊敬されているのに対し、もう一人は愛欲の海に深く身を沈め、その苦悩ゆえであろうか、尼《あま》となり、かつての愛欲の世界を赤《せき》裸々《らら》に書いた『とはずがたり』という書物を残した。前者は無外如大《むがいにょだい》であり、後者は二条《にじょう》である。

無外如大の人生については、彼女が鎌倉幕府の執権北条《しっけんほうじょう》氏に代々妻を出している安達《あだち》氏の娘であり、金沢《かねさわ》氏に嫁いで子をなしたが出家《しゅつけ》し、俗名は千代野《ちよの》であるという伝承によってしか知るすべはない。

　如大がいつどうして尼となったかは分からないが、今でも臨済禅《りんざいぜん》では、彼女は女人にしてただ一人正覚《しょうがく》を得た、すなわち悟りを開いた人として尊敬されている。彼女が悟りを開いたのは、彼女が井戸水を汲《く》んでいたときに桶《おけ》の底が抜けたことによる。そしてそのときに彼女が詠《よ》んだ歌として、「とにかくにたくみし桶の底抜けて水たまらねば月も宿らず」という歌が伝えられている。おそらく彼女は清い水に映った月のような心境の悟りを求めていたのであろう。ところが桶の底が破れ、月も宿らなくなってしまった。禅の言葉でいえば、そこに絶対の無《む》が現出したというべきであろうか。この絶対の無の現出によって、彼女は初めて対象的に悟りを求めることをやめて、自己と世界の底深くに無を実感し、悟りを開いて自由になることができたのであろう。

　悟りを開いたときとどちらが先か分からないが、如大が円爾《えんに》の開いた東福寺《とうふくじ》で修行していたとき、彼女をねたんだ東福寺の僧が「如大のような美人がいては心もうつろになって修行ができない」と抗議したので、彼女は自ら焼き火箸《ひばし》で顔を焼いたという。鎌倉にいた彼女が京都での活躍の足場とした、かつて資寿院《しじゅいん》といい、今は宝慈院《ほうじいん》という寺に如人の彫像がある。その像をみると、彼女は美人にはちがいないが、目は鋭く、口には強い意志を秘め、周囲を睥睨《へいげい》している。右の頬《ほお》には焼き火箸で焼いたと思われる傷らしいものがあり、それがいっそう彼女のもつ恐ろしいほどの激しい気迫を示している。

如大は自ら悟りを開いたと思ったが、その悟りを認める人はなかった。ただ一人、宋《そう》から渡来した禅《ぜん》の高僧、鎌倉の円覚寺《えんがくじ》の開山《かいさん》である無学祖元《むがくそげん》のみが、彼女が悟りを開いたことを認めたという。それはちょうど鎌倉に政変が起こり、彼女の一族、安達氏が一家全滅の災難にあったころである。おそらくはるばる中国からやって来て、心のどこかに孤独の寂しさを感じていた無学祖元が、肉親を失って深い嘆きの底にあった如大に同情したのであろう。

やがて無学祖元は死ぬが、如大は師の髪と骨の一部をもって京都にやって来て、正脈《しょうみゃく》庵《あん》という、師の菩提《ぼだい》を弔うとともに師の教えを布教する尼寺を開く。この寺が彼女の死後、足利尊氏《あしかがたかうじ》の家来の権力者、高師直《こうのもろなお》によって真如寺《しんによじ》という大寺になる。

正脈庵ばかりではなく、如大は彼女と縁のある公家《くげ》や僧などの援助によって景愛寺《けいあいじ》という巨大な寺を建てる。景愛寺は室町時代の半ばに戦乱に巻き込まれ、全焼したが、その法脈は門跡《もんぜき》寺院になった宝鏡寺《ほうきょうじ》や大聖寺《だいしょうじ》に伝えられ、さらにそこにあった如大の像と祖元の像が景愛寺の本尊《ほんぞん》、巨大な阿弥陀仏《あみだぶつ》とともに宝慈院に移された。宝慈院には巨大な阿弥陀仏を挟んで右と左に如大の像と祖元の像が脇侍《きょうじ》のように並ぶが、この二人はどこかで心が深く通じ合う恋人であったような気がする。

二条は、このようないわば聖尼といってよい如大とは正反対の女性であるように思われる。彼女については本名も僧名も分からず、『とはずがたり』によって、彼女が宮中では二条とよばれていたことが分かるのみである。この本は長く宮内庁書陵部《くないちょうしょりょうぶ》に隠されていて、一九五〇年（昭和二十五）に出版されてから一般に知られるようになったが、以後五十年経ち、ますますこの書の評価は上がっている。『源氏物語』も不倫と思われる男女関係を描いているが、ここでは二条自身が経験した、天皇をはじめとする貴族たちの驚くばかりの乱倫の有様が赤裸々に語られているのである。

二条は、道元《どうげん》の父親であり権謀術数《けんぼうじゅつすう》の政治家である源《みなもとの》（久我《こが》）通親《みちちか》の孫の源雅忠《まさただ》の娘であり、後深草院《ごふかくさいん》の妃《きさき》であった。不倫の運命は彼女の後宮《こうきゅう》生活の出発点においてすでに定められていたかのようであった。というのは、後深草院が初めて女性を知ったのは二条の母の大納言典侍《だいなごんのすけ》によってであった。これは後深草院十一歳のときであり、大納言典侍は院よりかなり年上であったと思われる。

その後、大納言典侍は雅忠の妻となり、二条を産んだが、雅忠の妻となっても院との関係は続いた。院はまだ大納言典侍の腹の中にいる二条に憧れ、彼女が生まれたら妻に迎えたいと思ったという。

やがてこの後深草院の念願がかなって二条は院の愛人になったわけであるが、彼女が院と新枕《にいまくら》を交わす前に彼女のもとを訪れる恋人があった。それは『とはずがたり』で「雪の曙《あけぼの》」とよばれる西園寺《さいおんじ》実兼《さねかね》であった。西園寺家は鎌倉幕府の意向を宮中《きゅうちゅう》に伝える役目をしている家柄で、その当主である実兼には院といえども一目おかざるを得なかった。そのせいであろう。二条は後深草院の妃となった後も西園寺実兼との関係を続けていたのである。

二条は三角関係のただ中におかれるわけであるが、さらに奇妙な関係が生じる。当時、西園寺家の権力に抵抗できたのは五摂家《ごせっけ》であるが、この五摂家を統括する権力者である摂政《せっしょう》の地位にある近衛大殿《このえのおおいどの》といわれる鷹司兼平《たかつかさかねひら》に院は彼女を与える。これは、院の目をかすめて西園寺実兼に逢っている彼女に対する復讐とも解されるが、院は自ら彼女に近衛大殿の寝屋に行けという。そこには性欲と権力欲の入り交じった複雑な人間関係があるように思われる。

それればかりではなく、院の政敵とみられる同母弟の亀山院《かめやまいん》にも院は彼女を与え、三人で怪しげな性の行為に耽《ふけ》るという事件が起きる。そして以後も彼女は亀山院と関係をもったらしい。また二条は後深草院の異母弟、仁和寺《にんなじ》の総法務を務めた性助法親王《しょうじょほっしんのう》（有明の月）にも犯され、法親王に激しい恋をする。この恋は後深草院に見つかったが、後深草院は彼女をとがめず、性助法親王と彼女の間にできた子どもを始末して、性助法親王に恩を売る。しかしこのような彼女の行為は後深草院より、後深草院の正妃である東二条院《ひがしにじょういん》などの怒りを買い、ついに彼女は宮廷を追い出され、そして尼となり、各地を旅行し、女西行《おんなさいぎょう》とよばれるようになった。

瀬戸内寂聴《せとうちじゃくちょう》氏は、『源氏物語《げんじ》』に登場する源氏と関係のあった女性の多くは出家し、作者紫式部《むらさきしきぶ》もまた出家していたと考える。男に従属していた源氏の女たちは、出家することによってその精神において源氏と同じ身丈《みたけ》になり、自由になれるという。とすれば、二条も尼になることによって、彼女と関係のあった男たちを自分と同じ身丈の人としてみることができ、彼女の経験した凄まじいまでの愛欲の歴史を赤裸々に書くことができたのであろう。

煩悩多き人間ほど菩提《ぼだい》の美しい花を咲かせることができると大乗《だいじょう》仏教は教える。大乗仏教の創始者である龍樹《りゆうじゆ》も、「法華経《ほけきよう》」をはじめとする大乗仏教経典のすぐれた翻訳者であった鳩摩羅什《くまらじゆう》も甚《はなは》だ愛欲の強い人間であり、出家前及び出家後も驚くべき愛欲生活を送ったことが語られている。

法華《ほつけ》というのは蓮《はす》の花であり、この泥の中から茎を出し、清浄きわまりない花を咲かせる蓮の花こそ大乗仏教の「煩悩即菩提《ぼんのうそくぼだい》」という思想の象徴であるという。『とはずがたり』という文学も、このような泥まみれの愛欲の世界から芽を出し、みごとな花を開かせた文学であると私は思う。

私は、二条がとりわけ好色な女性であるとは思わない。彼女は、男心を動かさずにはおれない類《たぐ》い希《まれ》なる美貌《びぼう》と、快楽に鋭敏に反応する柔らかい肉体の持ち主であったことは間違いなかろうが、彼女の乱倫なるものは、多く男性の権力欲と深く関係する性欲のなした業であり、彼女はその犠牲者であるといってよかろう。そして彼女はこの泥沼の愛欲の世界を嫌い、尼になって、宮廷の男女の乱れた愛の関係をありのまま書き記した『とはずがたり』というみごとな文学を残したのである。

無外如大と二条という、同時代であるがまったく違った人生を送った二人の女性の仏教者をもつことによって、日本の仏教がいかに女性のなかに浸透したかが理解されると私は思う。

＊1　女人成仏　仏教では従来、女性には煩悩などの五つのさまたげ（五障）があるため男性に生まれ変わらない限り成仏できないとされていたが、あらゆる衆生を救うことをめざす大乗仏教では、女性でも成仏できるとする教えが生まれた。

＊2　龍女成仏　八歳になる龍王の娘が釈迦の教えを聞いて、そのまますぐに成仏したという、「法華経」提婆達多品（だいばだったぼん）にある説話。龍女は女であり、人間ではなく、しかも幼いことから、女性や難解な教えが理解できないような人でも救われることの象徴として重要視された。

夢窓疎石

禅を芸術化し、庭造りの原型つくる

京都の西北にある天龍寺《てんりゅうじ》の東に臨川寺《りんせんじ》という寺がある。それは夢窓疎石《むそうそせき》が天龍寺を建てる前に住んでいた寺であり、夢窓の本拠地であるといえる。そこに夢窓の墓があるが、禅《ぜん》僧《そう》の墓にしては巨大すぎる石棺《せっかん》の上に開山堂《かいさんどう》が建てられ、夢窓の彫像が安置されている。

私は最近、それを拝見する機会を得たが、ひと目見て驚いた。その像はとても禅の高僧の彫像とは思えない。肩はふつうの女性よりもはるかになで肩、全身はほっそりして、細長い顔に形のよい目鼻がついている。近づいて見ると、この像には何ともいえないひやりとした色気があった。霊気を含む色気といってよいであろうか。

禅僧の風貌といえば、目が飛び出し、鼻や口が大きく、気力あふれる大燈国師《だいとうこくし》（宗峰妙超《しゅうほうみょうちょう》）や白隠慧鶴《はくいんえかく》などの風貌が思い浮かぶが、夢窓疎石は彼らとはまったく正反対の風貌の持ち主である。これはまさにあの女性的な白衣観音《びゃくえかんのん》*1の姿なのである。

禅は人間の外にある仏を認めず、仏像崇拝を拒否する。そしてその代わりに、仏になったはずの禅僧、特に祖師《そし》の画像あるいは彫像を厚く崇拝するとすれば、禅僧の像はただ禅僧の外面的模像ではなく、その高僧の内なる魂をも表現する像でなければならない。それゆえ、頂相《ちんぞう》といわれる禅僧の画像あるいは彫像には傑作が甚だ多い。そのような彫像のなかでも、この臨川寺の夢窓の墓の上に生きているかのように坐禅をしている夢窓の彫像はとりわけ傑作ではないかと思う。

私は、夢窓の禅から真の意味の日本的禅が始まったと思う。それ以前の禅寺には二種類ある。明庵栄西《みょうあんえいさい》を開山とする京都の建仁寺《けんにんじ》、円爾弁円《えんにべんねん》を開山とする京都の東福寺《とうふくじ》などは、旧仏教に遠慮してか、禅だけではなく天台《てんだい》、真言《しんごん》をも学ぶ道場であり、また渡来僧である蘭渓道隆《らんけいどうりゅう》を開山とする鎌倉の建長寺《りんちょうじ》、及び同じく渡来僧である無学祖元《むがくそげん》を開山とする鎌倉の円覚寺《えんがくじ》などは、寺内に日本の他の寺にはない道教《どうきょう》の像などがあることからも、中国の禅寺をそのまま日本に移入したものであり、いずれも真の日本禅の寺とはいえない。

夢窓の一生を概観すると、ほぼ五十歳を境にして、それ以前の前半生と、それ以後七十七歳で死ぬまでの後半生とが、がらりと異なる。

彼は一二七五年（建治元《けんじ》）、伊勢《いせ》（三重県）の佐々貴朝綱《ささきともつな》の子として生まれるが、父は彼が四歳のときに何らかの事件で伊勢にいられなくなり、甲斐国《かいのくに》（山梨県）に移った。その年に母は亡くなり、彼は継母《ままはは》に温かく育てられたという。彼は九歳にして真言宗の僧となり、十八歳のときに東大寺《とうだいじ》の戒壇院《かいだんいん》で受戒《じゅかい》する。

彼は、ある天台の講師《こうじ》の死にざまが醜いのを見て、仏教においてわが身が悟りを開くことが大切だと考えて禅を志し、彼の遍歴が始まる。そのころ、彼は夢によって自ら夢窓疎石と名乗る。やがて鎌倉の建長寺に行き、中国の渡来僧、一山一寧《いっさんいちねい》のもとで修行するが、結局それは禅の勉学にすぎず、それによってまったく悟りは得られないと知って、また放浪の旅に出る。

そして一三〇五年（嘉元《かげん》三）、夢窓三十一歳の五月、突然悟りが開けたという。その悟りを認めたのは無学祖元の弟子で、後嵯峨《ごさが》天皇の皇子である高峰顕日《こうほうけんにち》であった。悟りを開いた後も、彼は故郷の甲斐を中心にあちこちに住処《すみか》を変え、山野に姿を隠していた。

ところが五十一歳のときに後醍醐《ごだいご》天皇の勅《ちょく》により京に上り、南禅寺《なんぜんじ》の住持《じゅうじ》になったが、やがて正中《しょうちゅう》の変が起こり、彼はまたあちこち転々とする。一三三三年（元弘《げんこう》三）に鎌倉幕府は滅びるが、再び後醍醐天皇の勅によって上京するや、彼の八面六臂《はちめんろっぴ》の活躍が始まる。建武《けんむ》の新政が武士の不満を買って失敗し、後醍醐天皇が吉野へ去った後も彼は足利尊氏《あしかがたかうじ》・直義《ただよし》兄弟及び北朝の光厳上皇《こうごんじょうこう》などの厚い尊敬を受ける。

そして後醍醐天皇が吉野で死ぬと、彼は足利尊氏の意を受けて、天皇の怨霊鎮魂《おんりょうちんこん》の寺である天龍寺の開山となり、学徳ともにすぐれた弟子をたくさん養成する。また晩年、京都の西山の地を寄進され、そこに西芳寺《さいほうじ》を建てた。これが京都の最大の観光寺院の一つである苔寺《こけでら》である。

私は、夢窓疎石は弘法大師《こうぼうだいし》を深く尊崇《そんすう》したが、彼自身も空海《くうかい》に似ていると思う。空海は一方で孤独と自然を好み、都から離れた山深い高野山《こうやさん》を本拠として、そこで死んだ。しかし空海はもう一方で社交の天才であり、時の天皇、嵯峨天皇の厚い崇敬を受け、一代にして真言の教えの根を日本の土壌に深く下ろした。

夢窓もまた前半生をほとんど孤独と自然の中で暮らす。しかし五十歳以後、特に六十歳以後の彼の社会的活躍をみると、彼もまた空海並みの社交の天才であったといえる。空海は嵯峨天皇を讃《たた》えたみごとな漢詩を残しているが、夢窓もまた光厳上皇や足利尊氏・直義兄弟などにみごとな詩を寄せている。その詩において、夢窓は彼らの人間的な本質を直感し、彼らを華麗な言葉でほめたたえているが、その人間の限界まで見抜いているようであり、決して阿諛《あゆ》の詩とはいえない。

夢窓のもっとも大きな功績は、足利尊氏・直義兄弟に天龍寺を建立《こんりゆう》させたことであろう。尊氏の孫、足利義満《よしみつ》は天龍寺に続いて、足利氏の菩提寺というべき相国寺《しょうこくじ》を建てた。この建立に参加したのは夢窓の弟子たちであるが、弟子たちは亡き夢窓を開山とする。そして相国寺の山外塔頭《たっちゅう》である金閣寺も銀閣寺もまた夢窓を名義上の開山とするのである。

天龍寺のある亀山《かめやま》の地は、後嵯峨天皇以来、大覚寺統《だいかくじとう》（亀山天皇の皇統）の別荘があり、後醍醐天皇の思い出の多い地である。ここに吉野の地で無念の思いで死んだ後醍醐天皇の怨霊鎮魂の寺を建てる。その計画に、どこかに後醍醐天皇に対して悪かったという思いのある、人のいい足利尊氏が賛成しないはずはない。尊氏は天龍寺建立のために天龍寺船《てんりゆうじぶね》を元《げん》に派遣して、その貿易の利潤を建立の費用にあてる。そして後醍醐天皇の七回忌にあたる一三四五年（康永《こうえい》四）、ついに光厳上皇の臨幸《りんこう》を仰ぎ、盛大な天龍寺の落慶法要《らっけいほうよう》が行われたが、その六年後、夢窓は死んだ。

この落慶法要における夢窓の講話を読むと、夢窓はただ後醍醐天皇の怨霊鎮魂のためにのみこの寺を建てたのではないことが分かる。後醍醐天皇が鎌倉幕府を倒す企てを起こされた元亨《げんこう》の年以来、多くの人間が死んだ。兵士ばかりではなく、無数の生きとし生けるものが命を落とした。これはいわば人間のもっている抜きがたい業による。この寺は、戦争で命を失った数限りない人々の霊を供養し、悪縁を善縁に変えようとする願によって建てられた寺でもある。この寺の一本一本の草や一枚の瓦や一本の垂木が法界《ほっかい》を包み込み、永遠に滅びることのない悟りを語るのである。

つまり、天龍寺は永遠の平和を祈る寺であったのである。一本の草や一枚の瓦が法界を包み込むというのは華厳《けごん》の思想である。夢窓は行《ぎょう》においては徹底的に自己追究の仕事をした禅僧であったが、学においては華厳など他の仏教ばかりか儒教、道教をも取り入れている。夢窓は五山《ござん》文学の元祖というべき一山一寧にも学んだが、彼の弟子には春屋妙葩《しゅんおくみょうは》、義堂周信《ぎどうしゅうしん》、龍湫周沢《りゅうしゅうしゅうたく》、絶海中津《ぜっかいちゅうしん》など、詩文に巧みな僧が多い。新しい儒学というべき宋学も、相国寺などの五山の僧らを通じて日本に移入され、徳川家康《とくがわいえやす》が目をつけて、江戸の朱子学の開祖となった藤原惺窩《ふじわらせいか》や林羅山《はやしらざん》も相国寺の僧であった。

夢窓はまた空海の如く多芸多才であった。彼は書も絵もよくしたという。残っている夢窓の書を見ると、すべて流れるが如き優雅で繊細な書である。大徳寺《だいとくじ》開山の大燈国師の雄《ゆう》渾《こん》ではあるが、どこかごつごつしたところのある書とは、まったく趣を異にする。彼の絵は残っていないが、夢窓の弟子の禅僧たちもまた絵を愛し、中国ではあまり評価されない牧谿《もっけい》という禅僧の絵を高く評価する審美眼を身につける。そしてこの流れの中から雪舟《せっしゅう》や蛇足《じゃそく》の如きすぐれた画家が生まれる。また彼は大変美声であり、梵歌《ぼんか》（声明《しょうみょう》）にも長じていたといわれる。そのような夢窓の影響であろうか、禅は猿楽《さるがく》*2と結びつき、能という幽玄な劇を生み、また茶道《さどう》、華道という日本独自の芸能を生み出したのである。

しかし夢窓が何よりも好きでかつ上手であったのは庭造りであった。彼は、かつて後嵯峨上皇の亀山離宮のあった場所に天龍寺を建てたが、宮廷人が龍頭鷁首《りょうとうげきす》の船を浮かべて遊んだ庭をみごとに禅の庭に変える。池の手前のほうには州浜《すはま》があり、平安朝の庭の様子をとどめているが、池の対岸には巨石が並び、禅の庭の趣を呈している。その中心部は龍《りゅう》門《もん》の滝《たき》を模した岩山であるが、鯉《こい》がその龍門の滝を登って龍になるという伝説を造形化したものであるという。「再び京に帰らん」と、無念の思いを残して死んだ後醍醐天皇がここで龍になって昇天するのであろうか。それとも天龍寺の僧は自己究明の結果、悟りを開いて龍になるというのであろうか。私はこの名園、天龍寺の庭にはさまざまな夢窓の思いが込められていると思う。

しかしいま一つ、天龍寺よりもっとはっきり夢窓の造園の跡が残る寺がある。西芳寺すなわち苔寺である。ここにかつて、池のある極楽浄土《ごくらくじょうど》の建物を表す西方寺という寺があった。そこを夢窓はみごとに『碧巌録《へきがんろく》』の第十八則に記されている禅の理想郷に変える。

それればかりではない。その池の北側に、彼は石の庭を造るのである。この石の庭は後の龍安寺《りょうあんじ》や大徳寺の塔頭、大仙院《だいせんいん》の石の庭のように、石で世界を抽象的に表す庭ではなく、ごつごつした石の並んだ殺風景な石庭である。若き日、彼が修行をした甲斐の山をかたどったのかもしれない。西芳寺の庭は池のある南側の広い緑の庭と、その北側の山のふもとの石の庭から成り立つが、このような池のある庭と石の庭の組み合わせは龍安寺にもみられる。以後日本の現代まで続く庭造りの原型を夢窓が作ったといえよう。

夢窓は、禅を芸術化することによって日本的禅を創始した禅僧であるというべきであろう。このような日本化した禅が今も栄え、多くの世界の知識人を引きつけていることを考えると、夢窓の功績は実に大きいといわねばならない。

＊1　白衣観音　観音（観世音菩薩）のさまざまな姿のひとつ。安産や息災、延命などの祈願をする際の本尊で、白い衣をつけ、白蓮華や水辺の岩の上に坐った姿をしている。水墨画によく描かれる。

＊2　猿楽　古代、中世に行われた芸能のひとつで、8世紀頃に中国から伝わった散楽（さんがく）を起源とする。滑稽な寸劇や曲芸、仮面劇などで、能や狂言の起源となった。

一休

謎に満ちた風狂の禅詩人

一休《いっきゅう》はとんち話でよく知られている。われわれ戦中派は、子どものときに絵本で一休のとんち話を読んだものであるが、戦後の人たちは漫画やアニメで一休のことをよく知っているであろう。

しかし一休の詩集『狂雲集《きょううんしゅう》』をひとたび読んだ人たちは、そこに表れた一休の像がとんち話の一休の像とまったく違うことに驚かざるを得ない。『狂雲集』などに表れた一休の人間像が実像に近いとすれば、どうしてそれと異なる一休の像が生まれ、それがかくもポピュラーになったのか。

一休が後小松天皇《ごこまつ》の皇子《おうじ》であったことは、一休の弟子が作った『東海一休和尚年譜《とうかいおしようねんぷ》』にも記されていて、間違いない。一休の母は南朝の高官の娘であったが、他の女官たちが、彼女はいつも剣を忍ばせて天皇をねらっていると讒言《ざんげん》したので、宮廷を出てひそかに一休を出産したという。一休が心の奥底に傷をもたざるを得ない不幸なる皇子であることは、一休のエキセントリックな行為と、後小松天皇をはじめとする上下の人々の一休に対するただならぬ尊崇《そんすう》によって推察されるかもしれない。

一休は六歳のときに出家し、やがて建仁寺《けんにんじ》において、五山《ござん》文学の第一人者といわれる古《く》林清茂《りんせいむ》の門流の慕哲龍攀《ぼてつりゆうはん》について詩を学び、その才を認められた。その後、一休は悟りを求めて悩み、自殺を考えたが、二十二歳のときに近江《おうみ》の堅田《かたた》の華叟宗曇《かそうそうどん》の弟子となった。華叟は大徳寺《だいとくじ》の開山《かいさん》、大燈国師《だいとうこくし》（宗峰妙超《しゆうほうみようちよう》）＊1の流れを汲《く》む禅僧《ぜんそう》で、質素な生活をしながら厳しい禅《ぜん》の修行をし、大徳寺の住持《じゆうじ》に請われたが、住しなかった。華叟は晩年、腰痛で立てず、いつも腰掛けに坐って、大小便を弟子に取らせていたが、他の弟子はへらを用いて師の便を拭ったのに、一休一人指でそれを拭い清めたという。

華叟はあくまで世を捨てた聖僧であったが、彼の弟子に養叟宗頤《ようそうそうい》が出て、大徳寺の住持になり、大徳寺運営に腕を振るった。今の大徳寺の塔頭《たっちゅう》は、一休の弟子でパトロンの尾和《おわ》宗臨《そうりん》が造った真珠庵《しんじゅあん》を除いて、養叟の法系《ほうけい》が住職を務めている。

師、華叟の死後、一休はあちこち居を変えるが、晩年は、今の京都府京田辺市《きょうたなべ》にある薪《たきぎ》村に酬恩庵《しゅうおんあん》という庵を建て、そこに住んだ。大徳寺は応仁《おうにん》の乱《らん》などにより全焼し、養叟亡き後の大徳寺再建の仕事が、人気の高い一休にまわってくる。ときに一休は八十一歳であったが、住持の職を引き受け、大徳寺復興の大業を成し遂げて死んだ。八十八歳の長寿であった。

京都には七つの禅の本山《ほんざん》があるが、鎌倉時代にできた建仁寺《けんにんじ》、東福寺《とうふくじ》、南禅寺《なんぜんじ》、及び室町時代に足利幕府の援助によってできた天龍寺《てんりゅうじ》、相国寺《しょうこくじ》と、幕府の援助のなかった大徳寺《だいとくじ》及び妙心寺《みょうしんじ》の禅風はだいぶん異なる。大徳寺の開山は大燈国師、宗峰妙超であるが、彼は大徳寺の開山であるとともに妙心寺の開山、関山慧玄《かんざんえげん》の師でもある。

大燈国師は、ちょうど建武《けんむ》の中興の政治が行われたときに、時の天皇、大覚寺統《だいかくじとう》の後醍醐《ごだい》天皇と、天皇と相反する立場にある花園上皇《はなぞのじょうこう》との二人から厚い尊敬を受け、大徳寺を開山したが、建武の中興成らず、後醍醐天皇が吉野《よしの》へ逃れても、花園上皇のおかげでつつがなきを得た。以後の大徳寺は、質素な生活に耐えて修行を積むという開祖の精神を守ってきた。一休はここに真の禅があり、兄弟子養叟のように信者を増やし、金を集めて大徳寺を大寺院にすることは禅を名利《みょうり》の道具とすることであると激しく非難した。

『狂雲集』は、その題名からして怪しげなところがある。唐《とう》のすぐれた禅僧に普化《ふけ》という者がおり、普化は、人の意表をつく行動によって風狂《ふうきょう》の名をほしいままにした。禅は一切の常識を否定し、自由に振る舞うことをモットーとするので、どこかに狂の精神を含んでいる。この狂の精神は一切の道徳をも否定する傾向をもっている。

『狂雲集』の「狂」はその風狂の精神を意味するものであろうが、「雲」というのは雲雨《うんう》の略であり、男女の情事をいう。一休は日本の普化といわれるが、普化には狂はあっても雲雨はない。雲雨の世界は普化の世界ではなく、一休独特の世界である。

大燈国師行状末《ぎょうじょうまつ》に題す

大燈を挑《かか》げ起《おこ》して一天《いってん》に輝《かがや》かす

鸞輿《らんよ》 誉《ほま》れを競う法堂《はっとう》の前

風飡水宿《ふうさんすいしゅく》 人の記する無し

第五橋辺《きょうへん》 二十年

「大燈国師がその名の如く大きな燈をかかげて天下に輝かせた。高貴な人の輿《こし》が法堂の前でひしめいている。こういうことばかりをほめそやして、大燈国師が食べるものも着るものもなく修行したことを語ろうとしない。国師は五条大橋《ごじょうおおはし》のあたりで二十年も乞食《こつじき》のような生活をされたのに」という意味である。

一休は日々に栄華の寺となっていく養叟の大徳寺に対し、五条の橋で乞食をしたという大燈国師の精神に帰れというのであろう。

大燈忌《だいとうき》宿忌《しゅくき》以前　美人に対す
宿忌の開山諷経《かいさんふぎん》
経呪《きょうしゅう》　耳に逆らう衆僧《しゅそう》の声
雲雨風流《うんうふうりゅう》　事終って後《のち》
夢閨《むけい》の私語《しご》　慈明《じみょう》を笑う

「今日は大徳寺の開山、大燈国師のお逮夜《たいや》（通夜）である。たくさんの坊さんがお経を読んでいる声が煩《わずら》わしい。私はちょうど美人との情事を終えた後で、ひそひそ話をしながらあの好色な慈明和尚《おしょう》のことを思い出して、にやにや笑っている」という意味である。

禅僧が美人と情事をもつことは決して好ましいことではない。まして彼が尊敬する大燈国師のお逮夜に情事を行うなどということはいっそう慎むべきである。そのうえお逮夜の最中にひそひそ話をしながら好色な慈明和尚のことを思い出し、にやにや笑うことなどは不謹慎の極みといわなければならない。

慈《じ》明楚円《みようそえん》*2の弟子に楊岐《ようぎ》方会《ほうえ》と黄龍慧南《おうりようえなん》があり、彼以後、臨済宗《りんざいしゆう》は楊岐派と黄龍派に分かれる。『嘉泰普燈録』という本には、慈明が寺の近くの家に婆子《ばす》と一緒にいて寺に来ないので、弟子の楊岐が呼びにいくとやっと寺へ帰ったという話があるが、一休は慈明と婆子の間には性関係があるとし、慈明を好色の禅師と考え、好色の詩人であった杜牧《とぼく》とともに甚だ愛した。この詩で、「慈明は、迎えがきて帰ったというが、俺は帰るものか」と一休はいっているのであろう。

一休には、森侍者《しんじしや》のことを詠《うた》った詩がある。それは露骨にセックスの行為を詠ったものであり、とても禅僧の詩とは思えない。森侍者は盲目の若い女性で、晩年の一休の世話をしたらしい。この森侍者の美しさ、悲しさを一休は歌うが、そこに濃厚な情交の詩と思われるものがある。

我《わ》が手《て》を喚《よ》びて森手と作《な》す
我が手は　森の手に何以《いずれ》ぞ
自ら信ず　公《こう》は風流《ふうりゅう》の主なり
発病すれば　玉茎《ぎょくけい》の萌《も》ゆるを治す
且喜《しゃき》す　わが会裡《えり》の衆《しゅう》

ちなみに『一休和尚全集』（春秋社）の現代語訳を載せよう。「衲《わし》の手は森侍者の手と比べてどうじゃ。『手よ、お前は風流の主じゃ』とわしは信じる。病気になり、陰茎が立つのを治してくれる。お見事な、わが弟子達よ」

このような詩が表す情交が実際に一休と森侍者との間にあったのであろうが、それについて、一休研究者の間には意見の相違がある。柳田聖山《やなぎだせいざん》氏は、フィクションであるとするが、平野宗浄《ひらのそうじょう》氏は、事実を詠ったものと解すべきであるとする。平野氏は、臨済禅には戒《かい》律《りつ》を否定するところがあり、事実であっても禅僧の名誉を傷つけることにはならないという。

一休はそのように老禅僧と若い盲目の女性との情交を歌うことによって、かえって大徳寺をはじめとする禅道の偽善を告発しようとしているのかもしれない。しかしこのような詩を作っても、一休の名声は甚《はなは》だ高く、賛嘆者は後を絶たなかった。

天下のすぐれた芸術家たち、能楽師《のうがくし》の金春禅竹《こんぱるぜんちく》、茶道の村田珠光《むらたじゅこう》、画家の相阿弥《そうあみ》、曾我《そが》蛇足《じゃそく》など、一休を厚く尊敬する。また堺《さかい》の商人なども一休を慕う者多く、一休に大徳寺再建を完成せしめ、一休死後十年目、大燈国師の墓の近くに真珠庵という美の殿堂というべき塔頭を造らしめたのである。

一休の書は、大燈国師の書に似ているところもあるが、彼の書のほうがいっそう自由である。真珠庵には「諸悪莫作《しょあくまくさ》」「衆善奉行《しゅぜんぶぎょう》」という一休の書がある。「諸悪」と「衆善」は楷書体で書かれているが、「莫作」と「奉行」の字はまことに自由で軽快、どこかに笑いを含んだ一休の心のリズムが聞こえてくるようである。このような書を見ても、彼は大燈国師から入ったが、大燈国師を出ているといえる。

酬恩庵と真珠庵には一休の遺偈《ゆいげ》すなわち辞世《じせい》の詩が残っているが、それは、自分の禅はかの虚堂《きどう》ですら分かりはしないという意味である。虚堂智愚《ちぐ》は大応国師《だいおうこくし》（南浦紹明《なんぽじょうみょう》）の師であり、一休のもっとも尊敬する禅師《ぜんじ》である。虚堂ですら分からない一休の禅を誰が理解するのか。

さて、このような一休がどうしてとんち話の主人公になるのか。『東海一休和尚年譜』には、彼が養叟をはじめとする多くの禅僧や俗人と交わした問答が載っている。禅問答はいつも相手の意表をついて相手をいい負かすことをモットーとしている。一休はこのような禅問答の名人であったらしいが、その問答は自《おのずか》ら読者の笑いを誘う。

一休死後まもなく『一休骸骨《がいこつ》』や『一休水鏡《みずかがみ》』という本ができて、『狂雲集』などの詩が和語化して語られるが、この和語によって語られる一休の話は『狂雲集』にある狂気と情事の話が除かれていて、しかも人生の機微《きび》をとらえた分かりやすくおもしろい話となっている。そこから必然的に、江戸時代になって完成されたとんち話が出てくる。

私は多くの一休研究者とともに、一休は謎であると思わざるを得ない。この謎を解くには、一休のように厳しい禅の修行をするとともに、禅学の深い学識をもち、しかも風狂の精神をもたねばならないが、そのような人が百年後に出るか、千年後あるいは一万年後に出るか分からない。

＊1　宗峰妙超　1282〜1337。鎌倉・室町時代の臨済僧で、大徳寺（京都）の開祖。花園上皇より「大燈

国師」の名を賜った。

＊2　慈明楚円　986〜1039。中国、宋代の臨済僧。没後、弟子の黄龍慧南により『慈明禅師語録』が編纂される。

雪舟・千利休

禅が生んだ山水画、そして茶の湯

雪舟《せっしゅう》は、全長約一六メートルに及ぶ長大な「山水長巻《さんすいちょうかん》」の巻末に「文明《ぶんめい》十八年嘉平日《かへいのひ》天《てん》童前第一座雪舟叟等楊《どうさきのだいいちざせっしゅうそうとうよう》六十有《ゆう》七歳筆受《さいひつじゅ》」と署名する。天童とは、彼が明《みん》を訪れたときに立ち寄った、栄西《えいさい》や道元《どうげん》も学んだ天童山景徳寺《けいとくじ》を指し、その景徳寺で彼は第一座に就いたというのである。第一座というのは寺の僧たちのリーダーであり、住持《じゅうじ》に次ぐ地位である。雪舟は相国寺《しょうこくじ》の僧であったが、知客《しか》という接待係の位の低い僧であった。その彼が景徳寺で第一座という位に就くことは考えられないが、今の大学においても、外からの客人に対して高い称号を与えるように、天童山景徳寺は雪舟に第一座というような称号を与えたのかもしれない。

雪舟が約二十年前に授かった光栄ある称号をここで用いたのは、彼が描いたこの「山水長巻」によほど自信をもっていたからであろう。彼は日本人にして初めて真の山水画《さんすいが》*1を創造したと思ったにちがいない。以後彼は、彼の没年ではないかと思われる一五〇六年（永正《えいしょう》三）まで毎年、作品が描かれた年号を記した絵を残している。

雪舟は備中国赤浜《びっちゅうのくにあかはま》すなわち岡山県総社《そうじゃ》市あたりの生まれであるという。生家は名主《みょうしゅ》層に属するが、十歳のころに僧となり、相国寺の住持、春林周藤《しゅんりんしゅうとう》の喝食《かっしき》（食事を知らせる役の稚児《ちご》）となった。雪舟は、相国寺の僧であり幕府の御用絵師《ごようえし》であった天章周文《てんしょうしゅうぶん》*2に絵を習った。周文は如拙《じょせつ》*3の後を継ぐ当時の水墨画《すいぼくが》の名手であったが、雪舟はどういうわけか三十五歳ごろ、住居を周防《すおう》国、山口に移した。都では絵師として志を得なかったゆえでもあろう。山口は、対明貿易を司る強力な大名、大内《おおうち》氏の根拠地であった。明の文化に強い憧れをもつ禅僧《ぜんそう》雪舟としては、山口に行き、あわよくば渡明の機会を得ようとしたのかもしれない。そして雪舟は希望通り一四六七年（応仁《おうにん》元）、遣明船《けんみんせん》で寧波《ニンポー》に到着し、明の都の北京《ペキン》に行き、礼部院中堂《れいぶいんちゅうどう》に壁画を描いた。

雪舟は帰国後、中国には大した絵師もなく、かえってわが国の如拙、周文を見直したという。中国に滞在すること足かけ三年で、一四六九年（文明《ぶんめい》元）、帰国の途についた。時は応仁《おうにん》の乱《らん》の最中で、山口もまた戦乱の影響を受け、彼は大分など北部九州を転々として、応仁の乱が終わった一四七七年（文明九）ごろ、大内氏が山口に帰り、彼のために造った雲谷庵《うんこくあん》に安住し、もっぱら画業に励んだらしい。その後もあちこちに旅行して「天橋立《あまのはしだて》図《ず》」や「富士《ふじ》三保《みほ》清見寺《せいけんじ》図《ず》」などを残したが、亡くなったのは岡山とも山口とも、石見国《いわみ》益田《ますだ》（島根県益田市）ともいわれる。

如拙、周文の時代の日本の山水画は、絵が画面の下方に描かれ、画面の上方にはその絵に寄せる禅の高僧などの詩が多く描かれている。まだ絵が一つの芸術として独立していない感がある。

雪舟が中国で描いて日本に持ち帰った「四季《しき》山水《さんすい》図《ず》」（重文。石橋財団蔵）という四幅《ふく》の絵がある。これは雪舟の初期の傑作であり、彼はみごとに中国の山水画を学んで帰国したといわねばならない。この絵の山は、日本にはめったにない垂直に細長く屹立《きつりつ》した山であり、山の上、谷の底にはかなり大きな楼閣《ろうかく》があり、そこに隠者《いんじゃ》が住んでいる。そして雲霧の彼方に幻のように浮かんでいる楼閣もある。これはまさに中国の禅僧の理想とする風景であるが、同時に応仁の乱を避けて人里離れたところに安住して絵を描きたいという雪舟の願いの表れでもあろう。

　この「四季山水図」の画面は縦長であるが、それに対して「山水長巻」は甚《はなは》だ横長の画面であり、描かれた風景は中国の山々というより日本の山や村であるようである。そしてそこに登場する人物は、服装こそ中国服であるが、決して隠者ではなく村の住民であり、船も荷物の運搬船であったり、漁船であったりする。祝い事でもあるのであろうか。商人や農民が群れ集い、子どもや馬などもいる。ここに描かれているのはむしろ平和を楽しむ生活する人である。

「山水長巻」には春夏秋冬の風景が描かれているが、春の景といっても初春から晩春まで、夏の景といっても初夏から晩夏までの景色の移りゆきが描き分けられている。自然を春夏秋冬の四季に分けて細かく観察するのは『古今集』以来の伝統であるが、ここに『古今集』の伝統が生かされている。そして墨の使い方が「四季山水図」と比べてはるかに自由になっている。墨の濃淡、そしてその筆使いによって複雑な日本の自然がみごとにとらえられている。墨一色の世界が色のある絵よりもはるかに豊かな色を表しているといえようか。

　花鳥画にもまた雪舟にしか描けない深い味わいのあるものがある。特に岩や植物の枝や根が爬虫類のように入り組んだ黒ずんだ絵は、彼の絵を学んだ狩野派《かのうは》の絵師によっても受け継がれないものであり、私は乱世で得た雪舟の暗く深い人間観をみる思いである。

雪舟は晩年、「慧可断臂図《えかだんぴず》」を描いた。これは、達磨《だるま》に弟子入りを断られた慧可が自分の左腕を切って、強い弟子入りの意思を示す姿を表したものである。禅僧を描く絵では目がもっとも大切であるといわれるが、達磨も慧可も鋭い目をして前方を睨《にら》んでいる。背景の岩には丸いくぼみが二つあり、それはまさに二つの巨大な目玉のようにみえる。自然そのものが巨大な目となって、禅の初祖《しょそ》・達磨から、二祖《にそ》・慧可への法の伝授を眺めているのであろうか。

山水画は間違いなく禅の芸術であるが、茶の湯が果たして芸術であるかはいささか問題であろう。私は、茶の湯は日本が生んだ独自の芸術であると思う。そして茶の湯を抜きにしては日本の文化、特に室町時代の文化は語れない。茶の湯は茶室という特殊な建造物と関係し、そこには必ず庭がある。そして茶室には絵や書が掛けられ、茶の道具として諸々の茶碗や茶釜《ちゃがま》や茶筅《ちゃせん》などが用いられる。茶の湯は建築、庭園、絵画、書道、工芸などを総合する芸術とみなされねばならない。

そしてこの芸術はまた禅が生んだものといわねばならない。茶を中国から移入したのは、禅を移入した禅僧・栄西《えいさい》である。栄西の茶は養生のためであったが、この茶を芸術にしたのは一休《いっきゅう》の後援者である村田《むらた》珠光《じゅこう》であろう。一休は奇矯《ききょう》の行為の多かった禅僧であるが、彼のまわりには当時の芸術家が群れ集っていた。画家の曾我《そが》蛇足《じゃそく》、能楽師《のうがくし》の金春禅竹《こんばるぜんちく》などであるが、村田珠光も一休禅のなかで育った茶人である。この一休を経済的に支援したのは堺《さかい》の商人であり、彼らは一休の死後、一休を記念する寺として、みごとな芸術品というべき真珠庵《しんじゅあん》という大徳寺《だいとくじ》の塔頭《たっちゅう》を建てた。

千利休《せんりきゅう》は堺の商人であり、その堺では村田珠光の流れを汲《く》む茶の湯が流行していた。堺の商人たちは甚だ豊かで、そこに政治権力から独立した自由な都市国家を営んでいた。このような都市国家、堺の自由を脅《おびや》かす独裁者が現れた。もちろん織田《おだ》信長《のぶなが》である。堺の商人は抗戦か和平かを激しく論じたが、和平派が勝ち、結局、堺は信長の権力に屈した。そこで信長は、和平派のなかでとりわけ茶の湯の上手な今井宗久《いまいそうきゅう》、津田宗及《つだそうぎゅう》、千宗易《せんそうえき》（利休）を茶頭《さどう》、つまり茶の師匠に任じて重用した。

信長の後を継いだ豊臣秀吉《とよとみひでよし》も信長の茶の湯の趣味を受け継ぎ、三人の堺の茶頭を用いたが、やがて千利休を筆頭の茶頭にした。利休は堺の商人であり、決して禅僧ではないが、秀吉が宮廷で茶会を開き、天皇や親王に茶を点《た》てるときに利休を使った。しかし一介の堺の商人が宮中に出入りするわけにもいかず、秀吉は、僧形《そうぎょう》となって宮廷に出入りする医者や阿弥衆《あみしゅう》の例に従って、宗易を利休という禅僧にして宮中に出入りさせた。

利休という名の由来については「名利《みょうり》ともに休す」という、名誉欲や財欲にとらわれないという意味に解されてきたが、芳賀幸四郎《はがこうしろう》氏は、「利休」とはこのような消極的な禅の悟りではなく、大徳寺《だいとくじ》の禅僧、春屋宗園《しゅんおくそうえん》の「利休号頌」の詩に示されるように、利すなわち鋭い切っ先が休んだ錆びた錐のような、賢者のようでもあり、愚者のようでもある無事の人の境涯を表したものであるという。

茶の湯はたしかに芸術であるが、同時にそれは社交の手段である。狭い部屋で静かに語り合うことによって、茶室は親愛感を増す社交の場所ともなるが、しばしば密談、陰謀の場所にすらなるのである。戦乱に明け暮れた秀吉は、茶室で利休と語り合う日をもっとも心の安らぐときと感じたのであろう。利休は秀吉の無二の相談相手となり、絶大な権力をもつようになる。そして大名たちは秀吉に頼み事がある場合、何ごとも利休に頼むようになる。

利休と秀吉は美的趣味において大きな相違があった。利休は東山《ひがしやま》時代に生まれた幽玄《ゆうげん》の美学、わびの美学を愛し、四畳半ばかりか三畳、二畳半、一畳半の茶室すら造った。そしてその茶室を彼は「山里《やまざと》」と名づけ、「長次郎《ちょうじろう》」という黒ずくめの茶碗を甚だ愛好した。一方、秀吉はキンキラ趣味をもち、茶室すべてを金箔《きんぱく》で覆ったことすらあったという。このような二人の関係はいつか破綻《はたん》せざるを得なかった。

おそらく利休には、どこかに秀吉の美的趣味の低俗さを冷たく眺めるところがあったにちがいない。秀吉がそれを感じとらないはずはなく、突然怒りが爆発し、利休は切腹を命じられる。秀吉は、利休が謝ってくるだろうと期待したらしいが、利休はしいて助命を嘆願せず、切腹して死んだ。そして大徳寺の山門の上にあった利休像は、利休の切腹以前に一条戻橋《いちじょうもどりばし》に磔《はりつけ》にされたが、切腹後、利休の首はその磔にされた利休像に踏みつけられ、大勢の人が見物にきたという。

利休は死の前に「利休めはとかく果報乃《かほうの》ものぞかし　菅丞相《かんしょうじょう》になるとおもへハ」という狂歌を作った。利休は彼の芸術家としての誇りにかけて、もはや秀吉の前に頭を下げることを拒絶して、菅原道真《すがわらのみちざね》（菅丞相）と同じように怨霊《おんりょう》となり、神になろうとしたのであろう。

わが国において、仏教の祖というべき聖徳太子《しょうとくたいし》、歌道の祖というべき柿本人麻呂《かきのもとのひとまろ》、学問の祖というべき菅原道真、皆怨霊になり、神となって仏となった人である。利休はここで大決心をして、怨霊となり神となる道を選んだのであろう。そして利休はその願い通り茶《さ》道《どう》の神となり、彼の孫、千宗旦《そうたん》の三人の嗣子《しし》は武者小路千家《むしゃこうじせんけ》、表《おもて》千家、裏《うら》千家に分かれて今もなお栄えている。

＊1　山水画　物画・花鳥画とならぶ中国絵画のひとつで、山川などの景色を描いたもの。宋代には水墨画として盛んになった。

＊2　天章周文　生没年未詳。室町時代の禅僧。相国寺（京都）の僧で、後に室町幕府の御用絵師となる。水墨画を日本的な様式に完成させた。

＊3　如拙　生没年未詳。周文の師といわれ、宋代の水墨画を伝える禅僧で、将軍足利義持の命により描いた「瓢鮎図（ひょうねんず）」で知られる。

V
禅の展開

天海・崇伝
沢庵
白隠・隠元
良寛

天海・崇伝

幕府の礎を築いた「黒衣の宰相」

長い日本の歴史において、徳川家康《とくがわいえやす》ほど宗教家や学者を上手に使った政治家はあるまい。宗教家を尊重した政治家として桓武《かんむ》天皇や嵯峨《さが》天皇が挙げられよう。桓武天皇は最澄《さいちょう》を、嵯峨天皇は空海《くうかい》をいたく尊敬したが、このような政治家と宗教者の蜜月関係によってより多くの利益を得たのは宗教家のほうであったと思う。両天皇のおかげで、天台宗《てんだいしゅう》も真言宗《しんごんしゅう》もその発展の根を深く日本の地に下ろすことができた。

しかし家康の場合は違う。宗教家との深いつき合いにおいて利益を得たのはあくまで政治家のほうである。天海《てんかい》と崇伝《すうでん》という経歴も性格もまったく異なる二人の僧によって、徳川政権は以後二百数十年の安泰《あんたい》の基礎を作ることができた。

政治家はアメとムチを適切に使い分けねばならないが、アメの役割をしたのは天海であり、ムチの役割をしたのは崇伝である。それゆえ天海は、死後すぐに贈られた慈眼大師《じげんだいし》という名が示すように、慈眼をもって衆生《しゅじょう》をみる観音様《かんのん》のような慈悲《じひ》の人として崇拝されてきたが、崇伝には悪名がつきまとった。崇伝は、小堀遠州《こぼりえんしゅう》の造った庭と狩野探幽《かのうたんゆう》の描いた襖絵のある立派な金地院《こんちいん》という南禅寺《なんぜんじ》の塔頭《たっちゅう》を残したにすぎないが、天海は、西の比叡山《ひえいざん》と並ぶ東の比叡山、すなわち東叡山上野《とうえいざんうえの》寛永寺《かんえいじ》及び日光東照宮《にっこうとうしょうぐう》の創設者として、江戸時代ずっと徳川家康と並んで崇められてきたのである。

天海も崇伝も「黒衣《こくえ》の宰相《さいしょう》」といわれるが、崇伝は政治家というよりは甚《はなは》だ優秀なる官僚であり、権謀術数《けんぼうじゅつすう》の才においては天海のほうが一枚も二枚も上であった。崇伝は足利義輝《あしかがよしてる》の臣、一色秀勝《いっしきひでかつ》の子であるが、足利氏が滅んだ後に南禅寺に赴《おもむ》き、玄圃霊三《げんぽれいざん》の弟子となった。崇伝は大変な秀才で、若くして南禅寺の住持《じゅうじ》となった。崇伝は、室町時代から外交文書を司っていた鹿苑僧録《ろくおんそうろく》の職にあり、秀吉《ひでよし》、家康にも仕えた西笑承兌《せいしょうじょうたい》と親しかった関係で家康と知り合い、承兌死後、鹿苑僧録を継ぎ、外交文書を作成するようになるが、やがて家康の外交顧問、政治顧問の如き役割をするようになる。

彼の書いた『異国日記』を読むと、彼は得られるかぎりの外交情報を集め、東アジアの政治情勢を的確に把握し、家康によき助言を与えていたことが分かる。そして一六一三年（慶長十八）のバテレンの追放令などの歴史的な文書を家康の命によって作成したのである。

崇伝は強い平和への願いをもち、長い間の戦乱の時代を解決し、平和の時代をつくることができるのは家康しかいないと考えていたようである。豊臣秀頼《とよとみひでより》のつくった方広寺《ほうこうじ》の鐘の銘《めい》に言いがかりをつけて斜陽の豊臣氏をして大坂《おおさか》冬の陣、夏の陣を起こさせ、豊臣氏を滅亡に追い込んだ事件において、崇伝が主役を演じたことはよく知られている。

しかし彼のもっとも大きな功績は家康の命によって諸法度《しょはっと》を制定したことであろう。「武家《ぶけ》諸法度」によって大名旗本をはじめとする武士たち、「禁中《きんちゅう》並《ならびに》公家《くげ》諸法度」によって天皇及び公家たち、「寺院《じいん》法度」によって僧侶《そうりょ》や神官たちの守るべき法が厳しく制定された。それらが幕藩体制を末永く保つことのできた基本法となった。

徳川氏が天下を取ったものの、武士たちのなかで外交や法律の知識のある者は皆無で、そこで代々相国寺《しょうこくじ》の僧が務めた鹿苑僧録を引き継いだ崇伝がこのような外交や法律の文書の作成をほとんど一人で成し遂げた。崇伝はひととき強い権力をもったが、崇伝が死ぬと、僧を取り締まることすら寺社奉行に任せられ、金地院の住職はあまり政治的実権のない名ばかりの鹿苑僧録を継いだ。

崇伝は甚だ鋭敏な頭脳をもつ理性の人であったが、天海は超理性の人であったといってよい。天海の生まれた場所についても、生没年についてもよく分からない。晩年、人が尋ねたところ、天海は、いったん僧門に入ったからには、そのようなことを知っても意味はないと答えたという。それらについては諸説あり、足利将軍の庶子《しょし》であったという説や、明智光秀《あけちみつひで》の後の姿であったという説すらある。

しかし今のところ、多くの学者のとっている説は、一五三六年（天文《てんぶん》五）に生まれ、一六四三年（寛永《かんえい》二十）に百八歳をもって死んだという説である。崇伝と比べると、天海のほうが三十三歳年上で、しかも崇伝より十年長生きしたことになる。そして生まれは陸奥《むつ》の国《くに》の高田《たかだ》（福島県会津《あいづ》）で、蘆名《あしな》氏の一族であると伝えられるが、彼より少し後の儒者である谷秦山《たにしんざん》は天海を足軽大将の子であるという。

おそらく天海は蝦夷《えみし》の国といわれた東北地方の名もない民の子として生まれたのであろう。しかし彼は学問的好奇心が甚だ強く、あるいは比叡山で、あるいは三井寺《みいでら》（園城寺《おんじょうじ》）で、あるいは南都《なんと》で、天台《てんだい》、真言《しんごん》、倶舎《くしゃ》*1、三論《さんろん》、唯識《ゆいしき》*2、華厳《けごん》などの仏教をあまねく学んだ後に足利学校《あしかががっこう》に入り、儒学《じゅがく》をも学んだ。そして彼は天台密教《てんだいみっきょう》の僧として甚だ呪術《じゅじゅつ》に長じ、その学識と呪術によって関東において名を得たが、彼が突然世に出たのは一六〇八年（慶長《けいちょう》十三）に家康に会ってからである。

天下の主というべき大御所《おおごしょ》家康は孤独であったにちがいない。すべての武士は彼の家来であり、その一人を特に重用することはできない。しかし僧ならば別である。しかるべき僧に、彼の心の秘密をすべて打ち明けることのできるよき相談相手になってほしいと思ったにちがいない。人をみる日をもった家康は、ひと目で天海が彼の政治の相談相手として、まことに適当な人間であることを見抜いたのである。

家康が天海を重んじたのはそのことゆえのみではない。天海は曲がりなりにも天台宗の僧である。天台宗は何といっても日本仏教の中心である。そしてその本山《ほんざん》、比叡山延暦寺《えんりゃくじ》は信長《のぶなが》によって焼き討ちにあい、秀吉によって復興が始められたが、まだ完成していない。比叡山延暦寺を完全に復興しなければならないが、叡山がかつてのように巨大な権力をもっては困る。叡山を復興し、しかもその力を弱めなければならない。このような仕事を家康は天海に委《ゆだ》ねた。

天海は権僧正《ごんのそうじょう》から僧正になり、叡山の復興に努力したが、しかし彼は西の比叡山に対して、江戸幕府の支配が容易な東の比叡山、すなわち東叡山を彼が住職を務める川越《かわごえ》の喜多《きた》院《いん》におき、この寺を比叡山延暦寺以上の権力をもつ本山とした。さらに天海は家康死後、江戸城の北東にある上野忍岡《うえのしのぶがおか》の地に寛永寺という寺を建て、東叡山の名を寛永寺に移し、そこを天台宗の実質的本山にした。寛永という年号を寺名に用いたのは、最澄《さいちょう》が延暦という年号を寺名に用いて延暦寺と名づけたのにならったものであろう。これによって江戸幕府は天台宗を、ひいては日本仏教全体をその支配下におくことができたのである。

天海は、例の方広寺の鐘の銘文に関する事件においても、表では関わっていないが、このことが起こる決定的な時期に彼は再三徳川家康と二人だけで会い、家康が天海から天台血脈《けちみゃく》を受けたということが、家康の功労を記した『駿府記《すんぷき》』に記されている。仏教史家の辻善之助《つじぜんのすけ》は、それはやはり豊臣氏の滅亡を図る陰謀の相談であったのではないかという。

家康が豊臣氏を滅ぼすことについての許可を後陽成《ごようぜい》天皇から得ようとして多くの臣下を遣わしたが、秀頼に深く同情された後陽成天皇は容易に許可をお出しにならなかった。ところが天海がひとたび上京し、後陽成天皇とゆっくり話をしたところ、天皇もやっと許可を出されたという話があり、方広寺の鐘の銘文に関する事件においても天海がその計画の黒幕であったことは十分考えられる。

谷泰山《たにしんざん》はまた天海のことを「高才機智《こうさいきち》にして人を屈せる説神の如し」というが、彼のこのような弁舌の才がいかんなく発揮されたのは家康の葬儀に関してであった。将軍たる者は一つの宗教のみを重んじるべきではないと考えていた家康は、死後、自分の死体は駿府の久能山《くのうざん》に納め、葬礼は江戸の増上寺《ぞうじょうじ》において行い、一周忌が過ぎた後に日光に小さな堂を建てて灌頂《かんじょう》し、それを関東八州の鎮守《ちんじゅ》とし、京都には南禅寺金地院に小堂を建てて、所司代《しょしだい》はじめ武士たちが参拝すべしと遺言し、一六一六年（元和《げんな》二）四月十七日に死んだ。そしてこの遺言通りに、家康は秀吉の如く吉田神道《よしだしんとう》*3によって明神《みょうじん》として祀《まつ》られるはずであった。

しかし天海は、家康が自分だけに語った遺言があるといって、家康は山王一実神道《さんのういちじつしんとう》*4によって権現《ごんげん》*5として祀られるべきであると主張したのである。それは当然、崇伝らの激しい反論にあったが、天海は、子孫の断絶した豊臣氏の例にならったならば徳川氏は末永く繁栄することはできないと反論した。そのような天海だけに語った家康の遺言などあるはずはないが、将軍秀忠《ひでただ》は、天海のいうことはもっともであるといい、吉田神道ではなく山王一実神道によって家康を権現として祀ることにしたのである。

崇伝はたしかに家康の信任を得ていたが、天海は家康ばかりか秀忠、家光《いえみつ》の寵《ちょう》をも得ていた。そして朝廷に対しても、天海は家康に頼んで上納金を増やしたり公武の和を図ったりした実績があり、朝廷にも天海の主張した家康の葬り方に異議を唱える者はいなかった。

こうして家康の葬儀は、天海一人が家康から聞いたという遺言によって行われたが、天海は家光に上申《じょうしん》して、家康の遺志をはるかに超えていると思われる壮大で華麗な日光東照宮を建立《こんりゅう》し、徳川幕府の威光を天下に示し、幕藩体制を末永く安定させた。そしてその宮を東照宮と称したのも、西の朝廷に対して東の幕府の威光を示すものであろう。

いまひとつ、天海が崇伝と対立した問題があった。それは幕府に異を唱えた大徳寺《だいとくじ》の僧沢庵《たくあん》らに対する罪状の決定に関してである。「寺院法度」を作った崇伝は、法度を破った沢庵の厳罰を主張した。しかし沢庵が出羽国上山《でわのくにかみのやま》(山形県)に流罪《るざい》になった後も天海は沢庵の赦免《しゃめん》に尽力し、沢庵は赦《ゆる》され、思いがけなく家光に寵愛《ちょうあい》された。これによって崇伝を悪玉とし、天海を善玉とする評価が一層高まったが、天海は善玉として崇《あが》められるにはあまりに複雑な人間である。彼が稀代《きだい》の傑僧《けっそう》であるか、それとも稀代の妖僧《ようそう》であるかは意見が分かれるが、私は、天海はそのいずれでもあると思う。

＊1　倶舎　中国で成立した仏教の一派で、4～5世紀頃のインドの僧、ヴァスヴァンドゥ(世親)が表した『阿

＊2 毘達磨倶舎論』に説かれている内容を研究する宗派。南都六宗のひとつ。
唯識 中国で成立した仏教の一派で、唐代の三蔵法師玄奘が伝えた唯識説を、弟子の慈恩大師基が大成した。万物は様々な「識」によって現れるとする。日本には7～8世紀に伝えられた。

＊3 吉田神道 室町末期に吉田兼倶が大成した神道の一派で、卜部神道ともいう。神道を万法の根本とし、神が主で仏は従である（神主仏従）という「反本地垂迹説」を説く。

＊4 山王一実神道 天台教学と、延暦寺の鎮守である日吉山王権現（ひえさんのうごんげん）とを融合させた神道の一派。「法華経」にもとづいて比叡山内にある社を仏・菩薩に配当し、日吉神を山王とする。

＊5 権現 本地垂迹思想に基づいた考え方で、仏が人々を救うために、かり（権）に神の姿をしてこの世に現れること。また、その姿。

沢庵

武士道を禅思想で裏づける

たくあんは、もっともポピュラーな日本の漬け物である大根のぬか漬けであるが、その名は江戸時代の禅僧《ぜんそう》、沢庵《たくあん》の名に由来する。どうしてこの禅僧の名が大根のぬか漬けの名になったのか。これについて、いろいろ狂歌《きょうか》まじりのおもしろおかしい話が伝えられるが、『沢庵珍話集』という本は次のような話を載せる。

沢庵が故郷の但馬《たじま》の投淵軒という庵に住んでいたころ、庵の外から「大根はいりませんか、大根、大根、これぞまことの大違い」と大声で大根を売り歩く声がした。それで沢庵が「大違いというのは何のことか」と尋ねたところ、その大根売りは、「実は私の弟が近衛様のご家来であります。今度、歌会があり、これぞまことの大違いという下の句によく上の句をつけた者にはご褒美をくださるとのことで、弟は私に、大根を売りながらよい句を考えてくれと頼み、私は毎日考えていて、つい口癖になったのです」と答えた。

そこで沢庵は筆と紙を取り寄せて、「御簾《みす》となる竹の産着《うぶぎ》や上草履《うわぞうり》これぞまことの大違いなり」としたためた。天子様をお隠しするすだれと同じ竹の皮で庶民の上草履ができるが、御簾と上草履は大違いだという意味である。大根売りの弟はこの歌でたっぷりご褒美をもらったので、大根売りがそのお礼に大根を荷車にいっぱい積んで沢庵に届けたが、沢庵は一度に食べられないので大根をぬか漬けにしたところ、あのうまい漬け物ができた。これが評判になって、大根のぬか漬けがたくあん漬けとよばれるようになった。これについてはまた次のような話もある。

品川《しながわ》の東海寺《とうかいじ》という沢庵の寺にある日、三代将軍家光《いえみつ》が来られたので、沢庵は「何も召し上がっていただくものはありませんが、たくわえ漬けがあります」と大根のぬか漬けを出した。家光はそれを賞味して、「これはたくわえ漬けではなくて沢庵漬けだ」といった。この三代将軍の言葉が世間に伝わり、大根のぬか漬けがたくあん漬けとよばれるようになったという。この説のほうが真実には近いであろうが、沢庵が一休《いっきゅう》のようにとんち和尚として庶民に親しまれていたので、先のような話が作られたのであろう。

実は沢庵自身も狂歌の名人であった。沢庵の流罪《るざい》が赦《ゆる》されて、江戸への帰還が命じられたとき、彼は「御意《ぎょい》なれば参《まい》りたく庵《あん》おもえどもむさしきたなし江戸はいやいや」という狂歌を作ったという。この狂歌には沢庵という人名と武蔵《むさし》という地名が詠《よ》まれているが、彼を流罪にした江戸幕府に対する皮肉が込められている。

沢庵のことを考えるとき、彼が大徳寺《だいとくじ》の僧であったことを重視しなければならないであろう。大徳寺は大燈国師《だいとうこくし》（宗峰妙超《しゅうほうみょうちょう》）を開祖とするが、宗峰妙超は正覚《しょうがく》（禅の最高の悟り）を得た後、五条《ごじょう》の橋下の乞食《こつじき》の群れに身を投じたと噂される。大徳寺は皇室の崇拝を得てはいたものの、足利《あしかが》幕府の保護を受けた南禅寺《なんぜんじ》、天龍寺《てんりゅうじ》、相国寺《しょうこくじ》、建仁寺《けんにんじ》などの京都五山《ござん》の外にある寺院であり、野党的性格が強く、代々反骨の僧を出した。

大徳寺の僧でありながら、大徳寺を支配する兄弟子養叟宗頤《ようそうそうい》を痛罵《つうば》し、あえて盲女・森《しん》侍者《じしゃ》との性の交わりをうたった一休、秀吉《ひでよし》の寵愛《ちょうあい》を受け、大徳寺を繁栄させながら、最後に秀吉に反抗して殺された千利休《せんりきゅう》、その利休事件によって大徳寺が廃亡に追い込まれるや、使いにきた徳川家康《とくがわいえやす》らを懐剣《かいけん》を忍ばせて説得し、大徳寺を危機から救った古渓宗陳《こけいそうちん》など、いずれも日本文化史に燦然《さんぜん》と輝く反骨の僧である。沢庵もこのような伝統のもとに考えられねばなるまい。

もう一つ、沢庵について考えなければならないのは彼の出生についての話である。工藤《くどう》行廣《ゆきひろ》という沼田藩《ぬまたはん》（群馬県）の侍《さむらい》が書いた信用できる沢庵の『萬松祖録《ばんしょうそろく》』という仏記には、彼の故郷、但馬国（兵庫県）出石《いずし》に伝わる、沢庵は実は父の秋庭綱典《あきばつなのり》が留守をしているうちにできた子であるという噂が記されている。父の詰問《きつもん》に母は、自分は肌身離さず一寸八分の青銅仏を持っていたからだと弁明したところ、父も納得し、ますます仏教信仰の心を強めたという。『萬松祖録』はこの話を妄言《もうげん》であるとするが、沢庵は武士の長男でありながら幼にして出家させられ、二千首になんなんとする歌を詠みながら、父母を詠《うた》う歌がないことなどを考えると、この噂は無視できない。あるいはそのことが、沢庵が心の奥に深い孤独感とともに死や流罪をも恐れない強い自立の精神をもつ原因になったのではないかと思う。

沢庵の人生は、一六二七年（寛永《かんえい》四）に起きた紫衣《しえ》事件を境にして前後に分けられると思う。一五七三年（天正元《てんしょう》）の彼の出生のときから一六二七年、彼の五十五歳のときまでが前期、そしてそれ以後、一六四五年（正保《しょうほう》二）、彼が七十三歳で東海寺で死ぬときまでが後期である。

前期の沢庵は孤独を好む一人の隠れた名僧であったといってよい。しかし紫衣事件後、彼は公人として甚《はなは》だ有名になる。前には、彼は幕府に楯《たて》突き流罪になった僧として、後には、将軍にこよなく寵愛された僧として。

前期において、沢庵は教養においても修行においても完璧な禅僧で、多くの人によって厚く尊敬された。彼は三十七歳にして大徳寺の住持《じゅうじ》になったが、わずか三日で、自分は行《こう》雲流水《うんりゅうすい》の身であり、大徳寺のような名刹《めいさつ》の住持にとどまるべきではないと、大徳寺を退いた。彼は堺《さかい》の名刹、南宗寺《なんしゅうじ》を本拠地としたが、あるいは三輪《みわ》（奈良県）に、あるいは故郷の出石に小さな庵を建てて、そこで甚だ慎ましい生活を送っていた。

ところが一六二七年、沢庵五十五歳のときに大事件が起こった。大徳寺の歴代の住持は、五山の寺と違って妙心寺《みょうしんじ》と同じように朝廷に許可を願い出て紫衣を賜《たまわ》るのを慣例としていたが、一六一五年（元和《げんな》元）に幕府の許可を得るようにとの命令が出された。しかし一六二七年、大徳寺はそれを無視し、正隠宗知《しょういんそうち》を幕府の許可を得ることなく大徳寺の住持とした。幕府は大徳寺が先の約束を守らないのを責めて、一六一五年から一六二七年までに紫衣を許された僧の紫衣を返せという命令を出した。この幕府の命令にどう対処するか、大徳寺の僧たちは会議を重ねたが、収拾がつかず、結局その措置が沢庵に委《ゆだ》ねられる。

沢庵は玉室宗珀《ぎょくしつそうはく》や江月宗玩《こうげつそうがん》とともに、その命令が不当であることを強く主張した文書を幕府に提出する。これは幕府の命令を拒否するものであり、幕府は沢庵たちを江戸によび、厳しく詰問した。しかし沢庵と玉室は自分の主張を変えず、ついに沢庵は出羽国《でわのくに》の上山《かみのやま》（山形県）へ、玉室は陸奥国《むつのくに》の棚倉《たなぐら》（福島県）へ流罪になる。しかし流罪地の上山の城主、土岐頼行《ときよりゆき》は流罪僧沢庵を厚く遇したらしい。沢庵もこの流罪生活を結構楽しんでいたようである。この沢庵の権威を恐れず、あえて主張すべきことは主張し、流罪になっても何一つ愚痴をいわず、流罪の運命を楽しむかの如き態度によって、いっそう沢庵の名声は高くなった。

そして沢庵は、将軍秀忠《ひでただ》の死後の恩赦《おんしゃ》によって流罪を赦されたが、この沢庵の恩赦にもっとも熱心であったのは剣豪として世に名高い柳生宗矩《やぎゅうむねのり》であった。三代将軍家光の寵愛を一身に受けている宗矩は沢庵を将軍家光に会わせたが、家光はひと目で沢庵が気に入った。沢庵もまた将軍を喜ばせるユーモアと社交の才を十分もっていた。家光は、故郷の小さな庵で自由で簡素な隠居の身を楽しもうとする沢庵を再三江戸に呼び寄せ、沢庵に、天海《てんかい》の如き将軍の政治顧問のような役割を果たさせようとしたらしい。そして家光は沢庵の再三の固辞にもかかわらず沢庵のために、品川に東海寺という巨大な寺院を建てた。

こうして沢庵は家光の知遇を得て、大徳寺及び妙心寺の住持については元の制度に戻す許可を得て、彼の長年の願望が叶《かな》えられたことを喜んだ。そして次々と申し込まれる、沢庵をとりたてようとする将軍家光の提案を、沢庵はかたじけないかたじけないといいつつ迷惑がっていたが、結局、将軍の意に従わざるを得なかった。

しかしかつて幕府の命令に敢然《かんぜん》として楯突き、堂々と正論を述べた沢庵と、将軍の寵僧と化した沢庵とがどのように結びつくのか。京都の僧たちの間には、沢庵は裏切り者であり、権力好きの僧であるという評があったのは当然であろう。

沢庵は禅の経典《きょうてん》の研究書のようなものはほとんど書かず、その代わりに多くの漢詩、和歌、彼の身辺を詳細に報じた手紙、及び彼が多くの俗人に与えた和文の教訓書を残している。そこには中国の仏教であるという性格を多分にもっていた禅仏教を、日本の民衆に分かりやすく伝えようという精神があり、後に一世を風靡《ふうび》する白隠《はくいん》禅の先駆とみなされる。

彼の著書でよく読まれているのは、柳生宗矩に宛てて書いた『不動智神妙録《ふどうちしんみょうろく》』である。宗矩は剣の道を思想的にどう裏づけるかに苦慮していたのであろう。沢庵は禅によって武士道の思想的な裏づけを行った。中国の蘭渓道隆《らんけいどうりゅう》らによってもたらされた禅は鎌倉武士の思想的なよりどころとなったが、ここに改めて禅僧沢庵によって禅が江戸の武士道と結びつき、儒教《じゅきょう》と並んで江戸時代の支配者である武士の思想的バックボーンを形成したのである。

沢庵は、刀を抜いて二人が相対するとき、敵にとらわれても、自分にとらわれてもだめで、心をどこにもとどめず、無心になって自由自在に働かせねばならない、この仕《じゅう》するところのない自由自在な心こそ剣の極意であるという。沢庵はまた、宗矩が家光の寵臣であることに奢《おご》って、彼に賄賂《わいろ》を使う諸大名をよくしたり、自分と趣味を同じくする能好きの大名を将軍にとりもったりすることを戒めている。反骨の僧、沢庵の面目は将軍の寵僧となっても健在であったといえよう。

私は、沢庵の和語で語られているユーモアに富む禅の書を愛読しているが、狂歌の名人である沢庵に狂歌を一首捧げたい。

かたじけないが迷惑至極《めいわくしごく》と拒《こば》みつつ
　富《とみ》どっぷりの沢庵の味

白隠・隠元

菩薩禅を復興し、禅を日本化

禅《ぜん》は鎌倉時代に中国から輸入され、室町時代に大きく発展したが、禅が本当に日本の庶民のものになったのは江戸時代ではないかと私は思う。江戸時代の禅僧といえば、禅を主として武士に説いた沢庵《たくあん》と、主として庶民に説いた白隠《はくいん》が注目されよう。

臨済宗《りんざいしゅう》の寺院は現在七千ほどあるが、その半分の三千五百ほどの寺院は妙心寺派《みょうしんじは》に属する。白隠は妙心寺の末寺《まつじ》の僧であるが、驚くべきことには、この白隠の禅が妙心寺、大徳寺《だいとくじ》ばかりか、「五山之上《ござんのうえ》」の南禅寺《なんぜんじ》や、天龍寺《てんりゅうじ》などの京都五山、及び建長寺《けんちょうじ》や円覚寺《えんがくじ》などの鎌倉五山をも席巻《せっけん》し、現在の臨済禅の老師《ろうし》はすべて白隠の系統に属する。江戸時代に禅仏教において革命が起こったといわなければならない。

江戸時代の禅を論じるとき、沢庵の次に白隠を論じなければならないが、この沢庵と白隠の間に無視することのできない一人の禅僧がいる。それは隠元隆琦《いんげんりゅうき》である。

隠元は明《みん》末に日本に渡来し、ついに黄檗山萬福寺《おうばくさんまんぷくじ》の開山《かいさん》となったが、この隠元の招聘《しょうへい》と黄檗山萬福寺の開山にもっとも尽力したのが龍渓性潜《りょうけいしょうせん》などの妙心寺の僧であったことに私は注意したい。妙心寺の開山、関山慧玄《かんざんえげん》は大徳寺の開山、宗峰妙超《しゅうほうみょうちょう》の弟子であるが、関山慧玄は宗峰妙超と違って頂相《ちんぞう》*1も公案《こうあん》*2も語録もほとんど残していない。関山は禅の説く「無」の精神に徹底した生涯を送ったのであろうか。

妙心寺も大徳寺と同じように五山に属さず、その意味で野党的な色彩の甚《はなは》だ強い寺であったが、大徳寺のように美に溺《おぼ》れたり、茶をたしなんだりすることを慎み、まじめな修行を貴び、宗勢を拡大することに全力を尽くした。妙心寺派の禅僧は中国禅の伝統にならって、田舎でひたすら禅の道を究める隠れた禅僧を訪ねて道をきき、厳しい修行をするという遍参《へんざん》の行《ぎょう》を貴ぶ。こういう風潮の支配する妙心寺の僧たちが隠元の著書を読み、隠元を招こうとしたのであろう。

隠元は明の福州《ふくしゅう》府福清《ふくせい》県（福建《ふっけん》省）の人であり、六歳のときに父は楚《そ》に出かけて帰らなかった。彼は早くから出家の志をもっていたが、母を養うために出家もできず、ようやく二十九歳のときに黄檗山の鑑源興寿《かんげんこうじゅ》の弟子となった。隠元は学問に熱心な上に修行にも励み、禅僧として頭角を現し、やがて一六三七年、明の崇禎《すうてい》十年、わが寛永《かんえい》十四年に名刹《めいさつ》黄檗山萬福寺の住持《じゅうじ》となり、その令名は高かった。

しかし時は明末にあたり、清《しん》兵の攻撃が絶えず、落ち着いて禅の修行に耽《ふけ》る暇《いとま》はなかった。そして一六五四年、明の永暦《えいりゃく》八年、わが承応《じょうおう》三年に来朝し、長崎の興福寺《こうふくじ》の住持となった。時に隠元六十三歳であった。当時、明から亡命する僧は多く、それらの僧は長崎の興福寺、崇福寺《そうふくじ》などに滞在していた。妙心寺の僧龍渓や竺印《ちくいん》、禿翁《とくおう》などは隠元を妙心寺に迎えようとしたが、妙心寺には反対派もあり、実現が難しく、やむなく隠元は龍渓の寺である摂津《せっつ》富田《とんだ》の普門寺《ふもんじ》に滞在した。しかし再三にわたる幕府への陳情の結果、ついに京都・宇治《うじ》に黄檗山萬福寺の開山が認められた。これはもちろん龍渓たちの熱意にもよるが、一つには時代の要請にもよろう。

幕府は宋《そう》代の中国でできた朱子《しゅし》学《がく》を国教とした。それによって徳川初期においては中国崇拝の思想的風潮が起こった。中国の儒者、朱舜水《しゅしゅんすい》が幕府に熱狂的に迎えられたのもそのような風潮によろうが、儒学者の朱舜水に加えて仏僧の隠元を迎えることによって、幕府は教学奨励の精神を国の内外に示そうとしたのであろう。そして三代将軍徳川家光《とくがわいえみつ》は禅僧沢庵《たくあん》のために東海寺《とうかいじ》という巨大な寺を品川《しながわ》に建てた。家光の嫡男、四代将軍家綱《いえつな》は明の禅僧隠元のために寺を建てることを、家光の宗教政策をいっそう発展させることであると考えたのであろう。

しかしこの運動に努力した妙心寺の僧たちのうち、竺印と禿翁は脱落し、龍渓のみが残り、黄檗山の開山以後、龍渓は妙心寺を離れて萬福寺の僧となった。そして隠元が大勢の中国僧を連れて入山するや、人々は、宋の禅をそのまま伝える日本臨済宗の禅と、明の禅というべき黄檗山萬福寺の禅がかなり異なっていることに気づかざるを得なかった。黄檗山萬福寺の禅には木魚などの鳴り物が入るうえに、食事を数回とる風習があり、それが日本の禅僧に違和感を抱かせたが、何よりもこの禅が浄土《じょうど》の教えをとり入れていることに彼らは反発を感じざるを得なかった。龍渓は隠元に先立って洪水にあって死亡するが、妙心寺の僧はそれを仏罰として、死後もこの裏切り者龍渓を罵《ののし》ってやまなかった。

しかしこの黄檗山萬福寺の開山が日本の禅に大きな影響を与えたことは間違いない。以後、相次いで新しい禅を唱える盤珪《ばんけい》や鈴木正三《すずきしょうさん》などの禅僧が出るが、禅復興の動きは白隠の出現において極まったといえる。

白隠は一六八五年（貞享《じょうきょう》二）に駿河国《するがのくに》の浮島河原宿《うきしまかわらじゅく》の駅長（郵逓《ゆうてい》業）を務めた長沢《ながさわ》氏の子として生まれた。子どものころ、地獄《じごく》の話を聞いて深い恐怖に陥り、母とともに風呂に入ったときに地獄の釜の責め苦を思い出して、大声で泣いたという。そして彼はこのような地獄の恐怖から免れるためには出家するより仕方がないと考えたが、両親はなかなか彼の出家を許してくれなかった。

十五歳のときにとうとう父母も出家を許したので、故郷の松蔭寺《しょういんじ》の単嶺祖伝《たんれいそでん》を師として出家し、慧鶴《えかく》と名づけられた。以後の白隠の勉学と修行は凄まじかった。彼は妙心寺派の僧の伝統に従って、日本各地の名僧を求めて遍参した。禅においては、正覚《しょうがく》を得る、すなわち悟りを開くことが重要であるが、越後高田《えちごたかだ》の英巌寺《えいがんじ》に行き、性徹《しょうてつ》のもとで坐禅《ざぜん》したとき、突然悟りを開いたという。時に白隠二十四歳であった。

しかし白隠のこの悟りが本物ではないことが、信州飯山《しんしゅういいやま》城下上倉《かみくら》にいた正受老人《しょうじゅろうじん》によって厳しく指摘され、禅僧として鍛え直され、本当の悟りに達した。正受老人は僧名を道鏡《どうきょう》慧端《えたん》といい、信州飯山の城主、松平遠州《まつだいらえんしゅう》の庶子《しょし》だともいわれるが、実は真田信之《さなだのぶゆき》の実子であるという。この正受老人はまことに孤絶《こぜつ》、枯淡《こたん》の禅の悟りに住む人で、その師は江戸に道場を構えていた至道無難《しどうぶなん》であった。至道無難は隠元禅に対して強く反対した妙心寺の僧、愚堂東寔《ぐどうとうしょく》の弟子であるが、「坊主は天地の大極悪なり、所作《しょさ》なくして渡世《とせい》す、大盗《だいとう》なり」という激しい言葉を語る異色の禅師であった。

正受老人もまた武士の子として生まれながら天性の宗教者であった。十六歳のとき、たまたま二階に上がろうとして、階段の半分ほどのところで立ったまま恍惚《こうこつ》たる瞑想《めいそう》状態に陥って階段から転げ落ち、息が絶えて死人同様になった。人々が驚いて顔に水をかけると、正受老人は急に生き返り、大悟《だいご》したと手を打ってからからと笑ったという。

白隠はこのような孤独な隠者というべき奇僧の弟子となったが、彼が正受老人の下に滞在したのは約八カ月間のみで、師のもとを二度と訪れなかった。しかし彼は正受老人の教えを受けたことを徳として正受老人の弟子と称し、以後、妙心寺派の寺格の低い、まことに小さい松蔭寺《しょういんじ》を根拠地として彼独自の禅を布教したのである。

白隠は多くの著書を残していて、再三自分の伝記を記している。それを読んで私が感じるのは彼の懐疑の深さである。一つの宗教を真に信じるには、その宗教を徹底的に疑うことが少なくとも一度は必要であろうが、僧を職業とした人にはそのような懐疑の跡はほとんどみられない。しかし白隠は徹底的な懐疑を何度も繰り返した。禅についての懐疑、あるいは自らの悟りについての懐疑、禅の修行についての懐疑などを彼は人生で何度も経験し、そのたびごとに深い苦悩を味わった。

彼が禅を修行しているうちに禅の病にかかり、京都北白川の山中に住む白幽子《はくゆうし》という仙人に会って内観の法を教えられたと彼自ら語るが、白幽子なる仙人が実在したかどうかについては疑問とする学者も多い。この話は、彼が禅の修行者のみがかかる病を深く悩んでいたことを物語るものであろう。

また悟りを開いたときの禅者の熱狂を白隠ほど語った禅者はいまい。ここにいてもここにあらざる如く、魂は天空高くかけ上がり、あたかも彼が宇宙そのものになり、宇宙が彼そのものになるようなそういう恍惚を彼は高らかに語る。この点においては、彼はまさしく正受老人の弟子なのである。

白隠はまた至道無難の如く、禅僧を口をきわめて罵《ののし》る。いたずらにひとり禅堂に坐って衆生《しゅじょう》を教化《きょうけ》しない禅を、怠け者の黙照禅《もくしょうぜん》*3であると厳しく批判する。白隠は、当時の多くの禅者を、己の小さい悟りに安住する声聞縁覚《しょうもんえんがく》（いわゆる小乗《しょうじょう》仏教の出家修行者）の如き禅僧として厳しく批判し、真の菩薩《ぼさつ》*4禅を復興しようとしたのであろう。

そしてその民衆を教化しようとする精神が彼のおびただしい著書及び墨蹟《ぼくせき》になる。白隠はあるいは漢文、あるいは和文の韻文《いんぶん》、あるいは和文の散文《さんぶん》で自由自在に禅を語っている。

それはあるいは法語風であり、あるいは手紙風であり、あるいは講談調であり、あるいは落語調であり、変幻万化とどまるところを知らない。

　彼は岡山藩主池田継政《いけだつぐまさ》に宛てて「辺鄙以知吾《へびいちご》」、中御門《なかみかど》天皇の皇女浄照明院《こうじょじょうしょうみょういん》と浄明心《じょうみょうしん》院《いん》に宛てて「於仁安佐美《おにあざみ》」という仏法《ぶっぽう》を説く手紙を送ったが、いずれもすでに題において毒が含まれていて、大名及び皇女たちに礼節を尽くしてはいるものの、彼らの生活のぜいたくさを批判してやまない。

　特に白隠の書画がすばらしい。その書画もまた白隠にとっては禅の布教のためであろうが、それは雄渾《ゆうこん》にして自由、まさに一代の奇観を呈している。その書の雄渾さは大徳寺の開山である大燈国師《だいとうこくし》（宗峰妙超《しゅうほうみょうちょう》）に匹敵し、その自由さは一休《いっきゅう》、良寛《りょうかん》にも勝るほどである。

　私は、白隠によって初めて中国の禅が日本化したのではないかと思う。白隠はもっぱら「隻手音声《せきしゅおんじょう》」の公案を立てる。両手を打って音が出るはずなのに、片手でどういう「声」が出るかを工夫せよというのであろう。それは理性への懐疑を起こさせ、禅に導くまことに適当な公案であるように思われる。そして彼の禅は、たとえば盤珪の不生禅《ふしょうぜん》*5のように、人間はありのままで悟りを開けるというのではなく、厳しい修行や勉学によって悟りを開く方法も完備している。白隠はこのような真の日本禅をつくり出し、それが鈴木《すずき》大拙《だいせつ》などによって世界に普及したというべきであろうか。

＊1　頂相　禅宗で重要視された、師または高僧の肖像画のこと。写実的な画風が多く、悟りの証として師から弟子に伝えられるなどした。

＊2　公案　禅宗（主に臨済宗）で、修行者が悟りを開くために与えられる課題。白隠によって体系化された。

＊3　黙照禅　あれこれと考えずに心の動きを抑え、ただ静かに坐禅する禅。

＊4　菩薩禅　自ら菩薩となって人々を救うための禅。

＊5　不生禅　江戸時代の禅僧、盤珪永琢（ばんけいようたく、1622～1693）の主張した、「不生」を根本的な原理とする禅法。「不」は否定の意味ではなく、絶対性をあらわす。

良寛

漢詩、和歌、書が渾然一体の芸術

私は少年時代に、相馬御風《そうまぎょふう》が良寛《りょうかん》について語った本を読んだことがある。そこには、手毬《てまり》をついて子供と遊び戯れる、童心をもった良寛の姿が書かれていた。私はふつうの人の何倍かの童心をもち、青年のころ、良寛のように子供と遊んだ楽しい経験をもっているが、齢七十にして無心に子供と遊ぶこの禅僧をいささか不可解な人間と思い、今まで敬遠してきた。

しかし今回、良寛の和歌や漢詩や仏語を読み、その書を見て、この奇異なる禅僧の正覚《しょうがく》すなわち悟りがまったく独自でしかも自由で広々としたものであることを知り、にわかに良寛に深い敬慕の心を抱くようになった。

良寛のことを考えるとき、まず彼が禅僧、しかも曹洞《そうとう》禅の禅僧であったことに注目しなければならない。彼の長詩に「永平録《えいへいろく》を読む」という詩があるが、「永平録」というのは『正法眼蔵《しょうぼうげんぞう》』をさすことは間違いなかろう。この詩の中で、彼は新しく編集された『正法眼蔵』を改めて読んで、若き日、国仙和尚《こくせんおしょう》の下で禅の修行をしていたときに師に『正法眼蔵』の話を聞き、その書物を師から借りて読んだときのことを思い出し、感涙の余り、その書物を涙で濡らしたと語っている。

良寛は越後国出雲崎《えちごのくにいずもざき》の裕福な名主の子として生まれ、若くして家督《かとく》を継いだが、彼のあまりの純粋さのためにトラブルが起き、出家したという。そして二十二歳のときに備中《びっちゅう》玉島《たましま》の円通寺《えんつうじ》の国仙和尚の弟子となり、修行すること十年余、三十三歳のときに国仙和尚のもとを去り、諸国を放浪し、三十九歳のときに郷里に帰る。

郷里に帰っても、彼の生家のある出雲崎には住まず、越後のあちこちに寓居《ぐうきょ》し、乞食《こつじき》をしながら和歌や漢詩を作り、それによって越後の旦那方の知遇を得た。紀行文で有名な旅行家の菅江真澄《すがえますみ》は、彼のことを「マリツキホウシ」と記している。

この「永平録を読む」という詩を信じるかぎり、彼が正覚を得たのは、たとえば烏の鳴き声を聞いたときや、桶の底が抜けたときなどというようなものではなく、『正法眼蔵』を読んだときと考えねばならないであろう。彼は『正法眼蔵』を読んで、今までの修行が誤ったものであることに気づき、突然自由な世界が開け、師のもとを辞した。

道元《どうげん》は、自分の禅を古仏《こぶつ》の禅という。彼は「只管打坐《しかんたざ》」*1とひたすら坐禅《ざぜん》を勧めるが、坐禅というものは、釈迦《しゃか》が悟りを開いた姿と同じ姿となって瞑想《めいそう》することである。そしてこの坐禅によって彼は「身心脱落《しんじんだつらく》」という彼の造語であると思われる体験を得たのである。坐禅をしていると、身体も心も自己から離れ、釈迦《しゃか》、迦葉《かしょう》、達磨《だるま》、恵果《けいか》をはじめとする古仏と一体になるばかりか、本来仏であるあらゆる生きとし生けるものが自己の中に入ってくる。こういう神秘的体験を道元は『正法眼蔵』でもどかしげに語る。

良寛もこの道元の「身心脱落」という思想を尊重する。そして彼の身心も甚だ脱落しやすく、あらゆるものが容易に彼の中に入ってくる。彼が子供と毬つきやかくれんぼをして心から遊ぶことができたのは、彼自身が身心の脱落しやすい人間であったゆえであろう。

良寛は道元の教えを忠実に守るが、行《ぎょう》に対する力点の置き方が道元といささか異なる。それは、道元が、釈迦をはじめとする古仏と一体になる行を主として坐禅の行に求めたのに対し、良寛はそれを主として乞食《こつじき》*2の行に求めたことである。たしかに出家した釈迦は一生住むべき家をもたず、乞食をしてかろうじて飢えをしのいだ。良寛はこの乞食の行によって釈迦と同じ人間になろうとする。道元にももちろん托鉢《たくはつ》の経験はあろうが、良寛のように寒く貧しい越後の農村の一軒一軒の家を一人で托鉢してまわるという経験はあるまい。この托鉢すなわち乞食の行によって釈迦と一体になるという点において、良寛は師、道元に優っていたといわねばならない。

道元の『正法眼蔵』は一つの見事な散文的な思想詩であると思うが、道元のつくった曹洞宗という教団は僧の生活を規定する規約が厳しく、曹洞禅においては臨済《りんざい》禅におけるような芸術家は出にくい。たとえば詩人の一休《いっきゅう》、画家の蛇足《じゃそく》や雪舟《せっしゅう》、茶人の利休《りきゅう》などはすべて臨済の禅僧である。しかし道元隠れて五百年後、曹洞禅は良寛という一人の玲瓏玉《れいろうぎょく》の如き詩人を生んだのである。

良寛は乞食の行を生活の手段としたが、その心境を漢詩と和歌と書が渾然《こんぜん》一体となった芸術で示した。彼の漢詩も和歌も破格といってよい。彼の漢詩は、中国の詩において厳しい韻《いん》の法則をほとんど無視している。漢詩を日本語に読み下した形で鑑賞してきた日本の漢詩人が、中国語の韻の法則を厳しく守って詩を作るのは無理なことであろう。日本の漢詩は『懐風藻《かいふうそう》』以来、韻を踏むことに労苦を費やしてきたが、良寛はそのような煩《わずら》わしい法則など無視して、彼の思ったことをあるいは七言、あるいは五言の、長短も自由でみごとな日本的漢文の詩にしている。

和歌も契沖《けいちゅう》や真淵《まぶち》の影響を受けて、一応万葉《まんよう》調であるが、彼は『古今集《こきんしゅう》』時代にほぼ終わった長歌《ちょうか》をも復活させ、思ったことを思った通りに歌っている。書についてもまったく自由自在に、あるいは楷書《かいしょ》、あるいは草書《そうしょ》で思い通りの仏語や漢詩や和歌、果ては狂歌や俗謡の類まで書き流す。

彼は髑髏《どくろ》の絵を描いて、次のような説明を加えている。

吾《われ》髑髏を笑《わら》えば
髑髏我《われ》を笑う
咦《ああ》
秋風曠野《しゅうふうこうや》
雨颯颯《あめさつさつ》

「私は髑髏を笑うが、髑髏も私を笑う。秋風が吹き、広い野原に雨がしとしとと降っている」という意味であるが、良寛の詩にはこのような無常を歌ったものが多い。たくましい若者もあでやかな美女もやがて老い、死んで髑髏となる。人生はこのように無常であり、努めよ努めよと彼はいう。

夜《や》雨《う》

世上《せじょう》の栄枯《えいこ》は雲《くも》の変態《へんたい》
五十余年《ごじゅうよねん》は一夢《いちむ》の中《なか》。
疎雨蕭々《そうしょうしょう》たり草庵《そうあん》の夜《よ》
閑《しずか》に衲衣《のうい》を擁《よう》し虚窓《きょそう》に倚《よ》る。

「世の中で栄えたり衰えたりすることは雲がいろいろ形を変えるようなもの。わが五十余年の人生は一つの夢の中のようだ。小雨が寂しく降り、袈裟《けさ》に身を包んでわびしい庵の窓に寄りかかっている」

良寛には、前の詩のような無常、凄惨《せいさん》の感のある詩とともにこの詩のような孤愁《こしゅう》、寂寥《せきりょう》の感のある詩も多い。しかしこのような詩のみが良寛の詩であるとすれば、良寛が多くの人に親しまれることはなかったであろう。

乞《こつ》　食《じき》

十字街頭《じゆうじがいとう》乞食《こつじき》し了《おわ》り
八幡宮辺《はちまんぐうへん》方《まさ》に徘徊《はいかい》す。
児童相見《あいみ》て共に相語《あいかた》るらく
去年の癡僧《ちそう》今又来《いままたきた》ると。

「賑《にぎ》やかな町に乞食に行き、八幡宮の近くをさまよっていたが、子供たちがそれを見て、去年のあのばか和尚がまたやって来たかと囁《ささや》き合った」。良寛は乞食の行を楽しんでいるようである。

良寛には乞食の行を歌った詩が多く、何一つもらえないときも、彼は釈迦と同じ行をしたと楽しげであり、鉢一杯の食べ物をもらったときは子供のように喜んでいる。

毬《きゅう》　子《し》

袖裏《しゅうり》の繍毬《しゅうきゅう》直《あたい》千金《せんきん》
謂《おも》う言《われ》好手《こうしゅ》等匹《とうひつ》なしと。
箇中《こちゅう》の意旨《いし》若《も》し相問《あいと》わば
一二三四五六七《ひぃふうみぃよういぃむうなぁ》。

「私の袖の中には綾糸《あやいと》で綴った千金の値のする手毬《てまり》がある。私ほど毬つきの上手な者はいないと思う。もし毬つきに心ひかれる理由を人が尋ねたなら、『一二三四五六七』と答えよう」

「一二三四五六七」というのは禅問答の言い方であり、「曰《いわ》くいい難し」という意味であろう。手毬の歌は良寛にかなり多い。無常、寂寥を嘆く良寛も良寛であるが、無心に子供と遊ぶ良寛もまた良寛なのである。

私が良寛の詩のなかでいちばん好きで、しかもその書の清澄さと深さにまったく脱帽するのは、晩年の次の三首の詩の書である。この書は良寛の他の書のように達筆な草書ではなく楷書で丁寧に書かれているので、誰でも読める。その詩と書の美しさを少しでも理解してもらうために、原文とともに引用することにしよう。

冬夜長

冬夜長兮冬夜長
冬夜悠々何時明
燈無焔兮炉無炭
只聞枕上夜雨声

冬夜《とうや》長《なが》し

冬夜《とうや》長《なが》し冬夜長し
冬夜悠々《ゆうゆう》何時《いつ》か明けん。
燈《ともしび》に焔なく炉に炭なし
只《ただ》聞く枕上夜雨《ちんじょうやう》の声。

冬夜長　二首

老朽夢易覚
覚来在空堂
堂上一盞燈
挑尽冬夜長

冬夜長し　二首

老朽《ろうきゅう》夢覚め易し
覚め来《きた》りて空堂《くうどう》に在《あ》り。
堂上一盞《どうじょういっさん》の燈《ともしび》
挑《かか》げ尽くせども冬夜長し。

（同）

一思少年時

（同）

一《ひと》たび思う少年の時

読書在空堂　書を読んで空堂に在り。
燈火数添油　燈火《とうか》しばしば油を添え
未厭冬夜長　未《いま》だ厭《いと》わず冬夜の長きを。

この三首の詩には「冬夜長」という言葉が五か所も出てくる。寒くて長い北越の夜の老人の寂寥を歌ったものである。

「冬の夜は長くゆっくりしていて、なかなか夜は明けない。燈の火も炉の炭火もなくなろうとしている。外は雨。寝つかれなくて起き上がり、がらんとした部屋の燈の火をかき立てたが、冬の夜は長く、容易に明けない。

良寛は昔のことを思い出す。

少年の日、やはりこのようながらんとした部屋でしばしば燈火に油を注ぎ、長い冬の夜を飽きもせず読書に耽ったことがあった。しかし今は老境、人生は一つの夢のようなものだ」

この詩を書いた良寛の書が実によい。それは細々として、縺《もつ》れるが如く、倒れるが如く、寂寥の感が深く漂うが、比類なく清澄で高雅である。絶品というべきか。

＊1　只管打坐　道元が『普勧坐禅儀』などで主張したもので、曹洞宗の坐禅の特徴を示す言葉。色々と考えたりせず「只管」（ひたすら）に坐禅すること。

＊2　乞食の行　托鉢（たくはつ）。出家者が世俗の人々の家をまわり、門前で食物を乞う修行。

Ⅵ 近代の仏教者

大谷光瑞・河口慧海
鈴木大拙・宮沢賢治

大谷光瑞・河口慧海

科学で仏教研究に挑んだ冒険者

明治維新は近代日本の夜明けであったが、仏教にとっては必ずしも喜ばしい夜明けではなかった。王政復古なった明治政府は、千数百年の間、日本人の多くが信じてきた仏教に致命的打撃を与える廃仏毀釈《はいぶつきしゃく》＊1という政策をとったからである。この政策はまもなく廃止されたが、私は、廃仏毀釈の影響は今もなお深く残っていて、この打撃から仏教が立ち直り、かつてもっていた力を回復するには一世紀や二世紀の時間が必要であると思う。

明治維新以後、仏教は国家主義に従属させられた。天皇及び天皇の先祖を神とする国家主義的神道《しんとう》の思想が日本の初等教育を支配し、仏教は公教育から締め出されてしまう。このように仏教は国家神道というひそかな敵をもったが、いまひとつ、キリスト教という強力な敵を迎えねばならなかった。明治政府は、ヨーロッパ文明をとり入れて日本を近代化することを国是《こくぜ》とした。とすれば近代文明を生んだキリスト教は、そのような文明を生まなかった仏教よりいっそうすぐれた宗教であるようにみえる。このように仏教は国家神道とキリスト教という二重の敵と戦わねばならなかった。

この状況にもっとも早く反応したのは、日本で最多の信者をもつ東西本願寺《とうざいほんがんじ》であった。東西本願寺はいち早くヨーロッパに使節を送ったが、使節たちは十九世紀後半に甚《はなは》だ盛んになったヨーロッパの仏教学に出会い、この仏教学を積極的にとり入れようとした。オックスフォード大学教授のマックス・ミューラーはサンスクリット文献による仏教研究の開拓者であり、彼のところに留学した南条文雄《なんじょうぶんゆう》と高楠順次郎《たかくすじゅんじろう》を中心に西欧の仏教学が移入され、日本アカデミズムにおける仏教学の基礎が作られた。

しかしここでもまた問題が生じた。仏教には大乗《だいじょう》仏教と小乗《しょうじょう》仏教とがあるが、大乗仏教こそ真の仏教であり、小乗仏教はとるに足らぬものであると長い間日本の仏教者は信じてきた。しかしこのサンスクリット原典研究に基づく西欧の仏教学は、小乗仏教こそ釈迦《しゃか》の仏教であり、大乗仏教は仏滅《ぶつめつ》約五百年後に出現した龍樹《りゅうじゅ》の開いた異端仏教ともいうべき新仏教であることを科学的に証明した。この近代仏教学の結論と、千数百年にわたる信仰をどう調和させるかは、明治の仏教者を悩ませる頭の痛い問題であった。

そこで大乗仏教の立場を堅持しながら、その真理を近代科学によって明らかにしようとする冒険者が現れた。近代科学といえば、あるいは言語学であり、文献学であり、あるいは地理学であり、考古学である。いわばこのような科学を使い大乗仏教研究に挑んだ冒険者が河口慧海《かわぐちえかい》であり、大谷光瑞《おおたにこうずい》であった。

河口慧海と大谷光瑞は生まれた身分と過ごした人生において月とスッポンほどの違いがある。河口慧海は堺《さかい》の桶屋の息子として生まれ、ひとときを除いて一生貧乏に苦しめられ、生きるためにはいかがわしいと思われることすらした。しかるに大谷光瑞は、生き神様として多くの門徒に崇拝される親鸞《しんらん》上人の直系の家に生まれ、第二十二世鏡如《きょうにょ》上人となり、三十九歳にして本願寺住職並びに管長を辞任して隠居したが、死ぬまで贅沢三昧の生活を送った。この二人の関係は必ずしもよくはなかったが、自分のなすべき使命を強く自覚して猪突猛進し、大きな成果を上げながら世に評価されず、むしろ不遇な人生を送ったことにおいて二人は甚だよく似ている。

大谷光瑞のもっともよき理解者であった徳富蘇峰《とくとみそほう》は、このような偉大な仕事を成し遂げたならば、光瑞は当然学士院会員になり、文化勲章を授与されてもよいのに、何ひとつ賞を与えられず、空しく死んだと嘆いているが、これは河口慧海にもあてはまる。

河口慧海が一八六六年（慶応二）に生まれ、一九四五年（昭和二十）に死んだのに対し、大谷光瑞は一八七六年（明治九）に生まれ、一九四八年（昭和二十三）に死んだので、河口慧海のほうが大谷光瑞よりちょうど十歳年上である。

河口慧海の功績は、一九〇〇年（明治三十三）から一九〇三年にわたる約三年間のチベット旅行、及びその旅行のことを記した『チベット旅行記《りょこうき》』の刊行と、日本におけるチベット学の基礎を作ったことであろう。

インドに生まれた仏教は、ひとときは東アジアを風靡《ふうび》したが、インドでは仏教は衰え、今は一応仏教国としてスリランカ、東南アジア諸国、チベット、中国、朝鮮、日本などが挙げられる。しかしスリランカ及び東南アジアの諸国は小乗仏教の国であり、中国及び朝鮮の仏教はあまり振るわず、純粋な大乗仏教の国といえば日本とチベットくらいである。

チベットは八世紀のころに仏教をとり入れ、サンスクリットで書かれた仏教経典をチベット語に訳し、『チベット大蔵経《だいぞうきょう》』*2という仏教全書を作った。このような全仏教経典の翻訳をしたのはチベットと中国のみである。この中国語訳の「大蔵経」が日本に移入されたが、遺憾ながら日本語訳の「大蔵経」が作られることはなかった。そしてまた漢訳すなわち中国語訳の仏教経典には種々の訳があり、サンスクリットの原典がどのようなものであるかを明らかにすることは困難であった。それゆえ当然、チベット語訳の「大蔵経」を参考にしてサンスクリットの原典を探ろうとする要求が生まれる。

河口慧海は、京都の宇治《うじ》にある黄檗山萬福寺《おうばくさんまんぷくじ》の僧であった。黄檗山萬福寺は中国からの渡来僧、隠元《いんげん》のために徳川家綱《とくがわいえつな》が建立《こんりゅう》した寺で、一応臨済禅《りんざいぜん》に属するが、多分に異国情緒のある寺であった。血の気の多い慧海は萬福寺でもさまざまなトラブルを起こしたが、隠元の弟子に鉄眼道光《てつげんどうこう》という僧があり、この僧が漢訳「大蔵経」の版本《はんぽん》を日本で初めて作った。いつも目を中国に向けていた萬福寺と、「大蔵経」を刊行した鉄眼が慧海に大きな影響を与える。

そして慧海は東京へ出て、仏教がキリスト教よりすぐれた教えであることを主張し、仏教を復興しようとして哲学館《てつがくかん》（後の東洋《とうよう》大学）を創立した井上円了《いのうええんりょう》などと交わり、ますますチベット仏教を学ぼうとする志を固めた。しかしチベットは鎖国《さこく》政策をとり、外国人を国内に入れることを固く拒んでいた。この状況の中で、慧海は実に大胆なチベット探検の旅をしたのである。

慧海はあるいは中国人、あるいは西北チベット人と名乗って身分を隠し、あるいはチベット語で法を説き、あるいはわずかな医療知識で巧みに病気を治し、民衆から厚く敬われ、ついにダライ・ラマ十三世に会い、丁重な待遇を受けるが、身分がばれそうになるや、いち早くインドへ逃走する。しかしインドとの国境の関所は警戒が厳しく、インドでは彼は空を飛んできたのではないかと疑われた。

日本に帰った慧海は大歓迎を受け、各地で講演をするが、彼の講演は講談のようにおもしろく、チベットの講談師とよばれた。彼はこのチベットの探検記を『チベット旅行記』という書物にする。そこに記された旅行の日程そのものは正確であり、チベットの宗教、政治、風俗などよく紹介されているが、フィクションの跡なしとはいえない。この著書を玄奘《げんじょう》の『大唐西域記《だいとうさいいきき》』や円仁《えんにん》の『入唐求法巡礼行記《にっとうぐほうじゅんれいこうき》』と比べる人もあるが、品位において二書に劣ることは否めない。

慧海は以後もチベット語の勉強を続け、東洋大学や大正大学で教え、日本におけるチベット語研究、チベット仏教研究の先駆者となったが、いたるところで事件を起こした。そして彼は漢訳経典によっている日本の宗派仏教を否定し、戒律《かいりつ》の厳しい在家《ざいけ》仏教運動を起こしたが、魅力ある新しい教義を創造することはできず、孤立のままに死んだ。

大谷光瑞は、アジアの民を仏教に帰せしめることによって国威を発揚しようと志した点において河口慧海に劣らない。いや光瑞は慧海以上の熱意をもっていて、西本願寺の新門《しんもん》あるいは宗主《しゅうしゅ》という巨大な財力と権力を背景にして驚くべき壮挙を成しとげたのである。

本願寺はすでに江戸時代において十万石相当の大名の如き権力、財力をもっていたが、明治維新によってもその力を失わず、本願寺宗主は明治時代に残った唯一の大名の如き感を呈していた。光瑞が六甲山麓《ろっこうさんろく》に建てた二楽荘《にらくそう》という建物は本邦無二《ほんぽうむに》の珍建築といわれ、その外部はインドのアクバル大帝時代の様式をもち、その内部にはシナ室、アラビア室、インド室、英国封建時代室、近代室、エジプト室などが設けられ、それぞれの部屋にふさわしい豪華な家具が並べられたという。

そしてその二楽荘に、菩薩《ぼさつ》を教育するという名目の武庫中学を建て、百三十一名の学生を受け入れた。そのうち九十名は給費生、二十名は半給費生であり、有費生は二十名にすぎなかった。それはまことに世界を視野に入れた壮大な理想にもとづく教育計画であったが、経済的負担をまったく無視したものであった。

光瑞の西域探検も、このようなアジアを重視する思想によって行われた。彼は二十五歳から二十八歳までイギリスに滞在していたが、スウェーデン人へディンやイギリス人スタインの探検の話を聞き、ヨーロッパ人がアジアの探検を試み、アジアの文物を奪取するのは好ましくなく、アジアの文化はアジア人の手で明らかにすべきであるとし、三度にわたる西域探検を行った。

その探検に参加したのは西本願寺に属する若い僧であり、困難な任務をよく果たしたが、なにぶん彼らに考古学的な基礎知識はなく、探検が計画的に行われなかったのは残念である。三度の探検によって、仏典、経籍、西域語文書《もんじょ》、絵画、彫刻などを手に入れたが、三度目の探検隊を待っていたのは、本願寺の財政に不正ありといって光瑞の部下たちが逮捕されたというニュースであった。それは、二楽荘の建設や探検のために費やされた莫大《ばくだい》な借金をやりくりしようとした光瑞の部下たちの犯したところであり、光瑞はその責任をとり、本願寺住職及び本願寺管長の職も、伯爵の位も返上して隠居の身に帰した。

隠居後も彼はアジア各地に壮麗な別荘を造り、あちこち旅をして優雅な生活を送ったが、終戦のとき、彼は大連《たいれん》にいた。戦後帰国し、別府《べっぷ》で病を癒やそうとしたが、まもなく死んだ。

光瑞の三度にわたる西域探検の旅は壮挙であったが、彼らの収集物があちこちに分散し、十分研究が行われていないのが惜しまれる。しかし最近、大谷光瑞を河口慧海とともに見直そうとする動きがあるのは、彼らにとってもまことに喜ばしいことであろう。

＊1　廃仏毀釈　明治維新のときに、神道国教化政策に基づいて起こった仏教排斥運動。1868年（明治元）に神仏判然令が出され、国学者の神官らが中心となって神社にあった仏堂・仏像・仏具などの破壊や撤去が徹底的に行われた。

＊2　大蔵経　経（仏が説いたとされる文献）・律（人々が守るべき規範）・論（仏教に関する注釈書・哲学書）の「三蔵」を中心として集められた仏教文献類の総称。中国では数百年の間に多種多数の仏教文献が伝わり漢訳されたため、唐代にそれらを分類・整理して「大蔵経」とした。「一切経」ともいう。

鈴木大拙・宮沢賢治

二十世紀日本に出現した二人の菩薩

もしも私が近代日本のもっともすぐれた仏教者を挙げよと問われたら、鈴木《すずき》大拙《だいせつ》と宮沢《みやざわ》賢治《けんじ》と答えざるを得ないであろう。もちろん他にも、学において、行においてすぐれた仏教者はたくさんいるが、私は、仏教を日本人ばかりか世界の人々に知らしめた点において、鈴木大拙と宮沢賢治以上の人はいないと思う。

大拙は日本ばかりか世界においてすでに認められている。しかし賢治は、生前は日本でもまったく無名で、死後になってようやく知られるようになったが、賢治が広く世界に認められるにはまだ一世紀の時が必要であると私は思う。

大拙の何よりの功績は、禅《ぜん》と日本文化を世界に知らしめたことであろう。日本文化を世界に知らしめた人としては、先に小泉八雲《こいずみやくも》[*1]及び岡倉天心《おかくらてんしん》[*2]があろう。西欧人は小泉八雲の著書によって、日本が謎めいた魅力のある国であることを知り、岡倉天心の著書によって、日本の文化に茶の湯が重要な地位を占めていることを知った。そして『禅と日本文化』をはじめとする大拙の著書によって、武士道や絵画や茶道《さどう》や能などの魅力ある日本文化を創ったのが禅であることを知ったのである。

西欧の知識人には、文献学的仏教学が解明したような釈迦《しゃか》仏教はあまりに倫理的すぎて魅力のないものであったろう。しかし彼らには、大拙の語った、多くのすばらしい日本の文化を生んだ禅仏教こそ、ドグマの上に成り立つキリスト教とは違い、科学とも矛盾しない理性的でしかも神秘的な宗教に映ったことは間違いない。

大拙は小泉八雲や岡倉天心と同じように、自力で簡潔で美しい英語の著書を書く能力をもっていて、大拙の著書の多くは英語で書かれ、日本語に訳されたものが多い。現在もなお、大拙の著書を読んで妙心寺《みょうしんじ》や大徳寺《だいとくじ》などで禅の修行に入る西欧人が後を絶たない。

近代日本最大の哲学者といわれる西田幾多郎《にしだきたろう》[*3]は大拙の無二の親友であり、彼自身も坐禅《ざぜん》の体験をもち、彼の処女作にして西田哲学の名を長く日本の社会に残した『善の研究』は、禅寺での坐禅体験を西洋哲学によって論理化したものであるとさえいわれる。日本のアカデミズムの哲学者としてはそのような仏教の体験を哲学の中に持ち込むのは甚《はなは》だ大胆なことであるが、西田にそういうことができたのは大拙という禅の卓越性を強く信じる友人がいたからであろう。

大拙は晩年、「日本的霊性《れいせい》」ということをしきりにいう。大拙が霊性という言葉を用いるのは、当時、国家主義的思想家によって使われた「日本精神」という言葉に対する強い反発ゆえであろう。彼は、日本的霊性は鎌倉時代になって浄土《じょうど》仏教と禅仏教として目覚めたといい、法然《ほうねん》や親鸞《しんらん》や道元《どうげん》などの和語による法語《ほうご》に日本的な霊性の極みをみるのである。それゆえ大拙の立場は念仏《ねんぶつ》禅などといわれるが、大拙自身が、禅でも浄土でもない、あるいは禅でも浄土でもある一つの大悟《だいご》、大信《だいしん》に達していたのは間違いなかろう。

大拙は終戦直後の大谷《おおたに》大学での講義において、あえて名を挙げて和辻哲郎《わつじてつろう》や下程勇吉《したほどゆうきち》のような当時の日本を代表する倫理学者や教育学者をその国家神道《しんとう》思想への同調ゆえに厳しく批判する。神道には霊性のかけらもなく、日本の思想が神道の影響を一掃しないかぎりは霊性の目覚めはあり得ないと断言する。

この大拙の神道批判はまことにもっともであるが、彼がここで批判しているのは国家神道であり、国家神道こそ、仏教とともに伝統的な神道をも根本的に否定したものである。今もアイヌ社会に残る縄文《じょうもん》時代からの日本人の宗教である神道には、大拙のいう霊性がまったくなかったとはいいきれない。しかしこの大拙の国家神道に対する厳しい批判を受け継がずには仏教の復興は不可能であろう。

私は、明治初年に行われた廃仏毀釈《はいぶつきしゃく》の影響は今もなお日本に根強く残っていると考える。かつて天皇の位に就くことができなかった皇子たちの多くは僧職に就き、由緒ある寺の門《もん》跡《ぜき》*4となった。もちろん天皇自身も仏教信者であった。しかし廃仏毀釈によって天皇家の人々は僧職に就くことはできなくなり、天皇自身もアマテラスオオミカミをはじめとする天皇の御祖先を神とする国家神道の信者となった。その国家神道も終戦とともに禁止され、天皇家の人々はまったく無宗教になったのである。天皇が無宗教になったとすれば、国民の多くも無宗教にならざるを得ない。

国宝や重要美術品になり得る仏像を焼いたり壊したりするような極端な廃仏毀釈こそなくなったが、仏教を公教育から締め出した廃仏の政策は今もまだ続いている。日本人は西洋人よりもっと徹底的に神殺し、仏殺しを行ったのではないかと私は思う。

日本の近代がこのように神殺し、仏殺しの時代であったとすれば、近代日本の文学もまた神殺し、仏殺しの文学であったといえよう。近代日本の文学者は少数の人を除いて概《おおむ》ね無神論者であった。幸田露伴《こうだろはん》、尾崎紅葉《おざきこうよう》、夏目漱石《なつめそうせき》、森鷗外《もりおうがい》、志賀直哉《しがなおや》、谷崎潤一郎《たにざきじゅんいちろう》、芥川龍之介《あくたがわりゅうのすけ》、川端康成《かわばたやすなり》、太宰治《だざいおさむ》、三島由紀夫《みしまゆきお》と近代日本の代表的な文学者の名を並べても、はっきりした宗教をもっていた作家はほとんどいないといってもよかろう。近代日本文学者のなかでもっとも学識があり、もっとも良心的な作家であると思われる夏目漱石は、『門』の中で、禅の門に入ろうとして「長く門外に佇立《たたず》むべき運命をもって生まれて来た」宗助《そうすけ》を描いた。宗助は夏目漱石ばかりか近代日本文学者の自画像であるといえよう。

このような状況のなかにあってほとんどただ一人、深く仏教の精神を身につけ、菩薩行《ぼさつぎょう》*5として作品を書いた作家がいる。宮沢賢治である。賢治のような作家は、無宗教が時代の常識となっている時代において理解されることは難しい。賢治は生きている間はほとんど理解されず、死後に評価されるようになったが、賢治をもっとも早くに評価した谷川徹三《たにがわてつぞう》は、賢治の文学を「賢者の文学」という。賢治は、孔子《こうし》の弟子で徳高くして貧困の中で夭《よう》折《せつ》した顔回《がんかい》に比せられた。そして戦後、賢治は高く評価されたが、賢治の宗教について深く考える研究者はほとんどなかった。私は、賢治はこの自ら意識しない神殺しや仏殺しの時代にあって固く仏の教えを信じ、新しい時代を暗示した偉大な文学者であると思う。

賢治のことを語るとき、彼が花巻《はなまき》で金貸し業を営む熱烈な浄土真宗《じょうどしんしゅう》の信者である宮沢家の生まれであることを考えねばならないであろう。貧困に悩む東北の民のなかで彼一家は裕福であったが、彼はそのことに深い罪障感《ざいしょうかん》を抱いていたように思われる。そして父が信じる近代浄土真宗は『歎異抄《たんにしょう》』を重視し、悪人正機説《あくにんしょうき》*6をとる。阿弥陀《あみだ》の慈悲《じひ》は善人よりはむしろ悪人に注がれ、人はたとえ悪を犯しても、虚心に懺悔《さんげ》すれば阿弥陀仏の慈悲によって救われるというものである。

賢治もまた近代浄土真宗の信仰の熱烈な信者であったが、彼は浄土真宗を捨てて、日蓮《にちれん》宗《しゅう》の信者になった。その理由について賢治は深くは語らないが、このような近代浄土真宗の信仰には菩薩行《ぼさつぎょう》が欠如していると思ったからではなかろうか。「法華経《ほけきょう》」や日蓮の著書を読んで、彼は「法華経」の信仰に帰した。

賢治は、日蓮の思想にもとづく新しい宗教団体である田中智学《たなかちがく》の主宰する国柱会《こくちゅうかい》に入り、上京して、国柱会の本部の下足番《げそくばん》をしていた。田中智学は甚だ博学で雄弁で活動的な布教《ふきょう》師であり、日蓮の如く上野公園で街頭説法《せっぽう》を行い、信者を増やした。また彼は日蓮の受難劇を自作自演し、自ら舞台に立ったという。

日蓮は、折伏《しゃくぶく》*7の時代と摂受《しょうじゅ》*8の時代があるが、現在は折伏の時代であるといった。智学はこの言葉を信じ、折伏を続けた。賢治は甚だ恥ずかしがりやで、とても日蓮や智学のように大勢の人の前で説法をし、折伏することはできない。それで賢治は、智学のある弟子が何げなく彼に語った言葉から暗示を受け、文学によって折伏しようとしたのであろう。そして子どもにも読めるおびただしい童話が次々と書かれ、そのほんの一部は生前に発表されたが、大多数は死後に刊行された。

何のために書くかということは作家にとって大問題であるが、たとえば日本の純文学では、金や名誉のためではなく自己のために書くことがよいことであるとされる。しかし賢治の文学は自己のためにのみ書いたものではない。賢治は自らを救い、そして多くの人を正しい教えに導くために書いたのである。賢治からみれば、純文学は声聞縁覚《しょうもんえんがく》の文学にすぎないが、賢治の文学は菩薩の文学である。しかも賢治の文学は日蓮と「法華経」の深い理解の上に立っている。

日蓮は、天台本覚論《てんだいほんがくろん》*9の山や川も草や木も仏性《ぶっしょう》をもっていて、成仏《じょうぶつ》するという思想を強く信じている。生きとし生けるもの、動物も植物もすべて仏性をもっていて、仏になれるというのである。

賢治の童話においては、人間ばかりか熊や山猫やよだかのような動物、ひのきや柏の木やダリヤのような植物も人間と同じような心をもっていて、言葉を解し、互いに思いやりながらも修羅《しゅら》の戦いをしている。賢治の童話は、イソップ童話のように人間を諷刺《ふうし》するために動物を登場させたというものではない。賢治の世界観は近代的世界観ではなく、「法華経」的な世界観である。

賢治の数ある童話のなかでもとりわけ名作の一つである「なめとこ山の熊」は、熊を殺して生計を立てている淵沢小十郎《ふちざわこじゅうろう》という猟師《りょうし》が、その罪を感じて熊にわが身を捧げるという話であるが、小十郎は「法華経」にある、自分の身を殺して他人のために捧げるという薬王《やくおう》菩薩であるといってよかろう。また賢治の多くの詩のなかでもっともポピュラーな「雨ニモマケズ」という詩は、同じように「法華経」にある、人から馬鹿にされながらも人を愛し、人のために尽くすという常不軽《じょうふきょう》菩薩[*10]の生き方を自己の生活の理想として歌ったものであろう。日蓮以外に彼ほど「法華経」の精神をよく理解し、「法華経」に出てくる菩薩の心を自分の心として自分の人生を生き、自分の歌を歌った仏教者は存在しないと私は思う。

鈴木大拙と宮沢賢治は、二十世紀の日本に出現した最大の菩薩であるといってよかろう。このような菩薩がまだ十人ほど出ないと、日本の仏教の復興は不可能であると私は思う。

＊1　小泉八雲　1850〜1904。ギリシャ生まれのイギリス人で作家・英文学者。本名はラフカディオ・ハーン（Lafcadio Hearn）。1890年（明治23）に来日し、帰化して日本についての研究や文章を海外に紹介した。主著は『知られぬ日本の面影』『怪談』。

＊2　岡倉天心　1862〜1913。明治時代の美術評論家。横浜生まれで本名は覚三。米国の東洋美術史家フェノロサに師事し、日本美術の復興と紹介に尽くした。主著は『東洋の理想』『日本の目覚め』。

＊3　西田幾多郎　1870〜1945。哲学者、京大教授。1911年（明治44）に『善の研究』を発表して東洋思想と西洋思想の内面的な統一をはかるとともに、西洋とは異なる東洋思想の論理的構造を探究した。

＊4　門跡　天皇や皇族が出家し、寺の住持となった際の名称。

＊5　菩薩行　菩薩（大乗仏教の修行者）としての行。

＊6　悪人正機説　悪人こそ阿弥陀仏に救われる存在であるということ。親鸞の言葉を記した『歎異抄』の「善人なをもて往生をとぐ、いはんや悪人をや」という言葉に象徴される思想。

＊7　折伏　相手の誤りや悪を力を持ってくじき、正しい教えに導くこと。

＊8　摂受　慈悲の心をもって相手を受け入れ、教え導くこと。

＊9　天台本覚論　日本の天台宗において展開した考え方。「本覚」とは、衆生が本来持っている悟りの境地という意味の語。この言葉の解釈から、この世の生きとし生けるものは修行をしなくてもあるがままで本質的に悟っているという考え方が生まれた。

＊10　常不軽菩薩　「法華経」常不軽菩薩品に登場する菩薩で、釈迦の過去世の姿であるとされる。軽蔑や迫害にあってもくじけることなく、出会った人すべてに「あなたは仏になる人なので、私はあなたを軽んじません」と言い、礼拝した。

あとがき

この書物は、朝日新聞社刊の週刊朝日百科「仏教を歩く」の各号に私が連載したものに多少手を加えたものである。私は専門の仏教学者ではないが、日本で哲学をするためには仏教の知識が必要不可欠であると思って、約四十年前、当時の日本を代表する若き仏教学者とともに『仏教の思想』という叢書を作った。それは私の仏教に対する認識を深めることに役立ったが、同時に日本人に分かりやすく仏教を知らしめることに多少貢献することができたと思う。

その後も私は主として日本の仏教について、たとえば親鸞、たとえば法然について著書を書いた。そういう私がこの連載を引き受けたのは、もう一度、日本仏教の歴史を自分の頭で確かめてみたいと思ったからである。山折哲雄氏らを編集顧問とするこの企画で取り上げられた人物のなかには、私がほとんど知らない人もいた。私がほとんど知らないが日本仏教史において重要な役割を果たしている覚鑁や日親や河口慧海や大谷光瑞のような人がいることは、私の自尊心を傷つける。それで彼らの著書や伝記を読んだが、それぞれ興味深かった。また今まで何度か論じたことのある祖師のなかにも、改めて著書を読み返すことによって尊敬の念を新たにした人もいる。私はこの一年間を主に日本仏教の勉強をして過ごしたが、この日本仏教探求の旅は甚だ実り多き旅であったと思う。

もう一つ、私が強く感じたのは、日本の仏教は甚だ芸術的な仏教であるということである。雪舟、運慶、一休、利休、円空、良寛などの仏教芸術家が取り上げられたが、今まで彼らは多く芸術家としてのみ扱われ、その宗教思想が問題とされることが少なかった。しかし利休を除いて彼らは何よりもまず宗教家であり、その宗教思想を芸術によって表現したとみるべきであろう。私は雪舟と良寛、特に円空に強くひかれた。彼らについて一冊の本を書くときが、やがてくるのではないかと思う。

平成一六年六月九日

梅原　猛

鈴木大拙

1870年（明治３）	１歳	金沢に生まれる（11月11日）
1891年（明治24）	22歳	小学校高等科訓導の職を辞して上京、東京専門学校（現・早大）、次いで東大選科に入学。鎌倉円覚寺への参禅に熱中。やがて、大拙の道号を受ける
1897年（明治30）	28歳	アメリカに渡る
1900年（明治33）	31歳	『大乗起信論』を英訳する
1907年（明治40）	38歳	『大乗仏教概論（英文）』を著す
1909年（明治42）	40歳	帰国し、学習院、東大文科講師となる
1921年（大正10）	52歳	西田幾多郎の薦めで大谷大学教授となる
1927年（昭和２）	58歳	ロンドンで『禅論（英文）』の刊行始まる
1942年（昭和17）	73歳	『浄土系思想論』を刊行する
1943年（昭和18）	74歳	『禅思想史研究』の刊行始まる
1944年（昭和19）	75歳	『日本的霊性』を刊行する
1966年（昭和41）	97歳	亡くなる（７月12日）

宮沢賢治

1896年（明治29）	１歳	岩手県稗貫郡花巻川口町に生まれる
1918年（大正７）	23歳	盛岡高等農林を卒業。在学中から短歌、散文の習作を執筆していた。同年、妹トシの病気看護のため上京
1919年（大正８）	24歳	盛岡に帰郷し、家業を手伝う
1920年（大正９）	25歳	国柱会に入会する
1921年（大正10）	26歳	上京して布教生活。帰郷して稗貫農学校教諭となる
1924年（大正13）	29歳	童話集『注文の多い料理店』、詩集『春と修羅』を刊行する
1926年（昭和元）	31歳	農学校を退職し、自炊・開墾生活を始める。羅須地人協会を設立し、農村を巡って稲作指導をし、農民芸術を語る
1927年（昭和２）	32歳	この頃、「銀河鉄道の夜」を執筆する
1928年（昭和３）	33歳	病床に伏す
1931年（昭和６）	36歳	「雨ニモマケズ」を執筆する
1932年（昭和７）	37歳	「グスコーブドリの伝記」を発表する
1933年（昭和８）	38歳	「法華経」を知人に頒布することを遺言して亡くなる（９月21日）

42人の仏教者◉略年譜（※年齢は数え年）

I

聖徳太子

574年（敏達天皇３）	１歳	生誕地は奈良県桜井市の上之宮と同県明日香村の橘寺の２説がある
587年（用明天皇２）	14歳	父、用明天皇没。蘇我馬子らと物部守屋を滅ぼす
593年（推古天皇元）	20歳	叔母の推古天皇の下で摂政となる
595年（推古天皇３）	22歳	高句麗から慧慈が来朝．太子に仏教を教える
604年（推古天皇12）	31歳	冠位十二階の授与式を行う。憲法十七条を作成。小墾田宮新宮殿の新作法を定める
605年（推古天皇13）	32歳	官人の衣服を改める。飛鳥寺（元興寺、奈良市）の丈六仏の造立に着手。斑鳩に居を移す
606年（推古天皇14）	33歳	「勝鬘経」「法華経」を講ずる
607年（推古天皇15）	34歳	小野妹子を隋に派遣
608年（推古天皇16）	35歳	再び、小野妹子を隋に派遣
615年（推古天皇23）	42歳	『法華義疏』完成（『三経義疏』の完成）
621年（推古天皇29）	48歳	母の穴穂部間人皇女没
622年（推古天皇30）	49歳	夫人の膳大郎女没。翌日、太子も亡くなる

役小角

生没年不詳	賀茂一族で、大和国葛木上郡茅原村（奈良県御所市）の人と伝えられる。葛城山で修行し、呪術にすぐれた行者として知られる
699年（文武天皇３）	妖術で人々を惑わした罪で伊豆大島に配流される
701年（大宝元）	罪を許される

行基

668年（天智天皇７）	１歳	河内国大鳥郡蜂田里（大阪府堺市）に生まれる
682年（天武天皇11）	15歳	大官大寺（奈良県明日香村）で出家
692年（持統天皇６）	25歳	飛鳥寺に入る
695年（持統天皇９）	28歳	生駒山中で修行に入る
704年（慶雲元）	37歳	生家を改め、家原寺とし、以後、畿内を中心に寺院を造る
717年（霊亀３）	50歳	行基の民間伝道が僧尼令違反として禁じられる

731年（天平３）	64歳　行基に従う人々のうち、修行する者の得度が許される。狭山池（大阪府大阪狭山市）改修
734年（天平６）	67歳　久米田池（大阪府岸和田市）造成
743年（天平15）	76歳　聖武天皇が盧舎那仏の造立を発願。これを受け、行基が弟子らを率いて勧進する
745年（天平17）	78歳　大僧正となる。金光明寺（東大寺）で大仏造営が始まる
749年（天平21）	82歳　菅原寺にて病み、四十九院を弟子の光信に委嘱して亡くなる

鑑真

688年（持統天皇２）	１歳　中国・揚州に生まれる
701年（大宝元）	14歳　揚州・大雲寺で出家する
742年（天平14）	55歳　揚州・大明寺で栄叡・普照の来日要請を受け、渡日を決意する
743年（天平15）	56歳　如海の密告により栄叡・普照ら拘禁される（第１次渡航失敗）。出帆するが難破し明州・阿育王寺に収容される（第２次渡航失敗）
744年（天平16）	57歳　越州の僧ら栄叡を訴える（第３次渡航失敗）。鑑真、高弟の霊祐らに訴えられる（第４次渡航失敗）
748年（天平20）	61歳　出帆するが海南島へ漂着（第５次渡航失敗）
750年（天平勝宝２）	63歳　視力が衰え失明する
753年（天平勝宝５）	66歳　蘇州から出帆。秋妻屋浦（鹿児島県）を経て大宰府（福岡県太宰府市）に到着
754年（天平勝宝６）	67歳　平城京到着。東大寺大仏殿前で聖武上皇、光明皇太后らに授戒する
755年（天平勝宝７）	68歳　東大寺戒壇院が完成
758年（天平宝字２）	71歳　大和上の号を賜る
759年（天平宝字３）	72歳　唐招提寺を建立
763年（天平宝字７）	76歳　和上像が造られる。結跏趺坐して亡くなる

Ⅱ

空海

774年（宝亀５）	１歳　讃岐国多度郡屏風ヶ浦（香川県善通寺市）で生まれる（６月15日）
791年（延暦10）	18歳　大学明経科に入学。この後、阿波国大滝岳（舎心ヶ岳・徳島県阿南市）などで修行

797年（延暦16）	24歳　『聾瞽指帰』２巻を著す（のち『三教指帰』３巻に書き改める）
804年（延暦23）	31歳　東大寺戒壇院で受戒。「空海」を名乗り、入唐
805年（延暦24）	32歳　長安青龍寺（西省西安市）で恵果に師事、伝法阿闍梨位を受ける
806年（大同元）	33歳　帰国。大宰府（福岡県太宰府市）や和泉国（大阪府南部）に滞在
818年（弘仁９）	45歳　高野山（和歌山県高野町）に禅院を開く
819年（弘仁10）	46歳　『即身成仏義』などを著し始める
821年（弘仁12）	48歳　満濃池（香川県満濃町）を修築
822年（弘仁13）	49歳　東大寺に灌頂道場真言院を開く
823年（弘仁14）	50歳　東寺（京都市南区）を根本道場に
828年（天長５）	55歳　庶民の学校「綜芸種智院」を開く
830年（天長７）	57歳　『秘密曼陀羅十住心論』を著す
835年（承和２）	62歳　高野山で亡くなる（３月21日）
921年（延喜21）	醍醐天皇が「弘法大師」号を贈る

最澄

767年（神護景雲元）	１歳（一説には766年生まれ）近江国古市郷（滋賀県大津市）に生まれる（８月18日）。幼名広野
778年（宝亀９）	12歳　大国師行表の弟子となり近江国分寺に入る
780年（宝亀11）	14歳　近江国分寺で得度。最澄と名乗る
785年（延暦４）	19歳　東大寺で受戒（４月６日）。比叡山に入り草庵を結ぶ（７月17日）
802年（延暦21）	36歳　還学生として入唐を許される
804年（延暦23）	38歳　遣唐船に乗って九州を出発し、明州に上陸。天台山で行満から天台教学、翛然から禅を授かる
805年（延暦24）	39歳　台州龍興寺で道邃から天台および円頓戒（大乗仏教の戒律）を授かる。越州で順暁から密教を授かる。帰国し朝廷に『請来目録』を提出
806年（延暦25・大同元）	40歳　年分度者２名を賜り、天台宗公認
810年（弘仁元）	44歳　伝燈法師位を賜る
817年（弘仁８）	51歳　徳一との論争始まる
818年（弘仁９）	52歳　比叡山上に大乗戒壇の創設を宣言。『山家学生式』を定める
819年（弘仁10）	53歳　僧綱に大乗戒壇設立を拒否される
820年（弘仁11）	54歳　『顕戒論』を著し僧綱に反論
822年（弘仁13）	56歳　比叡山で示寂（６月４日）。１週間後に大乗

戒壇の設立が認可される

円仁

794年（延暦13）	1歳	下野国（栃木県）で生まれる
808年（大同3）	15歳	最澄の弟子となる
838年（承和5）	45歳	入唐を果たし、以後、五台山や長安で学ぶ
847年（承和14）	54歳	日本に帰国
848年（嘉祥元）	55歳	比叡山に帰還。円珍、円仁から密教を学ぶ
851年（仁寿元）	58歳	五台山の念仏三昧法を始修し、『金剛頂経疏』を著す
854年（仁寿4）	61歳	天台座主に就く
864年（貞観6）	71歳	亡くなる（1月14日）

円珍

814年（弘仁5）	1歳	讃岐国（香川県）で生まれる
828年（天長5）	15歳	義真の弟子となる
833年（天長10）	20歳	得度し以後12年間籠山
846年（承和13）	33歳	比叡山の真言学頭に就任
848年（嘉祥元）	35歳	円仁から密教を学ぶ
853年（仁寿3）	40歳	入唐し、天台山や長安で天台学や密教を学ぶ
858年（天安2）	45歳	日本に帰国
859年（貞観元）	46歳	園城寺（三井寺）を再興したと伝えられる
868年（貞観10）	55歳	天台座主に就く
884年（元慶8）	71歳	『授決集』を著す
891年（寛平3）	78歳	亡くなる（10月29日）

空也

903年（延喜3）	1歳	父母や郷土について語らず、出生地など不明
919年（延喜19）	17歳	この頃、路傍などに打ち捨てられた死骸を回向して回る
924年（延長2）	22歳	この頃、尾張国（愛知県）国分寺で得度
934年（承平4）	32歳	この頃、奥州を巡化したという（一説には、晩年とも）
938年（天慶元）	36歳	京都で念仏を庶民に勧め「市聖」といわれる
948年（天暦2）	46歳	叡山に行き、座主・延昌の下で受戒
951年（天暦5）	49歳	洛東に一宇を建てる。西光寺（現・六波羅蜜寺）の創始
972年（天禄3）	70歳	西光寺で亡くなる（9月11日）

源信

942年（天慶５）	１歳	大和国（奈良県）葛下郡当麻郷で生まれる
956年（天暦10）	15歳	この頃までに、叡山の横川に行き、良源に師事したとされる
978年（天元元）	37歳	『因明論疏四相違略註釈』を著す
985年（寛和元）	44歳	『往生要集』完成
1004年（寛弘元）	63歳	権少僧都に任ぜられる
1005年（寛弘２）	64歳	権少僧都を辞退
1014年（長和３）	73歳	最後の著作『阿弥陀経略記』を著す
1017年（寛仁元）	76歳	横川の恵心院で亡くなる（６月10日）

覚鑁

1095年（嘉保２）	１歳	肥前国藤津荘（佐賀県）に生まれる
1107年（嘉承２）	13歳	仁和寺の寛助、定尊のもとで真言教学を学ぶ
1110年（天永元）	16歳	仁和寺で出家。興福寺で法相、東大寺で華厳・三論などを学ぶ
1114年（永久２）	20歳	東大寺で具足戒を受ける。高野山に上る
1121年（保安２）	27歳	仁和寺で寛助から伝法灌頂を受ける（この法流が後に伝法院流となる）
1132年（長承元）	38歳	大伝法院・密厳院の落慶法要が行われる
1134年（長承３）	40歳	大伝法院座主、金剛峯寺座主に就任する（金剛峯寺方の反対運動が起こる）
1135年（保延元）	41歳	千日無言行に入り、大伝法院座主、金剛峯寺座主を真誉に譲る。この頃『密厳院発露懺悔文』を著す
1139年（保延５）	45歳	千日無言行を結願。紀州（和歌山県）の根来に移住
1143年（康治２）	49歳	根来の円明寺・神宮寺の落慶法要が行われる。「風気（風邪）」をわずらい、円明寺で亡くなる

Ⅲ

法然

1133年（長承２）	１歳	美作国久米南条稲岡（岡山県久米南町）に生まれる（４月７日）
1141年（永治元）	９歳	父の死去を機に、菩提寺（岡山県奈義町）の観覚の弟子となる

1145年（久安元）	13歳　比叡山に上る
1150年（久安6）	18歳　西塔黒谷の叡空に師事し、法然房源空の名を授かる
1175年（承安5）	43歳　浄土宗を開宗。東山吉水（京都市東山区）などに庵を結ぶ
1186年（文治2）	54歳　顕真らと大原勝林院（京都市左京区）にて問答する（大原談義）
1189年（文治5）	57歳　摂政九条兼実に授戒する
1198年（建久9）	66歳　『選択本願念仏集』を撰述する
1201年（建仁元）	69歳　親鸞が法然に入門
1204年（元久元）	72歳　比叡山衆徒による専修念仏の停止の訴えに対し門弟を律する「七箇条制誡」を出す（元久の法難）
1207年（建永2）	75歳　専修念仏停止の院宣により、四国に流罪となる（建永の法難）
1211年（建暦元）	79歳　赦免され、東山大谷の禅房に入る
1212年（建暦2）	80歳　源智に「一枚起請文」を授け、亡くなる

親鸞

1173年（承安3）	1歳　京都日野で生まれる
1181年（養和元）	9歳　青蓮院で慈円について得度する
1201年（建仁元）	29歳　比叡山を出て六角堂に参籠。聖徳太子の夢告を得て法然の門に入る
1205年（元久2）	33歳　法然より『選択集』の書写、真影の図画を許される
1207年（建永2）	35歳　法然は四国に、親鸞は越後に流される
1211年（建暦元）	39歳　流罪を許される
1214年（建保2）	42歳　越後から常陸に移住する
1224年（元仁元）	52歳　『教行信証』草稿成立
1235年（嘉禎元）	63歳　恵信尼らと別れ、覚信尼をともなって京に帰る
1248年（宝治2）	76歳　『浄土和讃』『高僧和讃』を著す
1256年（康元元）	84歳　長男の善鸞を義絶する
1257年（正嘉元）	85歳　『正像末和讃』を著す
1262年（弘長2）	90歳　京都で亡くなる

一遍

1239年（延応元）	1歳　伊予国道後（愛媛県松山市）に生まれる
1251年（建長3）	13歳　九州大宰府で聖達、肥前で華台に師事し名を智真と改める

1263年（弘長３）	25歳	父の死で伊予に帰り還俗
1267年（文永４）	29歳	この頃再び出家したか
1271年（文永８）	33歳	信州善光寺に参籠し「二河白道」を感得。伊予窪寺に籠る
1274年（文永11）	36歳	超一・超二らを伴い遊行の旅に出る。四天王寺、高野山、熊野に参詣。熊野権現の神示を受ける
1276年（建治２）	38歳	九州に渡り大隅正八幡宮に参詣
1279年（弘安２）	41歳	京に上り因幡堂に宿す。信濃国佐久郡で踊り念仏を始める
1280年（弘安３）	42歳	奥州、常陸などを巡る
1282年（弘安５）	44歳	鎌倉に入れず片瀬に滞在
1283年（弘安６）	45歳	東海、尾張、近江を経て関寺で越年
1284年（弘安７）	46歳	京の四条京極釈迦堂、因幡堂、六波羅蜜寺、市屋などで教化
1286年（弘安９）	48歳	四天王寺、住吉大社、当麻寺、石清水八幡宮などに参詣
1287年（弘安10）	49歳	播磨国書写山などに参詣
1288年（正応元）	50歳	伊予国大三島神社に参詣
1289年（正応２）	51歳	讃岐国善通寺などを巡礼後、阿波で病気となる。播磨国明石を経て兵庫の観音堂で亡くなる

明恵

1173年（承安３）	１歳	紀伊国石垣荘吉原（和歌山県金屋町）に生まれる（１月８日）
1181年（養和元）	９歳	京都・高雄の神護寺に入る
1188年（文治４）	16歳	上覚を師として出家
1195年（建久６）	23歳	紀州の白上峰（湯浅町）に隠遁
1196年（建久７）	24歳	右の耳を切る
1198年（建久９）	26歳	神護寺で『華厳経探玄記』を講じる
1206年（建永元）	34歳	後鳥羽院より栂尾の地を賜り、高山寺を開く
1212年（建暦２）	40歳	『摧邪輪』を著す。専修念仏を批判
1215年（建保３）	43歳	「四座講式」を作り、涅槃会を行う。『三時三宝礼釈』を著す
1218年（建保６）	46歳	京都・賀茂に移り住む
1220年（承久２）	48歳	仏光観を開始。『入解脱門義』を著す
1221年（承久３）	49歳	承久の乱に際し、敗兵をかくまい、北条泰時と面談したとされる
1223年（貞応２）	51歳	栂尾に定住

1225年（嘉禄元）	53歳	高山寺の説戒会を始める
1227年（安貞元）	55歳	『光明真言加持土沙義』を著す
1232年（寛喜４）	60歳	高山寺で亡くなる（１月19日）

叡尊

1201年（建仁元）	１歳	大和国（奈良県）に生まれる
1207年（承元元）	７歳	醍醐寺門前の家の養子になり、その縁で醍醐寺に入る
1217年（建保５）	17歳	醍醐寺叡賢を師として出家
1236年（嘉禎２）	36歳	東大寺法華堂で自誓受戒する
1238年（暦仁元）	38歳	西大寺を拠点に戒律の普及に努める
1262年（弘長２）	62歳	北条時頼の招きで鎌倉へ下向
1268年（文永５）	68歳	異国降伏の祈禱をおこなう
1269年（文永６）	69歳	非人2000人を集め文殊供養を行う
1286年（弘安９）	86歳	殺生禁断を条件に宇治橋を再興する
1290年（正応３）	90歳	西大寺で亡くなる（８月25日）

忍性

1217年（建保５）	１歳	大和国（奈良県）に生まれる（７月16日）
1239年（延応元）	23歳	叡尊と出会い、戒を受けて弟子となる。以後、非人救済に奔走
1252年（建長４）	36歳	律宗の東国布教をめざして関東に下向
1267年（文永４）	51歳	鎌倉の極楽寺に住する。以後、極楽寺を拠点に非人救済、作道、殺生禁断などの慈善事業に努める
1281年（弘安４）	65歳	元寇に際し攘夷の祈禱を行う
1303年（嘉元元）	87歳	極楽寺で亡くなる（７月12日）

栄西

1141年（保延７）	１歳	備中（岡山県西部）に生まれる（４月20日）
1154年（久寿元）	14歳	比叡山で受戒し、栄西と称する
1168年（仁安３）	28歳	第１回入宋（４～９月）
1187年（文治３）	47歳	第２回入宋。インド行きは果たせず虚菴懐敞に師事
1191年（建久２）	51歳	虚菴懐敞の印可を受け帰国
1192年（建久３）	52歳	筑前国香椎社の側に建久報恩寺を建て、初めて説法を行う。千仏閣再建のため巨材を天童山に送る
1193年（建久４）	53歳	筑前国に千光寺を建てる
1194年（建久５）	54歳	大日房能忍ら日本達磨宗と栄西の禅宗布教が

比叡山の圧力で禁止される

1198年（建久９）	58歳	『興禅護国論』を著す
1200年（正治２）	60歳	源頼朝一周忌法要の導師を務める。北条政子建立の寿福寺開山になる
1202年（建仁２）	62歳	源頼家建立の建仁寺開山になる
1204年（元久元）	64歳	『斎戒勧進文』『日本仏法中興願文』を著す
1206年（建永元）	66歳	重源示寂、東大寺大勧進職を継ぐ
1213年（建保元）	73歳	権僧正に任じられる
1214年（建保２）	74歳	源実朝に『喫茶養生記』を献じる
1215年（建保３）	75歳	寿福寺で亡くなる（７月５日）

道元

1200年（正治２）	１歳	京都に生まれる（１月２日）
1212年（建暦２）	13歳	比叡山横川の良観（良顕）のもとで出家。翌年、公円について得度
1217年（建保５）	18歳	建仁寺に入り明全に入門
1223年（貞応２）	24歳	明全らと宋に渡る
1225年（嘉禄元）	26歳	天童山景徳寺（中国・浙江省）の住持・如浄に入門。悟りを開く
1227年（安貞元）	28歳	帰国して建仁寺へ。『普勧坐禅儀』を著す
1230年（寛喜２）	31歳	山城国深草の安養院へ
1231年（寛喜３）	32歳	『正法眼蔵』を著し始める
1233年（天福元）	34歳	興聖寺を開く
1237年（嘉禎３）	38歳	『典座教訓』を著す
1243年（寛元元）	44歳	都を離れて越前国志比庄へ
1246年（寛元４）	47歳	44年開創の大仏寺を永平寺と改称
1253年（建長５）	54歳	療養のため京都に向かい８月28日に亡くなる

日蓮

1222年（承久４）	１歳	安房国長狭郡東条郷片海（千葉県安房郡天津小湊町）で生まれる（２月16日）
1237年（嘉禎３）	16歳	清澄寺の道善房のもとで受戒し、是聖房蓮長と名乗る
1242年（仁治３）	21歳	比叡山、高野山、四天王寺などで修学
1253年（建長５）	32歳	清澄寺で立教開宗を宣言する。この頃から日蓮と名乗る。鎌倉・松葉谷に移り住む
1260年（文応元）	39歳	『立正安国論』を幕府に提出する。松葉谷の草庵で襲撃を受ける

1261年（弘長元）	40歳	伊豆へ流罪となる（63年赦免）
1264年（文永元）	43歳	安房の東条松原大路で待ち伏せしていた浄土教信者に襲撃される
1271年（文永８）	50歳	龍之口で謀殺の危機に遭う。佐渡へ配流となる（74年赦免）
1272年（文永９）	51歳	『開目抄』を著す
1273年（文永10）	52歳	『観心本尊抄』を著す
1274年（文永11）	53歳	身延山に草庵を結ぶ
1281年（弘安４）	60歳	身延山久遠寺の大坊が完成する
1282年（弘安５）	61歳	常陸国を目指して身延を出立、途中の武蔵国池上で亡くなる（10月13日）

日親

1407年（応永14）	１歳	上総国（千葉県）埴谷に生まれる
1423年（応永30）	17歳	師の日英亡くなる。この頃、日親と改名
1436年（永享８）	30歳	本法寺を京都・綾小路東洞院に開創
1437年（永享９）	31歳	法華経寺貫首日有を厳しく批判したため、法華経寺から破門される
1439年（永享11）	33歳	将軍足利義教に対し諫暁を行う
1440年（永享12）	34歳	『立正治国論』の草稿完成。幕府に捕らえられ獄へ
1441年（嘉吉元）	35歳	将軍足利義教の死により出獄
1460年（寛正元）	54歳	幕府、日親処罰を決定
1462年（寛正３）	56歳	再び獄へ
1463年（寛正４）	57歳	将軍足利義政の母（日野重子）の死により大赦を受け、釈放される
1465年（寛正６）	59歳	日祝が、日親と法華経寺の日院との和解を斡旋するが、失敗
1470年（文明２）	64歳	『埴谷抄』『伝燈抄』完成
1487年（長享元）	81歳	『本法寺縁起』を著す
1488年（長享２）	82歳	本法寺で亡くなる（９月17日）

蓮如

1415年（応永22）	１歳	東山大谷（京都市東山区）で生まれる
1431年（永享３）	17歳	青蓮院で得度し、兼寿と称する
1449年（宝徳元）	35歳	父・存如と北陸へ布教の旅に出る
1457年（康正３）	43歳	存如没。本願寺８世の宗主となる
1465年（寛正６）	51歳	延暦寺衆徒らに大谷本願寺を破却され、近江

		金森・堅田（滋賀県守山市・大津市）に難を逃れる
1471年（文明３）	57歳	越前吉崎（福井県あわら市）に坊舎を建てる
1473年（文明５）	59歳	『正信念仏偈』『三帖和讃』を刊行
1475年（文明７）	61歳	加賀一向一揆にともない、吉崎を出て河内国出口村（大阪府枚方市）に移る
1478年（文明10）	64歳	京都・山科に移り、山科本願寺の造営を始める
1489年（延徳元）	75歳	寺務を実如に譲り隠居する
1496年（明応５）	82歳	大坂石山（現・大阪城）に坊舎を建立する
1499年（明応８）	85歳	山科で亡くなる（３月25日）

Ⅳ

西行

1118年（元永元）	１歳	生まれる。俗名佐藤義清
1137年（保延３）	20歳	この頃、北面の武士として鳥羽院に仕える
1140年（保延６）	23歳	出家し、以後、西行と名乗る
1141年（永治元）	24歳	この頃、洛外に草庵を結ぶ
1147年（久安３）	30歳	陸奥・出羽へ旅立つ
1149年（久安５）	32歳	この頃、高野山に草庵を結ぶ
1151年（仁平元）	34歳	藤原顕輔撰『詞花集』に「読み人知らず」として西行の歌１首入集
1168年（仁安３）	51歳	弘法大師の旧跡を訪ね中国・四国の旅へ
1180年（治承４）	63歳	伊勢・二見浦に草庵を結ぶ
1181年（治承５）	64歳	この頃、『一品経和歌懐紙』成立
1186年（文治２）	69歳	東大寺勧進のため、陸奥平泉へ。途中の鎌倉で頼朝と会う
1187年（文治３）	70歳	藤原俊成撰『千載集』に円位の名で西行の歌18首入集。『御裳濯河歌合』成立
1189年（文治５）	72歳	河内・弘川寺に草庵を結ぶ。『宮河歌合』成立
1190年（文治６）	73歳	弘川寺で亡くなる（２月16日）
1205年（元久２）		藤原定家ら撰『新古今集』に西行の歌94首入集

運慶

1151年（仁平元）	１歳	この頃誕生か
1176年（安元２）	26歳	奈良円成寺の大日如来坐像を造る
1186年（文治２）	36歳	北条時政の依頼で伊豆韮山の願成就院の諸像を制作

1196年（建久７）	46歳　東大寺大仏殿四天王像・虚空蔵菩薩像などの制作に加わる
1197年（建久８）	47歳　東寺講堂諸仏の修理を始める
1203年（建仁３）	53歳　快慶らと東大寺南大門金剛力士立像を造る
1205年（元久２）	55歳　神護寺講堂諸像を制作
1208年（承元２）	58歳　興福寺北円堂の諸像制作を開始する
1219年（承久元）	69歳　北条政子発願の鎌倉・勝長寿院五仏堂の五大尊像を造る
1223年（貞応２）	73歳　亡くなる（12月11日）

快慶

生没年不詳	仏師康慶の弟子となる
1189年（文治５）	弥勒菩薩像を造る。のち、東大寺の重源に師事する
1195年（建久６）	兵庫浄土寺浄土堂阿弥陀三尊像を造る
1196年（建長７）	この頃、東大寺復興に際し、運慶らと大仏殿脇侍像などを造る
1202年（建仁２）	三重新大仏寺阿弥陀三尊像を造る
1203年（建仁３）	運慶らと東大寺南大門金剛力士立像を造る
1219年（承久元）	奈良長谷寺十一面観音像を再興する
1223年（貞応２）	京都醍醐寺焔魔堂諸尊を造る

円空

1632年（寛永９）	１歳　美濃国で生まれる（諸説あり）
1663年（寛文３）	32歳　美濃・美並村（郡上市美並町）の神明神社で神像３体を造る
1666年（寛文６）	35歳　弘前から松前（北海道）に渡る
1674年（延宝２）	43歳　志摩国三蔵寺の大般若経を修復
1676年（延宝４）	45歳　尾張国荒子観音寺で仁王像などを造る
1685年（貞享２）	54歳　飛騨国千光寺に滞在し多くの仏像を制作
1690年（元禄３）	59歳　この頃、10万体造像を達成する
1695年（元禄８）	64歳　美濃・関で亡くなる（７月15日）

無外如大

生没年不詳	安達泰盛の娘で、金沢顕時の妻の一人といわれる
1279年（弘安２）	鎌倉に招かれた無学祖元に参禅。安達一族が滅亡し、顕時も配流されたのを機に得度する。のち、室町時代に京都の景愛寺の開山となったとされる

二条

1258年（正嘉２）	１歳　源雅忠と後嵯峨院大納言典侍の子として生まれる
1261年（弘長元）	４歳　この頃から後深草上皇の御所で育つ
1271年（文永８）	14歳　この頃、上皇の寵愛を受ける
1272年（文永９）	15歳　この頃、父に先立たれ、産んだ皇子も夭折。のち、西園寺実兼の子を産む
1288年（正応元）	31歳　この頃、出家し、鎌倉、伊勢などへ修行の旅に出る。旅先で上皇と再会する
1306年以後（徳治元）	49歳以後　亡くなる

夢窓疎石

1275年（建治元）	１歳　伊勢（三重県）に生まれる
1283年（弘安６）	９歳　甲斐・平塩寺に行き、空阿のもとで出家する
1292年（正応５）	18歳　東大寺戒壇院で受戒する
1294年（永仁２）	20歳　自ら「夢窓疎石」と名乗る。各地に行脚に出る
1305年（嘉元３）	31歳　常州臼庭（茨城県北茨城市）で悟りを開く。鎌倉・浄智寺に高峰顕日を訪ね印可を受ける。甲斐に浄居寺を開く
1325年（正中２）	51歳　後醍醐天皇の勅により、南禅寺の住持となる
1326年（嘉暦元）	52歳　南禅寺を退き、鎌倉に行く
1327年（嘉暦２）	53歳　鎌倉に瑞泉寺を開く
1329年（元徳元）	55歳　円覚寺の住持となる
1333年（元弘３）	59歳　後醍醐天皇の勅により入洛、臨川寺の復興を命じられる
1334年（建武元）	60歳　再び南禅寺の住持となる
1335年（建武２）	61歳　臨川寺を開山
1339年（暦応２）	65歳　京都・西芳寺の中興開山となる。吉野で亡くなった後醍醐天皇追福のために創建されることになった寺刹・天龍寺の開山となる
1351年（観応２）	77歳　亡くなる（９月30日）

一休

1394年（応永元）	１歳　京都で生まれる（１月１日）。幼名、千菊丸
1399年（応永６）	６歳　京都安国寺の像外集鑑の侍童となり、周建と呼ばれる
1406年（応永13）	13歳　建仁寺の慕哲龍攀和尚に作詩を学び、清叟に内典と外典を学ぶ

1410年（応永17）	17歳	西金寺の謙翁宗為の弟子になり、宗純と改名
1414年（応永21）	21歳	謙翁没。悲嘆して瀬田川に投身しようとしたが、救われる
1415年（応永22）	22歳	堅田禅興庵の華叟宗曇に師事する
1418年（応永25）	25歳	華叟から一休の号を授かる
1420年（応永27）	27歳	５月、夜に烏が鳴く声を聞き大悟
1422年（応永29）	29歳	言外宗忠の三十三回忌に粗服で出席
1437年（永享９）	44歳	華叟からの印可状を焼却する
1438年（永享10）	45歳	銅駝坊の北の小舎に住む
1440年（永享12）	47歳	大徳寺如意庵に住し、華叟の十三回忌を営む
1447年（文安４）	54歳	大徳寺内の争いで僧が自殺し、僧数人が下獄したのを嘆き、譲羽山（高槻市）で断食自殺を図る
1455年（康正元）	62歳	『自戒集』を編む
1456年（康正２）	63歳	薪村に酬恩庵を結ぶ
1471年（文明３）	78歳	この頃、森女と出会う
1474年（文明６）	81歳	勅命により大徳寺の住持になる
1481年（文明13）	88歳	薪村の酬恩庵で亡くなる（11月21日）

雪舟

1420年（応永27）	１歳	備中国赤浜（岡山県総社市）に生まれる。子供の頃、宝福寺（総社市）に預けられ、足の指を使って涙でねずみを描いたという。その後、京都に出て東福寺、相国寺で修行する。春林周藤に師事し、周文に絵を学ぶ（年時不詳）
1464～65年(寛正5～6)	45～46歳頃	この頃、拙宗等揚から雪舟等楊に改号
1467年（応仁元）	48歳	遣明船で寧波に渡る
1469年（文明元）	50歳	帰国に際して徐璉希賢から送別詩を贈られる
1474年（文明６）	55歳	弟子の雲峰等悦に手本として「倣高克恭山水図巻」（山口県立美術館蔵）を与える
1486年（文明18）	67歳	「山水長巻」を描き、大内政弘に献上する
1490年（延徳２）	71歳	弟子の秋月等観に「自画像」を与える
1495年（明応４）	76歳	弟子の如水宗淵に「破墨山水図」を与える
1496年（明応５）	77歳	「慧可断臂図」を描く
1506年（永正３）	87歳	山口、石見国益田（島根県）、重玄寺（岡山県）のいずれかで亡くなったとされるが、不明。亡くなった年についても別の説があり、1502年（文亀２）83歳ともいわれる

千利休

1522年（大永２）	１歳　和泉国堺（大阪府堺市）の魚問屋に生まれる
1538年（天文７）	17歳　北向道陳について茶を学び、その後、武野紹鷗に入門
1540年（天文９）	19歳　宗易と改名
1555年（弘治元）	34歳　武野紹鷗、今井宗久らを招き茶会を開く
1565年（永禄８）	44歳　松永久秀が開いた茶会に招かれる
1573年（天正元）	52歳　信長が開いた妙覚寺茶会で茶頭を務める
1585年（天正13）	64歳　豊臣秀吉が禁裏小御所で正親町天皇に献茶。茶頭を務める。これに伴い利休の名が居士号となる
1587年（天正15）	66歳　秀吉に従って九州へ。博多で茶会を開く。秀吉の聚楽第完成に伴い、利休も聚楽第そばに屋敷を構え、茶室を造る。京都の北野天満宮で「大茶の湯」が開かれる
1589年（天正17）	68歳　京都の大徳寺山門の修復を始める
1590年（天正18）	69歳　秀吉に従って東国（小田原など）へ。弟子の山上宗二が秀吉の怒りを買い、処刑される
1591年（天正19）	70歳　大徳寺山門に安置された利休木像が秀吉の怒りを買い、蟄居を命じられる。聚楽屋敷で切腹
1594年（文禄３）	千家の再興が許される

Ⅴ

天海

1536年（天文５）	１歳　陸奥国会津郡高田郷に生まれる。幼名は兵太郎（1542年説、1513年説、1510年説など諸説あり）
1553年（天文22）	18歳　比叡山に上る
1556年（弘治２）	21歳　興福寺で法相や三論などを修める
1590年（天正18）	55歳　川越無量寿寺（後の喜多院）で豪海に師事、天海と改名。江戸城で徳川家康と対面（1608年説も）
1599年（慶長４）	64歳　無量寿寺27世となる
1607年（慶長12）	72歳　比叡山南光坊に住む
1612年（慶長17）	77歳　喜多院を関東天台の本山と定め、天海が住持となる
1613年（慶長18）	78歳　家康から日光山貫主を拝命する
1617年（元和３）	82歳　家康に東照大権現の神号が勅賜される。日光に東照社を造営
1625年（寛永２）	90歳　上野に東叡山寛永寺を創建

1637年（寛永14）	102歳　寛永寺で大蔵経の刊行を始める（「天海版一切経」）
1643年（寛永20）	108歳　寛永寺で亡くなる（10月２日）

崇伝

1569年（永禄12）	１歳　一色秀勝の子として生まれる。幼くして南禅寺の玄圃霊三に預けられる
1605年（慶長10）	37歳　南禅寺の住持となる
1610年（慶長15）	42歳　家康により崇伝のために駿府に金地院が建てられる
1614年（慶長19）	46歳　方広寺鐘銘事件に幕府側としてかかわる
1615年（元和元）	47歳　僧録司に任ぜられる
1627〜1629年(寛永４〜６)	59〜61歳　紫衣事件に幕府側としてかかわる
1633年（寛永10）	65歳　亡くなる（１月20日）

沢庵

1573年（天正元）	１歳　但馬国（兵庫県）出石に生まれる
1582年（天正10）	10歳　浄土宗唱念寺（現・昌念寺）で出家
1594年（文禄３）	22歳　入洛し、大徳寺三玄院の春屋の元へ。宗彭と改名
1604年（慶長９）	32歳　一凍から印可と沢庵の号を受ける
1607年（慶長12）	35歳　堺・南宗寺に住する
1609年（慶長14）	37歳　大徳寺住持となるが、３日で南宗寺に帰る
1620年（元和６）	48歳　宗鏡寺に投淵軒を営み隠棲
1627年（寛永４）	55歳　正隠宗知を大徳寺住持に。紫衣事件の始まり
1628年（寛永５）	56歳　紫衣問題で沢庵、玉室、江月が幕府に抗議
1629年（寛永６）	57歳　沢庵ら江戸に召喚。沢庵は出羽上山に配流
1632年（寛永９）	60歳　沢庵は赦免されて江戸へ
1634年（寛永11）	62歳　大徳寺帰山を許され家光に謁見
1636年（寛永13）	64歳　家光に招かれ、江戸へ
1639年（寛永16）	67歳　沢庵開山の品川・東海寺が落成
1645年（正保２）	73歳　亡くなる（12月11日）

白隠

1685年（貞享２）	１歳　駿河（静岡県）の原宿に生まれる
1699年（元禄12）	15歳　松蔭寺の単嶺祖伝について得度し、慧鶴と名づけられる。
1704年（宝永元）	20歳　美濃（岐阜県）瑞雲寺の馬翁に師事する。母没

1708年（宝永５）　24歳　越後高田の英巌寺で修行中大悟。信濃（長野県）飯山の正受老人のもとで修行する
1718年（享保３）　34歳　妙心寺第一座となり白隠と号する
1726年（享保11）　42歳　「法華経」の真髄を体得し、大自在を得る
1737年（元文２）　53歳　伊豆の林際寺（建長寺派）に招かれて碧巌録会に赴く。他山の求めに応じた初めての結制
1759年（宝暦９）　75歳　至道庵の旧跡を購入して再興
1761年（宝暦11）　77歳　伊豆三島の沢地に龍澤寺を開創
1768年（明和５）　84歳　松蔭寺で亡くなる（12月11日）

隠元

1592年（文禄元）　１歳　中国、福建省に生まれる
1620年（元和６）　29歳　古黄檗で出家する
1624年（寛永元）　33歳　密雲円悟のもとに参じる
1630年（寛永７）　39歳　密雲円悟に従い古黄檗に帰山する
1633年（寛永10）　42歳　費隠通容の法を嗣ぐ
1637年（寛永14）　46歳　黄檗山萬福寺の住持となる
1642年（寛永19）　51歳　『黄檗隠元禅師語録』２巻を上梓
1654年（承応３）　63歳　逸然の招きに応じて長崎に渡る
1655年（明暦元）　64歳　摂津（大阪府）の普門寺に招かれる
1658年（万治元）　67歳　江戸で４代将軍家綱に謁見する
1661年（寛文元）　70歳　宇治に黄檗山萬福寺を開く
1673年（寛文13）　82歳　亡くなる（４月３日）

良寛

1758年（宝暦８）　１歳　越後国三島郡出雲崎（新潟県出雲崎町）で生まれる。幼名は栄蔵
1775年（安永４）　18歳　名主見習役となるが、７月に光照寺の玄乗破了に従い剃髪
1779年（安永８）　22歳　大忍国仙に従い得度。僧名良寛。備中玉島（岡山県）の円通寺に赴く
1791年（寛政３）　34歳　国仙亡くなる。諸国行脚に出たといわれる
1796年（寛政８）　39歳　帰郷し寺泊の郷本の空庵に仮住
1797年（寛政９）　40歳　国上山の五合庵に入る
1802年（享和２）　45歳　寺泊の照明寺、牧ヶ花の観照寺などに仮住
1804年（文化元）　47歳　五合庵に戻る。弟の由之が出雲崎の住民から代官所に訴えられる
1809年（文化６）　52歳　亀田鵬斎との交流始まる

1810年（文化7）	53歳	由之が家財没収・所払いとなる
1816年（文化13）	59歳	乙子神社草庵に移る
1822年（文政5）	65歳	この頃、東北に2、3年の旅に出たといわれる
1826年（文政9）	69歳	島崎村・木村家の離れに移る
1827年（文政10）	70歳	貞心尼とはじめて会う
1830年（天保元）	73歳	夏から体調を崩し、次第に衰弱
1831年（天保2）	74歳	正月6日、由之、貞心尼らに看取られ亡くなる

Ⅵ

大谷光瑞

1876年（明治9）	1歳	京都で生まれる（12月27日）
1898年（明治31）	23歳	九条公爵の娘籌子と結婚
1899年（明治32）	24歳	清国を周遊する
1900年（明治33）	25歳	ロンドンに留学する
1902年（明治35）	27歳	第1次大谷探検隊出発する（～04年）
1903年（明治36）	28歳	西本願寺宗主に就任する
1908年（明治41）	33歳	第2次大谷探検隊出発する（～09年）
1910年（明治43）	35歳	第3次大谷探検隊出発する（～14年）
1914年（大正3）	39歳	すべての公職を辞し隠棲する
1917年（大正6）	42歳	孫文政府の最高顧問になる
1919年（大正8）	44歳	「光寿会」を結成する
1945年（昭和20）	70歳	大連で終戦を迎える
1948年（昭和23）	73歳	別府鉄輪の別邸で亡くなる（10月5日）

河口慧海

1866年（慶応2）	1歳	大阪・堺で生まれる（2月26日）
1884年（明治17）	19歳	正徳寺で佐伯蓬山に師事する
1888年（明治21）	23歳	哲学館（現・東洋大学）に入学する
1897年（明治30）	32歳	チベットに向かう
1900年（明治33）	35歳	チベット国境を越え、翌年、ラサに到着する
1904年（明治37）	39歳	再び出国。翌年ネパールへ向かう
1914年（大正3）	49歳	再びチベットへ向かう（～15年）
1926年（大正15）	61歳	還俗宣言。「在家仏教」を創刊する
1940年（昭和15）	75歳	『蔵和辞典』編纂を本格化する
1945年（昭和20）	80歳	亡くなる（2月24日）

梅原猛（うめはら・たけし）

一九二五年（大正一四）、仙台市生まれ。京都大学文学部哲学科卒。立命館大学教授、京都市立芸術大学学長、国際日本文化研究センター所長などを経て、現在、同センター顧問。日本ペンクラブ会長も務めた。仏教伝道文化賞、NHK放送文化賞などを受賞。文化勲章受章。著書に『隠された十字架　法隆寺論』（毎日出版文化賞）、『水底の歌』（大佛次郎賞）、『ヤマトタケル』（大谷竹次郎賞）、『京都発見』など多数あり、二期にわたる『梅原猛著作集』にまとめられている。

梅《うめ》原《はら》猛《たけし》、日《に》本《ほん》仏《ぶっ》教《きょう》をゆく

二〇〇四年七月三〇日　第一刷発行

著　者　梅原　猛

発行者　柴野次郎

発行所　朝日新聞社

〒一〇四－八〇一一　東京都中央区築地五－三－二

電話　〇三（三五四五）〇一三一（代表）

編集・書籍編集部　販売・出版販売部

振替　〇〇一九〇－〇－一五五四一四

印刷所　凸版印刷株式会社

定価は帯に表示してあります

ISBN4-02-257928-5